本书系中南财经政法大学2020年度中央高校基
（项目代码：2722020XC005）成

中国特色现代大学治理制度体系研究

陈狮 ◎ 编著

吉林大学出版社

长春

图书在版编目（CIP）数据

中国特色现代大学治理制度体系研究 / 陈狮编著. --
长春：吉林大学出版社，2022.9
ISBN 978-7-5768-0358-7

Ⅰ. ①中… Ⅱ. ①陈… Ⅲ. ①高等学校—学校管理—研究—中国 Ⅳ. ① G647

中国版本图书馆 CIP 数据核字（2022）第 164266 号

书　　名：	中国特色现代大学治理制度体系研究
	ZHONGGUO TESE XIANDAI DAXUE ZHILI ZHIDU TIXI YANJIU
作　　者：	陈　狮　编著
策划编辑：	卢　婵
责任编辑：	卢　婵
责任校对：	王寒冰
装帧设计：	叶杨杨
出版发行：	吉林大学出版社
社　　址：	长春市人民大街 4059 号
邮政编码：	130021
发行电话：	0431-89580028/29/21
网　　址：	http://www.jlup.com.cn
电子邮箱：	jldxcbs@sina.com
印　　刷：	武汉鑫佳捷印务有限公司
开　　本：	787mm×1092mm　　1/16
印　　张：	22
字　　数：	250 千字
版　　次：	2022 年 9 月　第 1 版
印　　次：	2023 年 1 月　第 1 次
书　　号：	ISBN 978-7-5768-0358-7
定　　价：	88.00 元

版权所有　翻印必究

序

"立善法于一国,则一国治。"习近平总书记指出,国家治理体系和治理能力是一个国家制度和制度执行力的集中体现。党的十九届四中全会审议通过了《中共中央关于坚持和完善中国特色社会主义制度、推进国家治理体系和治理能力现代化若干重大问题的决定》,把制度建设和治理能力建设摆到更加突出的位置。这些论断和举措是高校推进治理体系和治理能力现代化的根本遵循。

中国特色现代大学制度体系是中国特色社会主义制度体系的重要组成部分,也是推进我国高校治理体系和治理能力现代化的重要基础和载体。在推进教育现代化、建设教育强国的进程中,制度体系建设必要且紧迫,有四个维度要重点把握。

主体维度:突出大学章程的核心地位。《中华人民共和国高等教育法》明确把大学章程作为大学成立的必要条件。学校大学章程在大学制度体系建设中处于统领地位，发挥着"根本法"的作用，上承国家法律法规，下启学校规章制度。大学要以大学章程为准则，全面梳理规章制度和管理文件，明晰制度层级，确定制度框架，确保相互衔接、配套，同时规范规章制度制定与管理程序，让大学章程的思想全面渗透到学校制度体系各个环节之中。

历史维度：坚持继承与创新相结合。《韩非子》有云："法与时转则治，治与世宜则有功。"大学的一系列制度是顺应时代、立足国情制定的，是在历史传承、文化传统、学校发展历程的基础上长期发展、渐进改进、不断革新的结果。建设符合新时代要求、适应学校发展需要的制度体系，既要坚持过去行之有效的制度和规定，又要结合新的时代特点，不断与时俱进，在理论创新、实践创新的基础上实现制度创新，继承和发扬长期办学治校实践中形成的制度规定和优良传统，为学校各项事业高质量推进提供有力保证。

实践维度：制度的生命在于执行。习近平总书记在《之江新语》中谈到，各项制度制定了，就要立说立行、严格执行，不能说在嘴上，挂在墙上，写在纸上，把制度当"稻草人"摆设，而应落实在实际行动上，体现在具体工作中。为了确保制度执行顺畅有力，要坚持于法周延、于事简便的原则，既要强调制度体系建设的严密、周全，又要兼顾执行的易行、好用。领导干部能否发挥示范引领作用，依规办事、真抓严管，是制度落地落实的关键因素，因此要抓住"关键少数"，确保制度"时时生威、处处有效"。

文化维度：融入师生的思想和行动。制度文化是一所大学渗透在体系架构、规章制度、工作流程、岗位职责等各方面的共同观念、价值取向和行为准则。制度文化的浸润是于无形中积蓄力量，破除"灯下黑""中梗阻"等问题，压缩自由裁量的空间，让各项工作开展有法可依、有章可循、规范高效。强化制度文化要回归大学之本，保障师生参与学校治理的权利，发挥他们在制度生成和执行中的作用，使制度意识和制度信仰在每一位师生员工心中生根，共同营造自觉遵守制度、维护制度的良好氛围，形成崇法善治的优良风气。

本书课题组以学校"制度建设年"为契机，深入推进全校制度清理工作，初步构建起"横向无梗阻、纵向不冲突"的"四梁八柱"制度体系，并结合这一实践进行深入的学理研究。课题组由党政管理干部和工作人员组成，他们长期从事基层管理和具体业务工作，以更贴近实际、贴近师生的视角，梳理制度与治理的关系，厘清古今中外大学制度和治理思想的发展脉络，探讨大学制度体系建设与治理现代化的关联和链接，追问如何设计大学制度体系以适应一流大学建设的需要，有其理论价值和现实意义。

大学制度体系建设是总结经验、立足现实、面向未来的开放性、动态性的研究课题。伴随着"双一流"建设的不断推进、高校治理的不断探索，制度体系建设还要继续创新实践与深化研究。

是为序。

杨灿明

2022 年 7 月

前　言

"国家治理体系和治理能力是中国特色社会主义制度及其执行能力的集中体现"[①]，这一论断对现代大学治理体系和治理能力建设具有重要的指导意义。新时代高校要实现高质量发展，必须聚焦制度建设和制度执行力建设，构建适应时代要求、符合学校实际的现代大学制度体系，同时不断强化制度执行，完善"良制"，达到"善治"。

中南财经政法大学高度重视制度建设和治理优化，在长期的办学实践中形成了以《中南财经政法大学章程》为核心，以党的领导、运行决策、民主管理、教授治学等为重要制度安排的制度体系架构。这一架构对学校改革发展起到了关键的支撑保障作用。但同时，学校深刻认识到，面对新时代高等教育改革发展和"双一流"建设的新要求、新挑战，学校制度体

[①] 《中共中央关于坚持和完善中国特色社会主义制度、推进国家治理体系和治理能力现代化若干重大问题的决定》。

系还存在不成熟、不完善的地方，制度体系设计、立改废释、管理运行等方面还存在薄弱环节，制度优势向治理效能的转化仍有待提高。这些都对学校完善制度、提升治理提出了新要求。

2019年10月，党的十九届四中全会吹响了"中国之治"的号角。学校迅速贯彻落实会议精神，以2020年为"制度体系建设年"，实施"加强以制度建设为核心的现代大学治理体系建设"校长履职亮点项目，立项"特色'双一流'大学现代治理制度体系研究"专项课题。同时，启动并全面开展自2000年合校以来规模最大的制度"立改废"专项工作。该工作（课题）由党委办公室、学校办公室牵头，组织全校各单位系统、全面梳理本单位制定的校级层面规章制度，分层分类推进制度"立改废"。2020年暑期，抽调近20位青年学者和业务骨干，对学校700多个校级制度进行诊断式审读，逐一确定了每一项制度的"立改废留"意见，明确了需制定和修订的制度清单并全面推进落实。2020年、2021年学校分别完成各类规章制度制定或修订83个、88个，制度体系建设取得了重要阶段性成果。

随着研究的深入，在对国内外世界一流大学治理体系和制度建设研究借鉴的基础上，课题组结合学校实际、以专项工作研究报告为基础编著了《中国特色现代大学治理制度体系建设研究》一书。本书提出了现代大学制度体系"四梁八柱"基本架构和"一领双适四通"建设原则等研究成果，希望能够为从事高等教育管理工作的同志提供一份有借鉴价值的资料，能够对中国特色现代大学治理体系和治理能力的研究起到推动作用。

理论是灰色的，而实践之树常青。我们深知科学的现代大学治理体系必须建立在总结凝练既往治理的成功经验和优良传统的基础上，而没有放之四海而皆准的模板。且由于编者能力有限，本书可能会存在表述不准确、不全面之处。我们热诚地希望读者能与我们交流贵处的优秀建设经验，或将本书的改进建议告知，则不胜感激之至。

目 录

第一章 制度和治理 ………………………………………… 1

第一节 制度和治理的概念及其辩证关系 ……………………… 1

一、制度的概念 ………………………………………………… 1

二、治理的概念 ………………………………………………… 2

三、制度和治理是辩证统一的关系 …………………………… 3

第二节 制度和治理概念的演化 ………………………………… 4

一、中国传统文化中关于制度和治理的思想 ………………… 4

二、中华人民共和国成立后关于制度和治理的理论
与实践的探索 ……………………………………………… 14

第三节 "中国之制"与"中国之治" ………………………… 29

一、"中国之制"是"中国之治"的根本依据 ……………… 30

二、"中国之治"是"中国之制"的集中体现 …………… 32

　　三、正确把握"中国之制"与"中国之治" …………… 33

第四节　新时代对制度和治理内涵的深化与发展 ………… 34

　　一、新时代制度内涵的深化与发展 …………………… 35

　　二、新时代治理内涵的深化与发展 …………………… 46

　　三、深化对新时代坚持和完善
　　　　中国特色社会主义制度的认识 …………………… 68

　　四、深化对新时代推进国家治理体系
　　　　和治理能力现代化的认识 ………………………… 73

第二章　大学制度与大学治理 …………………………… 84

第一节　大学制度和大学治理的概念 ……………………… 84

　　一、概念的界定 ………………………………………… 84

　　二、两者的关联 ………………………………………… 87

第二节　国外关于大学制度和大学治理的思想 …………… 88

　　一、美国大学制度和治理的思想 ……………………… 89

　　二、英国大学制度和治理的思想 ……………………… 96

　　三、德国大学制度和治理的思想 ……………………… 101

　　四、法国大学制度和治理的思想 ……………………… 106

　　五、日本大学制度和治理的思想 ……………………… 110

第三节　中国关于大学制度和治理的思想 ·················· 114

一、中国古代教育治理思想 ························· 115

二、中国近现代大学制度和治理的思想 ················ 130

三、中国特色现代大学制度 ························· 148

第三章　大学制度体系建设与治理现代化 ·················· 167

第一节　大学治理体系和治理能力现代化的内涵 ·············· 167

一、大学治理现代化理论探析 ······················· 168

二、大学治理体系现代化 ·························· 178

三、大学治理能力现代化 ·························· 184

四、推进大学治理现代化的必要性 ···················· 190

第二节　以制度体系建设推进大学治理现代化 ················ 193

一、制度是破题之钥、治理之基 ····················· 193

二、制度体系建设能力是衡量大学治理
现代化水平的核心标志 ························· 198

三、以制度体系建设推进"五大"治理 ················· 205

第三节　大学制度体系建设与依法治校 ····················· 214

一、何为依法治校 ······························· 215

二、完善制度体系推进依法治校 ····················· 223

第四章 "双一流"背景下大学制度体系建设的探索与实践
——以中南财经政法大学为例 ⋯⋯⋯⋯⋯⋯⋯⋯⋯ **236**

第一节 "双一流"背景下大学制度体系建设的机遇与挑战 ⋯⋯ **236**
一、外部机遇与挑战 ⋯⋯⋯⋯⋯⋯⋯⋯⋯⋯⋯⋯⋯⋯⋯ **236**
二、内部机遇与挑战 ⋯⋯⋯⋯⋯⋯⋯⋯⋯⋯⋯⋯⋯⋯⋯ **246**

第二节 中国特色世界一流大学的制度体系建设 ⋯⋯⋯⋯⋯⋯ **263**
一、中国特色世界一流大学制度体系的特性 ⋯⋯⋯⋯⋯⋯ **264**
二、中国特色世界一流大学制度体系的框架设计 ⋯⋯⋯⋯ **275**
三、中国特色世界一流大学制度体系的运行系统 ⋯⋯⋯⋯ **290**

第三节 制度体系建设的具体实践 ⋯⋯⋯⋯⋯⋯⋯⋯⋯⋯⋯⋯ **303**
一、制度体系建设原则 ⋯⋯⋯⋯⋯⋯⋯⋯⋯⋯⋯⋯⋯⋯ **303**
二、制度体系建设框架 ⋯⋯⋯⋯⋯⋯⋯⋯⋯⋯⋯⋯⋯⋯ **304**
三、制度体系建设行动 ⋯⋯⋯⋯⋯⋯⋯⋯⋯⋯⋯⋯⋯⋯ **306**
四、议事协调机构管理 ⋯⋯⋯⋯⋯⋯⋯⋯⋯⋯⋯⋯⋯⋯ **310**

参考文献 ⋯⋯⋯⋯⋯⋯⋯⋯⋯⋯⋯⋯⋯⋯⋯⋯⋯⋯⋯⋯⋯⋯⋯ **316**

后　记 ⋯⋯⋯⋯⋯⋯⋯⋯⋯⋯⋯⋯⋯⋯⋯⋯⋯⋯⋯⋯⋯⋯⋯⋯ **336**

第一章 制度和治理

关于制度和治理，国内外有诸多研究和讨论，并有深刻的论述。在中国的文化宝库当中，也涌现出了许许多多关于制度和治理的思想精华，经过实践的检验并随着历史的进步逐步发展，形成了具有中国特色的制度体系。这些制度思想精华和治理理念不断影响和引导着社会的发展，使中国在历史的进程中有力地确保了社会的良好秩序，维护了国家和民族的稳定与繁荣。

第一节 制度和治理的概念及其辩证关系

一、制度的概念

如何定义制度？经济学、社会学、政治学等各领域的学者对其赋予了不同的定义。根据《辞海》的解释，制度是指"要求成员共同遵守的、按一定程序办事的规程"。通俗来说，制度就是要求大家共同遵守的办事规程或者行为准则。制度通常以法令、章程、规定、公约等形式出现，其目的是希望大家的行为能够具有相对一致性，不超出所规定的适用范围，对其行为具有一定约束力，并起到隐性的监督作用。

制度可以构建于社会生活的方方面面，对于国家的发展进步而言，制度是国家和一切社会生活赖以运行的基础，更是国家长治久安的有力保证。正如习近平总书记强调："制度稳则国家稳。"发挥制度的优越性，则能够对国家的兴旺发达产生积极作用，而完整科学的制度体系，能够推动国家和社会持续向前。我国的制度建设，历经五千年不倒，在持续探索中不断创新和深化，形成了具有中国特色、彰显中国品格的国家制度体系。全党始终将坚持和完善中国特色社会主义制度作为国家重大战略任务之一，站在新的历史方位，着力改进和健全我国制度，打造独一无二的中国制度体系。中国特色社会主义制度包括政治、经济、文化、社会等各个领域的具体制度内容，其相互衔接、密切联系，共同构成了中国特色社会主义发展的根本制度保障，进而推动党和国家的事业不断开辟新的境界。

二、治理的概念

20世纪90年代以来，在西方学术界，"治理"一词十分流行，受到了广大学者的高度关注，故有不少政治学家和经济学家开始界定"治理"的含义，并将其广泛应用。"治理"和"统治""管理"等词看似区别不大，但实际含义却有着很大的不同。所谓治理，是指官方或民间的公共管理组织运用一定的方式和手段，为了满足公众的需要，而在特定的范围内运用权力对具体事物加以系统引导、管理、调整或改造，使其达到一种良好的秩序和状态。从其概念上理解，治理的主体是多元的，政府和非政府的民间组织都可以成为治理的权威主体。但不论治理主体是谁，维持良好的社会秩序都是治理的最终指向。从治理手段和方式方法上来看，虽然治理也需要权威和权力的支持，但治理想要真正发挥效用，必须建立在治理所涉主体的认可和共识之上，否则治理效能便是无稽之谈。

中国在进行国家治理的过程中，对治理概念的丰富与发展也做出了一系列贡献。自党的十八届三中全会首次提出"推进国家治理体系和治理能力现代化"的命题以来，社会各界聚焦"治理"，思考中国之治的价值意蕴，围绕治理体系、治理能力现代化等内容主动展开研究。习近平总书记指出："国家治理体系是在党领导下管理国家的制度体系，包括经济、政治、文化、社会、生态文明和党的建设等。"[①] 可见，中国的国家治理体系是一个涵盖广、指向强，具有系统性和全面性的治理体系。中国的国家治理实践充分表明，治理在实际的操作过程中，具有明显的系统性和实效性；既有目标导向，也有过程和结果内涵；治理的模式不能千篇一律，可以根据客观规律和实际情况形成自己的特色。

三、制度和治理是辩证统一的关系

制度和治理有联系也区别，二者的关系实际上是辩证统一的关系。制度和治理是相辅相成、相伴而生的，断然不可偏废或者将二者分割开来。

---

① 习近平：《切实把思想统一到党的十八届三中全会精神上来》，载《人民日报》2014年1月1日。

制度和治理的辩证关系主要体现在以下两个方面。

一方面，制度决定治理。制度和治理是不能脱离的，治理效果的好坏往往取决于制度的优劣程度。好的制度会影响治理的效能，并推动治理体系不断完善，治理能力不断提升。相反，差的制度会使治理效能大打折扣，无法应对发展过程中的风险、挑战、冲击，阻碍经济社会发展，从而演变为一种无效的治理。同时，制度的执行力也会影响治理效果。如果有制度却不去执行，再好的制度也就成了空谈，反之，对制度的执行越有力、落实越到位、措施越具体，治理就会越有效。制度落地生根的过程，也是治理发挥实效的过程。

另一方面，治理也会影响制度。制度决定治理，但治理又能不断丰富和完善制度。制度是经过长期实践而形成的，随着不同时期的治理理念、治理模式、治理体系的变化也会产生调整。制度的优劣决定治理效果，任何制度的优劣之分，其判断标准取决于治理的效果。治理和制度的形成与完善是一个动态的过程，制度的优势并不等同于治理效果，制度和治理会随着实践的发展不断调整和更新，最终实现自我完善。

第二节　制度和治理概念的演化

一、中国传统文化中关于制度和治理的思想

在中国传统文化中关于制度和治理思想的不断传承与发展，经过历史的检验和实践的不断补充完善，形成了现代对制度和治理的较为统一的认识。

第一章 制度和治理

(一) 中国传统文化中关于制度的思想

"制度"一词出自《易·节》:"天地节而四时成,节以制度,不伤财,不害民。"这句话大致的意思是无论是自然还是人类社会,都需要有一定的规范以确保有序发展。天地有所节制,于是才有了四季时令的有序交替;国家通过固有的规定和规范予以节制,才会不伤财害民,社会才和谐有序。制度在这里主要是指约束人们行为的礼俗、法令等基本规范,这一释义作为中国古代文化中关于制度的最初内涵,随着"制度"一词含义的不断丰富和发展被确定为其重要的一种沿用。宋朝王安石在《取材》中专门谈道:"所谓诸生者,不独取训习句读而已,必也习典礼,明制度。"由此可见,传统文化在一定程度上把制度认为是当时的礼仪教化,也带有规范人与人之间行为的基本准则的含义。

"制度"一词在后来的不断应用中,内涵也在原有的基础上随之拓展,逐步形成了关于制度的一系列思想。其中,对于制度的理解主要有:(1)主要是指各种规定。具有代表性的应用有唐朝元结在《与何员外书》中写道的"昔年在山野,曾作愚巾凡裘,异于制度"和《续资治通鉴·宋孝宗隆兴元年》中出现的"尚书省奏:'永固自执政为真定尹,其伞盖当用何制度?'金主曰:'用执政制度。'"等。区别于最初所指的约束人们行为的礼俗、法令等基本规范,这里所讲到的制度主要是指具有一定规范性的、普遍被大家认可的一致性行为和做法,相比来说在约束性上的力度和影响的范围不及最初,但仍具有典型的约束性。(2)主要是指制定法规。代表性的有《左传·襄公二十八年》里的"且夫富,如布帛之有幅焉,为之制度,使无迁也"和《汉书·严安传》里的"臣愿为民制度以防其淫",

讲的是通过制定法规来予以规范的意思。相比于最初多了一层制定的意思，在表达上内容更多，从中也体现出了制度并非自生而是由人制定的，从侧面展现了制度的基本特征。（3）强调相应的规格和标准。如《东周列国志》里写道"既至夹谷，齐景公先在，设立坛位，为土阶三层，制度简略"，《遇南厢园叟感赋八十韵》里"改葬施金棺，手诏追褒扬，袈裟寄灵谷，制度由萧梁"，制度在此处突出的是具有一定规格的礼俗规范。由此可以看出，制度在传统文化中充分体现了当时的社会背景，作为传统文化重要的组成部分具有鲜明的时代特征，在规范人们行为的过程中自然而然地具备了当时社会基本规则和秩序的核心要素。除此之外，"制度"一词在中国古代还有制作一定规格的服饰、样式、规制形状等意思，这些跟制度今天常见的含义有所不同。

制度演变以社会文化为基础。[①]在中国传统文化中，制度理念起源于"五行"（金、木、水、火、土五种物质）、六官（天、地、春、夏、秋、冬六种自然现象），主要是指天地万物按照一定的序列和规则运行，春秋时期《周礼》《仪礼》《礼记》的出现开始将"制度"发展为一种约束社会和人行为的"规"与"矩"。[②]对于制度的认识也随着社会的不断发展而发展，随着认识的不断深化，制度也更加倾向于针对具体事项、更加体现细节，特别需指出的是，"制度"一词本身也基本上经历了含义从宽泛向聚焦的转变，逐步较为集中地被定义为约束和规范人们行为的规定和准则。同时，制度在中国传统文化中较为鲜明的特征是与国家的治理紧密相连。这一方

---

① 张程：《"中国之治"的制度史遗产》，载《中华读书报》2020年1月22日。
② 中国政法大学制度学研究院：《中国制度》，大有书局2020年版，第5页。

面表现在相关历史文献或记载中在谈到制度时多是围绕国家的统治与管理而论，如《商君书》中的"凡将立国，制度不可不察也"，《礼记·礼运》"故天子有田以处其子孙，诸侯有国以处其子孙，大夫有采以处其子孙是谓制度"，《资治通鉴》中的"经国序民，正其制度"，白居易所说的"仁圣之本，在乎制度而已"，等等。另一方面，今天对中国传统文化中制度的研究也多是围绕中国历代的政治制度展开，如孙正军在《何为制度——中国古代政治制度研究的三种理路》一文中虽然以制度为研究主题，但实际是着重从政治制度的角度来进行深入探讨，张程在《"中国之治"的制度史遗产》一文中虽然以制度与社会文化的关系为切入口来开展研究，但实际是以科举制、郡县和流官制作为具体的对象来分析，龚延明在《中国古代制度史研究》一书中也是着重从官制、科举来对中国古代制度史进行系统研究和阐释。由此可见，在中国传统文化中关于制度的思想主要集中反映国家与人民两个紧密联系的主体在约束与被约束、规范与被规范的关系中所呈现出的相对成体系的文化内涵，对于制度的演变和中国文化的传承与发展具有十分重要的意义。

在对"制度"一词含义认识不断丰富的基础上，中国传统文化中关于制度的认知与应用的范围也越来越广，随着各个领域制度的不断建立与发展，逐步形成了社会各领域关于制度的丰富文化内涵。制度也是历史学研究的重要内容，对制度的关注与研究几乎是随着历史学的研究开始的，研究的制度涉及社会的各个方面，对制度的研究也成为对中国历朝历代历史研究的专有内容。学界对于制度的研究，有的学者从纵向角度选取某一具体的制度对其发展进行演变研究，如科举制度、监察制度、司法审判制度、赋税制度、土地制度、书院制度、赈济制度、养老制度、祭祀制度等；也有很多学者从横向角度聚焦某一历史阶段对当时政治、经济、文化、社会等各方面的制度进行系统梳理，从制度的视角全面了解当时的社会运转和特征，从而加深对该时期的全方位历史认识。

纵观中国传统文化，制度在其中占有十分重要的地位，在中国历代的繁荣与发展中起到了十分关键的作用。制度不仅是文化的重要体现，还在当时的社会构建当中起到了组织运行、完善构架、统治保障等作用，也是历史学、政治学等学科研究当时经济社会发展的重要载体。全面掌握中国制度发展的脉络、分析今天中国各种制度的背景，都绕不开对中国传统文化中制度思想的了解与理解。

（二）中国传统文化中关于治理的思想

"治理"一词在中国传统文化中有很深的渊源，相关记载可以追溯到尧舜时期，当时已经有治世思想的萌芽。"治理"一词的含义在中国传统文化中不断发展，同时在国外相关理念的传播中受到相互影响，逐渐形成了现代基本概念，但其主要含义仍然延续了传统文化中的基本内涵。其在中国传统文化中最主要的含义是管理和统治，春秋战国时期"治理"一词便频繁出现，如《荀子·君道》中"明分职，序事业，材技官能，莫不治理，则公道达而私门塞矣，公义明而私事息矣"，《韩非子·制分》中"其法通乎人情，关乎治理也"。围绕这一含义，中国古代的思想家们也多有引用和论述，如《老子注·五章》里的"天地任自然，无为无造，万物自相治理，故不仁也"，《汉书·赵广汉传》里的"壹切治理，威名流闻"，《孔子家语·贤君》里的"吾欲使官府治理，为之奈何"，《池北偶谈·谈

第一章 制度和治理

异六·风异》里的"帝王克勤天戒,凡有垂象,皆关治理"等。应该说,这一层的含义构成了中国传统文化中关于"治理"的核心思想,而这其中又主要是围绕中国古代社会维护统治、管理国家和治理天下来进行阐释。

在"治理"一词的实际运用与发展中,中国古代对于其含义的拓展与延伸也形成了一些相近的内容,所涉的词义也较为宽泛,有代表性的主要有:(1)指治国理政的道理或成绩。相关的记载有《南齐书》"除步兵校尉,出为绥虏将军、山阳太守,清修有治理,百姓怀之",《后汉纪·献帝纪三》"上曰:'玄在郡连年,若有治理,迁之,若无异效,当有召罚。何缘无故徵乎'",《漱华随笔·限田》"由此思之,法非不善,而井田既湮,势固不能行也。其言颇达治理"等。(2)指整修、整治的意思,常见的应用有《水经注》中的"昔禹治洪水"、古人所说的"治水如治国"等。这个释义跟"治理"一词最早起源于尧舜时期治理黄河的背景,也充分体现了其组成的内涵。其中,"治"的发源与古人治水、改造自然环境有关,主要是整治、修治的意思;"理"原指物质的纹路、肌理等。[①]"治""理"二字组合起来就自然而然地包含了依据一定的规律和规则进行管理、整治的意思。

在中国传统社会的发展中,治理是备受古人关注的恒久话题,也是中国古代思想家研究阐释思考的重要主题,有关记载也充分体现了百家争鸣、百花齐放的浓厚学术氛围,是中国传统文化繁荣的有力体现。《礼记·大学》中讲道"古之欲明德于天下者,先治其国;欲治其国者,先齐其家;欲齐

[①] 赵宇霞:《"治理"的中国传统文化基因》,载《山西日报》2020年1月6日。

其家者，先修其身；欲修其身者，先正其心；欲正其心者，先诚其意；欲诚其意者，先致其知，致知在格物。物格而后知至，知至而后意诚，意诚而后心正，心正而后身修，身修而后家齐，家齐而后国治，国治而后天下平"，对治理的内容和目标有较为全面的论述，充分体现了中国古代关于人文社会治理的思想，也代表了古代思想家和知识分子对于治理思考的方向与成果。将修身齐家治国平天下作为自己的理想与目标，奠定并充分激发了中国历朝历代知识分子对治理思想的强烈兴趣和深入思考，同时也为丰富和发展治理思想打下了坚实的基础。在中国古代治理思想中，对于治理的主体、模式、目标、内容等不同的方面均有较多的研究与思考，并形成了较多具有代表性的成果。

中国传统社会治理实践及相关思想表明治理主体是多元的，其中常见的有国家、宗族等民间组织，家庭及个人等。在古代的统治形式下，国家是从治国理政的角度进行治理，同时还在一定程度上代表着君臣等统治阶层对整个社会的治理；宗族等民间组织主要是围绕中国古代的基层社会进行治理，其中具体执行往往由宗族等组织按照自己内部的传统或规矩推出具体的议事机构或贤能人士来主持，涉及的内容包括与本组织有关的各种事务，无论是对内还是对外；家庭的治理主要是对家庭成员的管理与约束，家庭作为中国古代社会中在宗族之下最小的组织，其治理实际上往往由家长来执行，家庭组织的大小在实际情况中各异，一些大的家庭还会在家长的主持下制定家规、家训以加强管理，如曾国藩家训等；个人的治理是中国传统文化中关于修身、自省思想的具体体现，个人对自身的治理主要是围绕思想、品德、志向、见识等各个方面展开，如《孟子·尽心章句上》

第一章 制度和治理

讲道"穷则独善其身,达则兼济天下",《诫子书》中谈道"非淡泊无以明志,非宁静无以致远"等。总体来看,中国传统社会中的治理主体范围较广,从组织到个人、从公到私都有涉及,这也促进了中国传统文化中治理思想的丰富与发展。

关于治理模式,中国古代各家各派围绕国家治理这一中心进行了充分的论述和实践,虽然不同思想家在认识上有所区别和出入,出现了德治、礼治、法治等不同的、具有代表性的思想观点,但在总体上汇聚形成了以"德主刑辅"为主的中国传统社会的治理文化。具体来看,治理模式也对治理思想进行了分类,主要包括:(1)德治模式。传统社会中围绕道德治理的模式主要有三种不同的形式,一是强调将道德作为治国理政的基本方略,通过国家的统治意志,使得道德治理的模式带有一定的强制性,这种方式在儒家思想中较为普遍,如《春秋左传·隐公十一年》中写道"既无德政,又无威刑,是以及邪";二是主张通过自上而下的道德教化实现有效治理,并且特别强调的是执政者要"以德为先",同时也强调个人的道德自觉,如《论语·为政》中就有"子曰:'为政以德,譬如北辰,居其所而众星共之'",贾谊《治安策》中所述"道之以德教者,德教洽而民气乐",还有荀子所说的"礼义教化,是齐人也"。[1](2)礼治模式。礼是中国传统社会中治理的重要手段,大到国家、社会,小到家庭、个人,都需要以礼来构建和谐的秩序。《论语·颜渊》有记载"齐景公问政于孔子。孔子对曰:'君君、臣臣、父父、子子。'"这就是中国传统社会中

---

[1] 景枫等:《中国治理文化研究》,中国社会科学出版社2012年版,第26~90页。

礼治的典型，以礼的形式规范和约束人们的思想和行为，进而规范国家社会生活中的各种秩序，实现全面治理。《礼记·曲礼》对礼所涉及的方方面面的内容更是进行了论述，"道德仁义，非礼不成；教训正俗，非礼不备；分争辩讼，非礼不决；君臣、上下、父子、兄弟，非礼不定；宦学事师，非礼不亲；班朝治军，莅官行法，非礼威严不行；祷祠祭祀，供给鬼神，非礼不诚不庄。"[①]（3）法治模式。法治思想在中国传统社会中由来已久，主张通过法律来治理国家是中国传统社会治理思想的重要内容，这并不是"舶来品"。这一模式在中国传统社会中以法家为主要代表，其产生基于春秋时期纷争战乱的局面，法家提出通过变法实现"定分止争""以刑去刑"的目的，从而实现国家的有效治理。在法治模式下，法家提出了很多在现代社会都具有借鉴意义的思想，如好的法律是法治的基础，好的法律要顺应时势变化、合乎人情，法律一定要公之于众，法律面前人人平等。此外，还有一些具有代表性的治理模式，如道家提出的"无为而治"，虽然在实际中很难做到个人及社会都遵从规律行事，但道家所倡导的通过自我实现而达到国家治理的目的具有积极的借鉴意义。

从治理目标上来看，除了治理本身自带的规范和约束含义，作为一种实践活动，无论何种模式的治理都带有其既有的目标和方向，中国传统社会的治理也不例外。首先，从传统治理思想的主体和模式基本上就可以看出，在传统社会的治理中一个重要的目的就是通过治理实现社会的有效运行以维护封建君主专制，确保君臣父子的上下制约关系不受冲击、实现自

---

① 戴圣：《礼记》，团结出版社2017年版，第3页。

上而下的有力统治。如《管子·任法》中所说"君臣上下贵贱皆从法,此谓为大治"。其次,传统社会中对于治理目标较为集中的观点是实现民富国强,在国家治理中将人民放在重要位置是中国传统治理思想的精髓,古人的"民贵君轻""水能载舟,亦能覆舟"等思想在后世广为流传并被谨记,在人民安居乐业的基础上才能实现国家的有效治理,从而达到民富国强的目的,正如《吴越春秋·勾践归国外传》所说"越王内实府库,垦其田畴,民富国强,众安道泰"。再次,实现和谐是治理的更高追求,中国古代对"和"的追求被全社会所认同并且成为中国文化的特质。人和、家和、天下和成为不同层级治理的目标,这些构成了中国传统治理思想中对"和谐"目标的一致追求,通过各个层面的和谐逐步实现治理的最终目的,《南阳集》里就提到"协和上下,以举大治"。

从治理内容来看,中国传统治理思想中所涉及的也是社会的方方面面,包括水利、财政、养老、官员选拔等与人类活动紧密相关的各领域,如《礼运大同篇》中的"大道之行也,天下为公。……使老有所终,壮有所用,幼有所长,矜寡孤独废疾者皆有所养",《明史·太祖本纪二》中的"天下始定,民财力俱困,要在休养安息"等。

纵观中国传统社会中关于制度和治理的思想,二者在起源时就已经具有了深厚的渊源,并且在实践过程中朝着相互联系但又有所差异的关系发展。从起源上来看,制度和治理都是通过人为活动以约束、规范的方式对人们的行为进行制约,推动人和事按照一定的规律运行。这就使得二者具备了一系列的共同点,如自身都带有的一定约束性,针对的是社会生活中的人和事,主要围绕国家各级组织的管理进行等。但是在具体实践上又有明显的差别，制度往往通过较为固定的准则、规则的形式实现管理目的，一项制度往往涉及的是一项具体的内容，制度执行往往需要通过治理来实行；治理具有一定的灵活性，与制度不同的是，治理可以体现治理主体的主观意识，治理可以针对的是某一具体事项，也可以是某一具体的环节，治理是以制度或主体的能动性管理活动实现目的的。因此，制度和治理思想在传统社会中其起源和发展都是有着紧密联系的。

二、中华人民共和国成立后关于制度和治理的理论与实践的探索

中华人民共和国的成立结束了中国近代半殖民地半封建社会的历史，开辟了中国历史的新纪元，中国真正成为独立自主的国家，转入建设社会主义的新时期。社会主义制度的确立，是中华民族在尝试了君主立宪制、议会制、多党制、总统制等各种制度模式都无法成功的背景下，在中国共产党的领导下经过实践检验并得到中国人民的拥护的基础上实现的。[①] 重大的历史转变让中国进入了新的发展时期，社会发生了翻天覆地的变化，百业待兴，各个方面急需符合实际且科学合理的制度，也需要强有力的治理，在制度制定和推行以及治理实践的过程中，旧的制度被废除、新的制度逐步建立完善，传统的治理方式被摒弃、新的治理方式在构建社会秩序中起到关键性的作用。在不断建设与发展的过程中，从实践中探索出来的制度和治理理论通过一次次演变与完善，更加契合中华人民共和国经济社会发展和人民生产生活的需要，同时也促进了理论本身实现飞跃性的发展。

---

① 中国政法大学制度学研究院：《中国制度》，大有书局 2020 年版，第 7~12 页。

第一章 制度和治理

（一）中华人民共和国成立后制度建设的实践及理论发展

中华人民共和国成立后，以马克思主义理论为指导，在借鉴苏联和其他社会主义国家经验的基础上，坚持以社会主义基本制度为根本，迅速建立起了人民代表大会制度、中国共产党领导的多党合作和政治协商制度、民族区域自治制度、生产资料公有制度等全方位的制度体系。这些制度从国家制度的"四梁八柱"进一步细化到与经济社会发展息息相关的各领域、各主体、各环节，并逐步形成了完整的国家制度体系，为中华人民共和国的建设与发展打下了坚实基础。在这一阶段中，中国的制度建设以马克思主义为指导，结合中国的实际情况，经受住了国际环境的冲击和国内实践曲折的双重考验，经过反复的探讨与实践，最终形成了中国特色社会主义制度较为完整的框架。

1. 以毛泽东同志为主要代表的中国共产党人的制度探索

人民对中华人民共和国政权的认知主要是依赖中华人民共和国的各种制度，基于体现社会主义的优越性和稳固中华人民共和国政权的双重考虑，以毛泽东同志为主要代表的中国共产党人带领全国上下进行了制度建立的探索。中华人民共和国成立之初，围绕资本主义和社会主义两种政治制度的比较、新旧制度的比较及关于社会主义制度与中国社会的结合等关键性的认识问题进行了大量的分析与宣传，通过在全国范围内统一认识，以马克思主义理论为指导，参考苏联等社会主义国家制度建设情况，结合中国社会建设与发展实际，进行了全面的探索。通过新民主主义制度的过渡，在建设社会主义的过程中，以全面的制度建设逐步解决了中华人民共和国成立初期所面临的一系列矛盾和问题，社会主义的制度优势也得到了充分的彰显。这一阶段虽然在后期受到了"文化大革命"的冲击和影响，导致部分制度在实际中难以执行或破坏，制度建设陷入曲折发展的境地，但总体上来说，经历了艰苦探索后的中华人民共和国确立了全新的中国制度模式，以毛泽东同志为主要代表的中国共产党人与人民一道实现了中国向人民民主制度的伟大跨越，建立起了中华人民共和国的法律制度，为当代中国的发展奠定了基本的制度基础。从国家制度建设的情况来看，这一时期制度建设的特点主要体现在从新民主主义向社会主义转变的过渡性、新政权建立制度建设的基础性以及共产党的领导等方面。同时，这一阶段关于党的制度建设也取得了重要的发展，特别是关于党的代表大会常任制、设立中央书记处和中央总书记以及废除党和国家领导职务终身制、建立监督机制等党的领导制度，①为推动党的制度民主化和权力结构科学化起到了十分重要的作用。

毛泽东同志就制度的建设做了一系列的论述，特别是围绕社会总体制度的建立，如"新制度的宣传，要经过很长一段时间，要逐步宣传，使新制度的思想逐步增强，使旧制度的残余逐步减少"②"推翻旧的社会制度，建立新的社会制度，即社会主义制度，这是一场伟大的斗争，是社会制度和人的相互关系的一场大变动"③"如果新制度不能证明比旧制度大为有利，那新制度就不可取了。新制度所以应该采取，就是因为比旧制度有利

---

① 李艳丰：《毛泽东党的制度建设思想研究述评》，载《社会科学动态》2020年第3期。
② 《毛泽东文选》第六卷，人民出版社1999年版，第497页。
③ 《毛泽东文选》第七卷，人民出版社1999年版，第267-268页。

得多"① "新的社会制度还刚刚建立，还需要有一个巩固的时间。不能认为新制度一旦建立起来就完全巩固了，那是不可能的。需要逐步地巩固"②；除此之外，毛泽东同志还围绕社会制度的具体方面做了一系列制度设计理念、制度执行方面的论述，这些为推进和实行新制度提供了方向性、远见性和操作性的指导，并且进一步普及和巩固了全社会的制度意识。

2. 以邓小平同志为主要代表的中国共产党人的制度探索

20世纪70年代末开始，以邓小平同志为主要代表的中国共产党人带领全国上下进入了探索党和国家领导制度改革的阶段。这一时期，主要是从总结国际共产主义运动及国内"文化大革命"的经验教训开始，致力于解决制约中国发展的实际困难，高度重视制度建设并推进其快速发展。"文化大革命"结束以后，受到严重冲击的制度建设重新步入正轨，并进行了全方位改革性的探索，对于制度建设的体系也进行了更为明晰的梳理，党和国家制度改革的力度空前。改革主要围绕根本制度、体制、规章制度三个层次展开，以党的制度为方向引领与战略保障，推动国家整体制度改革发展，以宪法和党章为"根本大法"，从解放和发展生产力、维护稳定、推进改革开放、坚持民主与法制、坚持四项基本原则、反腐败等着力点全面深入推进。将是否有利于发展社会主义社会的生产力、是否有利于增强社会主义国家的综合国力、是否有利于提高人民的生活水平作为检验一切工作的根本标准，也成为制度建设评价和检验的根本标准，通过明确评价标准，制度建设在实际过程中围绕着生产力、综合国力和人民生活水平这

---

① 《毛泽东文选》第六卷，人民出版社1999年版，第499–500页。

② 《毛泽东文选》第七卷，人民出版社1999年版，第268页。

三个关键点来推进,为制度的制定、执行和反馈构建了一套良性循环和运行的机制,也促使了党和国家制度朝着坚定的目标持续健康发展,并结合实践中的问题及时调整完善。在具体的制度建设改革过程中,坚持以工作实效为导向,通过循序渐进的方式,确保了制度的平稳快速发展,一方面确保了制度变化不会对社会产生过激的冲击,另一方面确保了制度随着改革的推进而逐步完善。

邓小平同志在带领全国和全党进行制度建设的过程中,在不同场合通过讲话、文章等形式阐明了其制度建设的思想,如就制度建设的重要性他曾反复指出"最重要的是一个制度问题""制度是决定因素";1980年8月18日至23日的中共中央政治局扩大会议上,邓小平做的题为《党和国家领导制度的改革》的讲话特别论述道:"领导制度、组织制度问题更带有根本性、全局性、稳定性和长期性。这种制度问题,关系到党和国家是否改变颜色,必须引起全党的高度重视。"[1] 在谈及制度影响时,其还谈道:"制度好可以使坏人无法任意横行,制度不好可以使好人无法充分做好事,甚至会走向反面。"[2] 在推进制度改革时,其也曾专门讲道:"改革党和国家领导制度的方针必须坚持,但是,方法要细密,步骤要稳妥。"[3] 邓小平同志关于制度的思想呈现出了鲜明的务实色彩,从"三个有利于"的评价标准,到结合实践大胆改革、改革要循序渐进,再到要始终坚持党的领导,是与解决实际问题紧密结合的创新发展,把制度的重要性提升到

---

[1] 《邓小平文选》第二卷,人民出版社1983年版,第333页。

[2] 《邓小平文选》第二卷,人民出版社1983年版,第333页。

[3] 《邓小平文选》第二卷,人民出版社1983年版,第359页。

了新的高度，有力推动了中华人民共和国制度建设的飞跃式发展。

3. 以江泽民同志为主要代表的中国共产党人的制度探索

以江泽民同志为主要代表的中国共产党人进一步结合中国社会主义建设探索所取得的成绩，以解决社会主义社会基本矛盾为出发点，持续推进制度建设与创新。这一阶段制度方面的探索集中表现在围绕进一步发展生产力完善国家制度体系和将全面加强党的制度体系建设作为系统工程两个主要方面。在解放和发展生产力方面，明确了以社会主义初级阶段公有制为主体、多种所有制经济共同发展的基本经济制度，提出了建立社会主义市场经济体制，着重从国有企业改革、农村经济体制改革、建立社会保障体系、制度反腐等方面，对社会主义制度进行了完善与发展。通过制度建设的系统完善与全面发展，这一阶段实现了国家经济社会的新发展。

江泽民同志的制度思想也通过一系列讲话得到了充分体现，一方面他论述了制度建设在党和国家改革发展中的重要性；另一方面他强调了制度在解决改革发展中具体问题的工具性作用。在强调制度重要性时，他曾专门讲道："保证党和国家的长治久安，制度建设是最根本的。"[1] 在党的十四届四中全会上他还特别强调："注重制度建设，是这次全会决定的一个重要指导思想，制度建设更带有根本性、全局性、稳定性和长期性。"[2] 在通过制度来解决具体问题方面，江泽民同志也进行了多次阐释和强调，如讲民主集中制时他指出："解决贯彻民主集中制存在的问题，根本的是靠加强制度建设，这包括需要制定新规矩的要制定，制度不够完善的要完

---

[1] 江泽民《论党的建设》，中央文献出版社2001年版，第546页。

[2] 《江泽民文选》第一卷，人民出版社2006年版，第410页。

善；也包括已有的正确的规则要认真执行。"[1]在谈党的组织制度建设时他提道："我们党在七十多年的发展中积累了丰富的建党经验，有着优良的传统和作风，如何发扬光大，如何持之以恒，很重要的工作就是要使之制度化，建立一整套科学严密的组织制度。"[2]在论及干部队伍建设时他讲道："要不断深化干部人事制度改革，形成干部能上能下的机制，用制度为优秀年轻干部脱颖而出、健康成长创造良好的环境和条件，努力形成各方面人才百舸争流、各显其能的局面。"[3]江泽民同志在谈到反腐败问题时着重强调了要以制度反腐："要依靠发展民主、健全法制来预防和治理腐败现象。这是我们的一贯要求，也是最可靠的措施，反腐倡廉工作要逐步实现制度化、法制化。"[4]以江泽民同志为主要代表的中国共产党人所做的制度探索，是对以邓小平同志为主要代表的中国共产党人所取得的制度建设成果的继承、发展、创新，这对党和国家朝着既定的目标稳定向前发展起到了十分重要的保障作用。

4. 以胡锦涛同志为主要代表的中国共产党人的制度探索

在党的前三代中央领导集体的创建、改革、创新与发展的基础上，以胡锦涛同志为主要代表的中国共产党人带领党和人民朝着中国特色社会主义坚定前行，并在理论与实践积累的基础上，进一步推进制度建设在中国的创新发展中保障助力。中华人民共和国成立后，党和人民围绕走中国自

---

[1] 《江泽民论有中国特色社会主义》，中央文献出版社2002年版，第594页。
[2] 《江泽民文选》第一卷，人民出版社2006年版，第410页。
[3] 《江泽民文选》第三卷，人民出版社2006年版，第52页。
[4] 《江泽民文选》第三卷，人民出版社2006年版，第188页。

己的道路进行了艰苦探索，提出了建设有中国特色社会主义的前进方向，并明确了中国特色社会主义道路，以胡锦涛同志为主要代表的中国共产党人全面总结理论和实践的经验，并由胡锦涛同志在2011年7月1日中国共产党成立90周年大会上的讲话中，首次创新性地明确提出中国特色社会主义制度的概念，他指出："经过90年的奋斗、创造、积累，党和人民必须倍加珍惜、长期坚持、不断发展的成就是：开辟了中国特色社会主义道路，形成了中国特色社会主义理论体系，确立了中国特色社会主义制度。"[1]在这次讲话中，胡锦涛同志对中国特色社会主义的制度体系及制度优势进行了系统的阐释，梳理了以根本政治制度、基本政治制度、基本经济制度及建立在这些基础之上的经济体制、政治体制、文化体制、社会体制等各项具体制度的总体构架，强调了"有利于保持党和国家活力、调动广大人民群众和社会各方面的积极性、主动性、创造性，有利于解放和发展社会生产力、推动经济社会全面发展，有利于维护和促进社会公平正义、实现全体人民共同富裕，有利于集中力量办大事、有效应对前进道路上的各种风险挑战，有利于维护民族团结、社会稳定、国家统一"的制度优势。[2]中国特色社会主义制度的提出，是党和国家在理论上的重大创新，不仅表明了我国制度建设进入新的快速发展阶段，更表明了中国特色社会主义走出了一条实实在在的道路。

这一时期，党的第四代中央领导集体推动了党和国家制度集成式发展，

---

[1] 《胡锦涛文选》第三卷，人民出版社2016年版，第525–526页。

[2] 胡锦涛：《在纪念中国共产党成立90周年大会上的讲话》，载《人民日报》2011年7月2日。

关于国家制度胡锦涛同志指出："我们推进社会主义制度自我完善和发展，在经济、政治、文化、社会等各个领域形成一整套相互衔接、相互联系的制度体系。"① 在党的制度建设方面，2006 年胡锦涛在中国共产党第十六届中央纪律检查委员会第六次全体会议上专门强调："要进一步加强制度建设，加强以党章为核心的党内法规制度体系建设，着力提高制度的科学性、系统性、权威性，做到用制度管权、用制度管事、用制度管人，推进党风廉政建设和反腐败工作制度化、规范化。"② 这一阶段制度建设的探索着重从全局性、系统性入手，对国家和党的制度的体系性和完整性进行了完善，制度建设进入了全新的阶段。

（二）中华人民共和国成立后治理的实践及理论发展

中华人民共和国成立后，中国共产党和中国人民进行了艰苦曲折的斗争，但无论面对什么困难，都始终保持了对实现社会主义伟大目标的坚定追求。中华人民共和国从建立到快速发展经历了不少的坎坷，面临着内外的双重压力，但在党的带领下，新的政权和人民一道顶住了各方的压力，在中国特色社会主义道路上让世人见证了中国的伟大事业。究其原因，是在共产党带领下的中国治理实践赢得了国际社会和中国人民的高度赞同，而坚持马克思主义的理论指导和坚持以人民为中心的治理理念是其精髓。

---

① 《胡锦涛文选》第三卷，人民出版社 2016 年版，第 527 页。

② 胡锦涛在中央纪律检查委员会第六次全体会议上发表重要讲话强调学习党章遵守党章贯彻党章维护党章深入开展党风廉政建设和反腐败工作，载新浪网站，2006 年 1 月 9 日，https://news.sina.com.cn/o/2006-01-09/11547934230s.shtml。

1. 以毛泽东同志为主要代表的中国共产党人的治理探索

以毛泽东同志为主要代表的中国共产党人带领党和人民推翻了压在中国人民头上的"三座大山",建立了中华人民共和国,奠定了现代国家治理的基础。中华人民共和国成立后,以毛泽东同志为主要代表的中国共产党人面临着国内财政经济状况急需改善和国际形势复杂的双重压力,在通过抗美援朝解决国际对中华人民共和国的武力威胁后,迅速转入整顿社会秩序、促进社会加快发展阶段,国家治理也随之进入探索前进时期。

一方面通过一系列的社会治理举措,确保了新生政权的稳定与发展,为中国的建设与发展打下了基础,并且形成了一批较高水平并且具有长远指导意义的治理思想。中华人民共和国成立之初,实行土地改革、镇压反革命和一系列民主改革,开展反对贪污、反对浪费、反对官僚主义的"三反"运动和反对行贿、反对偷税漏税、反对盗骗国家财产、反对偷工减料、反对盗窃国家经济情报的"五反"运动,系统地进行社会主义工业化和对生产资料私有制的社会主义改造,通过制定《中华人民共和国宪法》,以及后来实行的国民经济"调整、巩固、充实、提高"方针和推动中美关系正常化这些结合中华人民共和国成立之初国情和世界形势的治理举措,有效实现了新生政权的稳固,进一步清扫了国家经济社会发展的障碍,为推动国家进入社会主义现代化时期提供了重要保障,也营造了促进中华人民共和国建设与发展的内外环境。在这一时期内从治理实践中总结出来的治理思想也是中华人民共和国建设与发展的理论精华,其中从宪法中体现出来的精神内核以及毛泽东同志结合治理实践总结的《论十大关系》和《关于正确处理人民内部矛盾的问题》等讲话是典型代表,充分反映了依法治国和以人民为本的治理思想，这些在之后中国主流的治理思想中一直得到了很好的坚持与传承。

另一方面，这一阶段的探索也具有曲折性，因为对国内形势的认识偏差，发动了"大跃进"和农村人民公社化运动以及"文化大革命"运动，对当时的国家治理产生了负面冲击。虽然这些运动在实际过程中也经历了一些修正，但对当时的国家治理和秩序造成了不可忽视的影响，成为这一时期给后世留下的深刻教训。总体上来看，这一阶段的国家治理艰难开启，在内外矛盾的巨大压力下，中国共产党带领着中国人民无惧风雨、直面困难，逐渐走出了一条自己的道路，并开启了独有的治理模式，在探索过程中所经历的成功与挫折共同奠定了后面发展市场经济、推进改革开放、坚持依法治国的基石，可以说以毛泽东同志为主要代表的中国共产党人在带领中国人民曲折前行中为后世留下了厚重而又深刻的借鉴。

2. 以邓小平同志为主要代表的中国共产党人的治理探索

以邓小平同志为主要代表的中国共产党人从全面整顿"文化大革命"造成的混乱局面着手，就全面推进党和国家治理的正常化、制度化、规范化开展了大量的工作，并将其作为重要的常态化工作内容。

在具体工作层面，首先着力理顺事关全局的党的领导问题，在坚持党的领导不动摇的基础上，改善党的领导，推进党政分开。在明确国家治理思路上，以邓小平同志为主要代表的中国共产党人集中进行了思想上的拨乱反正，反对"两个凡是"的错误方针，组织开展对真理标准问题的大讨论，提出要完整地准确地理解毛泽东思想、牢牢把握其中最根本的内容——群众路线和实事求是，这些为当时的国家治理统一了思想、指明了方向，确保了国家治理重新回到与中国所处的历史阶段紧密结合的正常轨道上来。在当时急需调动全社会所有的力量集中精力抓建设、全心全意谋发展的背景下，领导集体认识到必须通过一系列改革充分激发社会活力，因此在科学处理党和政府关系的前提下，逐步推行中央和地方、政府和企业、政府和市场、政府和群众关系的系统改革，通过权力的下放、"逐步推广、分别实行工厂管理委员会、公司董事会、经济联合体的联合委员会领导和监督下的厂长负责制、经理负责制"①、扩大市场资源配置的作用、发挥人民群众作为国家治理主体的作用等方式，凝聚了全国上下最广泛的力量、调动了社会各界参与支持国家有序治理的积极性，实现了国家治理自上而下的统筹推进。

邓小平同志结合当时的国际和国家形势提出了一套完整的国家治理理论和实践体系。在经济方面，打破社会主义社会只能实行计划经济的论断，创造性地提出社会主义市场经济的概念并且推动了社会生产力的极大解放。在政治方面，紧紧抓住民主与法制两个核心，邓小平同志曾指出："我们在全国坚决实行这样一些原则：有法必依，执法必严，违法必究，法律面前人人平等"②"民主和法制，这两个方面都应该加强。过去我们都不足。要加强民主就要加强法制。没有广泛的民主是不行的，没有健全的法制也是不行的"③，这些理念作为推行国家治理的内在脉络，通过具体的机制和措施落实到实践当中，加速了国家治理体系和治理能力现代化的提升。

---

① 中共中央文献编辑委员会：《邓小平文选》第二卷，人民出版社1994年版，第340页。
② 《邓小平文选》第二卷，人民出版社1983年版，第254页。
③ 《邓小平文选》第二卷，人民出版社1983年版，第189页。

在文化方面，在强调物质文明的同时提出了精神文明的基本要求，在全社会营造尊重科学、尊重知识的浓厚氛围。在党的建设方面，邓小平同志着重强调了要围绕党的组织和党的领导进行改善，并以党的自身改善进而实现对国家领导的改善。同时，在生态方面，邓小平同志富有远见地提出保护环境的理念，组织召开了第一次全国环境保护会议，并推动制定了《森林法》《草原法》和《环境保护法》等林业、绿化和生态环境保护的法律，为生态治理提供了法律遵循。此外，邓小平同志在社会治理方面还进行了深入的思考，并着重提出了要持开放、包容、谦虚的态度学习国外先进经验，特别提到要学习当时新加坡的社会治理模式。应该说，在以邓小平同志为主要代表的中国共产党人的坚强领导下，国家治理实践取得了飞跃性的成果，基于中国社会的治理理念和理论得到了创新性的发展。

3. 以江泽民同志为主要代表的中国共产党人的治理探索

以江泽民同志为主要代表的中国共产党人在带领党和人民加快国家建设与发展之初，虽然面临着内外风波等事件引起的波动，但仍然坚定按照社会主义道路前行，全力推动国家治理的转型升级。

在深入推进改革开放和建设社会主义现代化的实践中，以江泽民同志为主要代表的中国共产党人在进一步厘清治理目标的基础上，明确了坚持党的领导和坚持将依法治国与人民当家作主紧密结合的原则，从政治、经济、文化、社会以及生态环境等方面开展了全方位的治理实践。在经济方面，在社会主义制度下通过市场经济促进生产力的进一步解放得到了很好的实践，在完善与发展的基础上提出了建立社会主义市场经济体制，并且通过党的十四大将其明确为国家经济体制改革的目标，在具体举措上着重推行了建立现代企业制度、充分发挥市场在各项资源配置中的作用、以"效率优先、兼顾公平"的原则优化分配、改革完善社会保障制度、发挥政府"看得见的手"的作用进行宏观调控等。在政治方面，提出了建设社会主义政治文明的目标，并从民主化和法制化两个方面进行了强调。在经济和政治快速发展的同时，文化建设在国家治理中的迫切需求也引起了高度重视，特别是在对外开放加速推进、世界多极化发展的背景下，江泽民同志指出要加强精神文明建设，纠正"一手硬、一手软"的状况，并强调"坚持什么样的文化方向，推动建设什么样的文化，是一个政党在思想上精神上的一面旗帜"[①]。在社会建设方面，江泽民同志提出"社会主义社会是全面发展，全面进步的社会"，并且针对教育、就业、社会保障等一系列人民关心的问题提出了具有创新性的理论。在生态环境保护方面，江泽民同志意识到片面追求 GDP 的经济增长不符合可持续发展的要求，提出要着眼长远加强环境保护。

在各方面治理相协调的基础上，以江泽民同志为主要代表的中国共产党人提出了一系列重大的国家治理战略，主要有：依法治国和以德治国相结合的方略，江泽民指出"我们在建设有中国特色社会主义、发展社会主义市场经济的过程中，要坚持不懈地加强法制建设，依法治国，同时也要坚持不懈地加强社会主义道德建设，以德治国"[②]；可持续发展战略，认为"保护环境就是保护生产力"；科教兴国战略，江泽民指出"科教兴国，是指全面落实科学技术是第一生产力的思想，坚持教育为本，把科技和教育摆

[①] 中共中央文献编辑委员会：《江泽民文选》（第三卷），人民出版社 2006 年版，第 277 页。

[②] 《江泽民文选》第三卷，人民出版社 2006 年版，第 200 页。

在经济、社会发展的重要位置，增强国家的科技实力及向现实生产力转化的能力，提高全民族的科技文化素质"[①]；人才强国战略，将人才作为国家发展最重要的资源，发布了《2002—2005年全国人才队伍建设规划纲要》等制度性文件。在这些国家治理的理论发展和实践探索的基础上，江泽民同志概括性地提出了党的创新性理论，即"三个代表"重要思想（中国共产党始终代表中国先进生产力的发展要求、中国先进文化的前进方向、中国最广大人民的根本利益，是我们党的立党之本、执政之基、力量之源）。

4. 以胡锦涛同志为主要代表的中国共产党人的治理探索

党的第四代中央领导集体围绕党和国家进行了更加深入、更为全面的探索，并将相关指导思想和工作思路以党和国家重要文件、法规等形式予以明确，如《中国共产党党内监督条例（试行）》《中共中央关于加强党的执政能力建设的决定》《中华人民共和国公务员法》《国家突发公共事件总体应急预案》《中共中央关于构建社会主义和谐社会若干重大问题的决定》《中华人民共和国政府信息公开条例》《中华人民共和国突发事件应对法》等。

在经济方面，坚持发展社会主义市场经济体制，以经济建设为中心，提出了"第一要义是发展，核心是以人为本，基本要求是全面协调可持续发展，根本方法是统筹兼顾"[②]的科学发展观。在政治方面，强调提高社会主义民主政治的能力，推进社会主义民主的制度化、规范化和程序化以及决策的科学化、民主化，着力提高依法执政水平和对权力的制约与监督，

---

① 《江泽民文选》第一卷，人民出版社2006年版，第428页。

② 《胡锦涛文选》第二卷，人民出版社2016年版，第623页。

推动建设服务型政府,要求做到权为民所用、情为民所系、利为民所谋。在文化方面,对标人民群众文化需求,推进文化体制改革,促进文化事业和文化产业发展,构建全面的公共文化服务体系。在社会方面,提出了构建社会主义和谐社会的目标,明确了"按照民主法治、公平正义、诚信友爱、充满活力、安定有序、人与自然和谐相处的总要求,以解决人民群众最关心、最直接、最现实的利益问题为重点,着力发展社会事业、促进社会公平正义、建设和谐文化、完善社会管理、增强社会创造活力,走共同富裕道路,推动社会建设与经济建设、政治建设、文化建设协调发展"的总体思路,[①]并着力推动建立健全党委领导、政府负责、社会协同、公众参与的社会管理格局,将社会建设与管理提升到新的高度。除此之外,党的第四代中央领导集体还针对人民群众关心关切的劳动合同、农民工、医疗保险、最低生活保障、公共卫生事件、环境治理保护等焦点问题提出了治理措施并逐步形成了系列制度,进一步推动了国家治理体系的完善与发展,促进了政府、社会、人民参与国家治理能力的快速提升。

第三节 "中国之制"与"中国之治"

历史和实践证明,我国经济社会发展所取得的重大成就与中国特色社会主义制度的逐步完善和发展是密切相关的,而中国特色社会主义制度与中国发展进步进程中的"治理"也是密不可分的。制度和治理两者紧密联

[①] 《中共中央关于构建社会主义和谐社会若干重大问题的决定》,中国政府网 http://www.gov.cn/govweb/gongbao/content/2006/content_453176.htm。

系、相得益彰，辩证统一于中国特色社会主义事业之中。始终坚持和完善中国特色社会主义制度，推进国家治理体系和治理能力现代化，以"中国之制"成就"中国之治"，用"中国之治"完善"中国之制"，是中国共产党领导下治国理政的应有之义。党的十九届四中全会审议通过了《中共中央关于坚持和完善中国特色社会主义制度、推进国家治理体系和治理能力现代化若干重大问题的决定》（以下简称《决定》），《决定》提出："中国特色社会主义制度是党和人民在长期实践探索中形成的科学制度体系，我国国家治理一切工作和活动都依照中国特色社会主义制度展开，我国国家治理体系和治理能力是中国特色社会主义制度及其执行能力的集中体现。"[①] 这一重要论述，科学阐明了中国特色社会主义制度和国家治理的关系，对进一步思考制度和治理的辩证关系具有重要意义。

一、"中国之制"是"中国之治"的根本依据

制度为治理提供前提和基础。"国与国的竞争日益激烈，归根到底是国家制度的竞争。"[②] 国情不同，相应地，国家制度也会存在差异。中国制度在中国的社会土壤中生长起来，经过不断地创新发展，开创了新时代中国特色社会主义制度。《决定》强调"突出坚持和完善支撑中国特色社会主义制度的根本制度、基本制度、重要制度，着力固根基、扬

[①] 《中共中央关于坚持和完善中国特色社会主义制度 推进国家治理体系和治理能力现代化若干重大问题的决定》，载《人民日报》2019年11月6日。

[②] 习近平：《坚持、完善和发展中国特色社会主义国家制度与法律制度》，载《共产党员》2020年第1期。

优势、补短板、强弱项,构建系统完备、科学规范、运行有效的制度体系"。①治理体系以制度为基础构建,治理体系的结构、规范、运作等是由制度性质决定的。当一个国家构建出具体制度并形成制度体系时,就有了治理国家的基本准则,在开展治理活动时便有了根本遵循。中国特色社会主义制度由一系列具体制度组成,包括人民代表大会制度的根本政治制度,中国共产党领导的多党合作和政治协商制度、民族区域自治制度以及基层群众自治制度等基本政治制度,中国特色社会主义法律体系,公有制为主体、多种所有制经济共同发展,按劳分配为主体、多种分配方式并存,社会主义市场经济体制的基本经济制度,以及建立在这些制度基础上的经济体制、政治体制、文化体制、社会体制等各项具体制度。习近平总书记指出:"我们党立志于中华名族千秋伟业,不仅要保持中国特色社会主义制度和国家治理体系的稳定性和延续性,而且要不断增强其发展性和创新性,推动中国特色社会主义制度更加成熟更加定型,为确保中国特色社会主义事业长盛不衰、实现中华民族伟大复兴提供牢靠而持久的制度保证。"②

在国家治理的进程中,我国坚持和完善中国特色社会主义制度,将中国特色社会主义制度作为国家治理的前提和基础,以制度指导治理实践,推进我国国家治理一切工作和活动有序开展。实践证明,科学完备的制度

---

① 《中共中央关于坚持和完善中国特色社会主义制度 推进国家治理体系和治理能力现代化若干重大问题的决定》,载《人民日报》2019年11月6日。

② 《筑牢中国长治久安的制度根基——〈中共中央关于坚持和完善中国特色社会主义制度 推进国家治理体系和治理能力现代化若干重大问题的决定〉诞生记》,载《人民日报》2019年11月7日。

结构能够满足国家的治理需要，指导国家治理朝着正确的方向前进，以制度优势促进国家治理效能提升。

二、"中国之治"是"中国之制"的集中体现

治理是对制度的实施和落实。国家治理包括规范行政行为、市场行为和社会行为的一系列制度和程序，它是一个庞大系统的工程，所有的工作和活动要依据国家制度开展，以保证各个部分的独立运行和相互配合。有鉴于此，治理是制度的集中体现，通过治理进一步执行落实制度，让制度在治理中发挥优势，找到自己的根本归宿。

国家新一代领导人着眼于我国国情，深入研究国家治理问题，创造性地提出"国家治理体系和治理能力现代化"的目标任务，是中国特色社会主义事业发展过程中的又一重大理论创新成果。习近平总书记曾深刻阐释国家治理体系和国家治理能力的实质，他认为"国家治理体系是在党领导下管理国家的制度体系，包括经济、政治、文化、社会、生态文明和党的建设等各领域体制机制、法律法规安排，也就是一整套紧密相连、相互协调的国家制度"。①而"国家治理能力是运用国家制度管理社会各方面事务的能力，包括改革发展稳定、内政外交国防、治党治国治军等各个方面"。其实质充分反映了制度与治理的密切联系，治理体系是国家制度在国家治理中的具体化、实体化，治理能力是国家制度在贯彻落实中的主体化、应用化。②国家治理是制度执行的具体体现，国家治理效能也能够真

---

① 《习近平谈治国理政》，外文出版社 2014 年版，第 91 页。

② 丰子义：《辩证把握"制"与"治"》，载《人民日报》2020 年 2 月 24 日。

实体现国家制度的优势。通过落实国家各项制度，便能够提升国家治理能力，积极发挥治理效果，从而使国家和社会实现良好有序的状态，在高质量、现代化发展的轨道上行稳致远。

三、正确把握"中国之制"与"中国之治"

在全面理解制度与治理概念的基础上，如何把握两者间的辩证关系成了我们应该思考和厘清的根本问题。回答这一根本问题需要我们将关注点回归到方法论上来，深入剖析、准确把握制度和治理的辩证关系，对发挥制度优势和提升治理能力具有重要现实意义。

（一）把握好总体谋划和分层对接的关系

制度建设是一项全局性、整体性、系统性的任务，其内容丰富翔实，关系复杂多变，要想发挥制度优势和提升治理效能，就必须坚持在总体推进、精心谋划上下功夫，通过加强顶层设计、运用系统思维，使制度体系和治理体系更加完备，真正发挥制度和治理的效用。同时，也需要在分层对接、相互配合上持续发力，把握好不同领域制度之间的关联性和不同层面机制之间的耦合性，确保整体推进国家治理体系和治理能力现代化，在国家治理体系和治理能力现代化上形成总体效应和总体效果。

（二）把握好问题导向和目标引领的关系

党的十九届四中全会通过的《决定》，强调坚持问题导向和目标导向的统一，深刻阐明问题导向和目标引领相统一对于制度建设的重要意义。坚持问题导向就是要将制度体系和治理体系建设过程中的问题找出来，始终做到勇于挑担子、不怕有问题，并能够有效地解决问题，达到推动制度建设和治理效能提升的既定目标。而坚持目标引领在当前的时代环境下，即围绕坚持和完善中国特色社会主义制度、推进国家治理体系和治理能力现代化这一总体目标，要抓好贯彻落实，向实现这一目标迈出坚定的步伐。把握好问题导向和目标引领，做到"既埋头拉车、又抬头看路"，才能将中国特色社会主义制度落到实处，不断提升国家治理的整体效能。

（三）把握好精进守正和改革创新的关系

"经国序民，正其制度"，制度较于治理，是相对固化的，但并不等于制度是一成不变的。世界上没有一成不变的制度，更没有永葆优势的制度。为了不断提高治理效能，满足人民需求和国家发展需要，制度应该不断完善和发展，建立更加成熟、科学、系统的制度体系。同时，面对新时代的新要求和新变化，也要认识到现有制度和治理体系中具有显著优越性和强大生命力的部分，在前期夯基垒台的基础上，对其加以巩固和深化，进行系统集成和调整重塑，在精进守正和改革创新中完善中国特色社会主义制度，推进国家治理体系和治理能力现代化。

第四节 新时代对制度和治理内涵的深化与发展

党的十八大以来，习近平总书记着眼于党和国家事业的长远发展，围绕制度和治理发表了一系列重要讲话，使我党的理论成果更加丰富和系统，对新时代深化发展制度和治理内涵提出了具体要求。梳理新时代对制度与治理内涵的深化与发展，有利于科学认识制度建设、治理格局等相关理论成果，深刻领会坚持和完善中国特色社会主义制度、推进国家治理体系和治理能力现代化的重要意义。

一、新时代制度内涵的深化与发展

党的十八大以来，以习近平同志为核心的党中央高度重视制度建设，把制度建设摆到更加突出的位置，提出了一系列新理念、新思想、新观点，为做好新时代制度建设工作提供了根本遵循和行动指南。习近平总书记围绕制度内涵所做的重要阐述，不仅深入思考和回答了当代中国制度改革和制度发展中的一系列重大理论和实践问题，也为构建系统完备、科学规范、运行有效的制度体系指明了正确的方向。

（一）制度建设的重要性

党的十八届三中全会将全面深化改革的总目标确立为完善和发展中国特色社会主义制度、推进国家治理体系和治理能力现代化。[①] 在总目标的统领下，我们党高度重视中国特色社会主义制度建设，习近平总书记也多次阐述制度建设的重要性，着重强调制度建设对我国社会发展的显著优势。

2013年7月，习近平总书记在河北调研指导党的群众路线教育实践活动时的讲话中指出："没有健全的制度，权力没有关进制度的笼子里，腐败现象就控制不住。在这次教育实践活动中，建章立制非常重要，要把笼子扎紧一点，牛栏关猫是关不住的，空隙太大，猫可以来去自如。"[②] 习

[①] 《习近平谈治国理政》，外文出版社2014年版，第90页。
[②] 《习近平关于党风廉政建设和反腐败斗争论述摘编》，中央文献出版社、中国方正出版社2015版，第125页。

近平总书记以"牛栏关猫"的例子，充分展现国家领导人对反腐败大业的高度关注，由此强调当前社会所面临的制度失效问题，以及制度建设对权力运行所起到的约束保障作用。

2014年2月，习近平总书记在省部级主要领导干部学习贯彻党的十八届三中全会精神全面深化改革专题研讨班上提道："改革开放以来，我们党开始以全新的角度思考国家治理体系问题，强调领导制度、组织制度问题更带有根本性、全局性、稳定性和长期性。今天，摆在我们面前的一项重大历史任务，就是推动中国特色社会主义制度更加成熟更加定型，为党和国家事业发展、为人民幸福安康、为社会和谐稳定、为国家长治久安提供一整套更完备、更稳定、更管用的制度体系。"[①]2016年7月，习近平总书记在庆祝中国共产党成立95周年大会的讲话中指出："我们要坚信，中国特色社会主义制度是当代中国发展进步的根本制度保障，是具有鲜明中国特色、明显制度优势、强大自我完善能力的先进制度。"[②]全面总结了中国特色社会主义制度所具有的先进性和优越性。

2019年10月31日，中国共产党第十九届中央委员会第四次全体会议审议通过了《中共中央关于坚持和完善中国特色社会主义制度、推进国家治理体系和治理能力现代化若干重大问题的决定》，并对"坚持和完善中国特色社会主义制度、推进国家治理体系和治理能力现代化"的重大问

[①] 习近平：《在省部级主要领导干部学习贯彻十八届三中全会精神全面深化改革专题研讨班上的讲话》，载《人民日报》2014年2月18日。

[②] 习近平：《在庆祝中国共产党成立95周年大会上的讲话》，载《人民日报》2016年7月2日。

题进行研究部署。习近平总书记受中央政治局委托,就《中共中央关于坚持和完善中国特色社会主义制度、推进国家治理体系和治理能力现代化若干重大问题的决定》起草情况向全会作说明时指出:"新时代谋划全面深化改革,必须以坚持和完善中国特色社会主义制度、推进国家治理体系和治理能力现代化为主轴,深刻把握我国发展要求和时代潮流,把制度建设和治理能力建设摆到更加突出的位置,继续深化各领域各方面体制机制改革,推动各方面制度更加成熟更加定型,推进国家治理体系和治理能力现代化。"①

习近平总书记在中共十九届四中全会第二次全体会议上强调:"制度优势是一个国家的最大优势,制度竞争是国家间最根本的竞争。制度稳则国家稳。"②习近平总书记铿锵有力的话语,彰显出制度所蕴含的强大效能,充分表明制度建设是党和国家事业发展的根本保证。

2019年12月,中共中央政治局召开"不忘初心、牢记使命"专题民主生活会,习近平总书记在会上强调:"当今世界正经历百年未有之大变局,国内外形势正在发生深刻复杂变化,来自各方面的风险挑战明显增多,迫切需要我们在加强国家制度建设和治理能力建设上下更大功夫,使我们的制度优势充分发挥出来,更好转化为治理效能。"③习近平总书记立足国内外新形势,再次围绕"制度建设"这条主线进行深刻阐述,并特别强

---

① 《习近平谈治国理政》第三卷,外文出版社2020年版,第112页。

② 《习近平谈治国理政》第三卷,外文出版社2020年版,第119页。

③ 《中共中央政治局召开专题民主生活会强调 带头把不忘初心牢记使命作为终身课题 始终保持共产党人的政治本色和前进动力 中共中央总书记习近平主持会议并发表重要讲话》,载《人民日报》2019年12月28日。

调国家制度建设和治理能力建设的高度融合,从而实现制度优势向治理效能的有效转化。

(二)制度建设的方法论

制度建设是一个系统宏大的工程,加强制度建设不仅要着眼于国家发展的形势,围绕新时代党的建设总要求,还要考虑制度是否满足"科学合理、务实管用、适应需要、便于执行"等条件[①],以防制度形同虚设、难以落地。在强调制度建设重要性的基础上,习近平总书记多次对制度建设提出要求,主要包括以下几个方面。

一是强化制度意识。2019年9月24日,在十九届中央政治局第十七次集体学习时,习近平总书记强调:"各级党委和政府以及各级领导干部要切实强化制度意识,带头维护制度权威,做制度执行的表率,确保党和国家重大决策部署、重大工作安排都按照制度要求落到实处,切实防止各自为政、标准不一、宽严失度等问题的发生,充分发挥制度指引方向、规范行为、提高效率、维护稳定、防范化解风险的重要作用。"[②] 习近平总书记在中共十九届四中全会第二次全体会议上强调:"制度的生命力在于执行。各级党委和政府以及各级领导干部要切实强化制度意识,带头维护制度权威,做制度执行的表率,带动全党全社会自觉尊崇制度、严格执行

---

① 习近平:《在"不忘初心、牢记使命"主题教育总结大会上的讲话》,载《人民日报》2020年1月8日。

② 习近平:《继续沿着党和人民开辟的正确道路前进 不断推进国家治理体系和治理能力现代化》,载《旗帜》2019年第10期。

制度、坚决维护制度。"[1]强化制度意识是制度建设的第一步，也是关键一步，习近平总书记在十九届四中全会上重申制度意识的重要性，要求各级党委和政府以及各级领导干部要做制度执行的先行者，领导干部要率先模范，才能从源头处、从根本上抓细抓实，进而推进我国制度建设。

坚定制度自信作为增强制度意识表现形式之一，也被习近平总书记多次强调。制度自信实则源于中国特色社会主义制度所具有的制度优势，只有通过不断地固根基、扬优势、补短板、强弱项，才能使各方面制度走向成熟。习近平总书记在谈到制度自信时指出："没有坚定的制度自信就不可能有全面深化改革的勇气""我们说坚定制度自信，不是要固步自封，而是要不断革除体制机制弊端，让我们的制度成熟而持久。"[2]由此可见，只有准确把握制度自信的精神内涵，增强中国特色社会主义制度自信，才能坚定不移走好中国特色社会主义道路。

二是坚持制度创新。2012年11月17日，习近平总书记在十八届中央政治局第一次集体学习时的讲话中强调制度创新要从实际出发，他指出："我们要坚持以实践基础上的理论创新推动制度创新，坚持和完善现有制度，从实际出发，及时制定一些新的制度，构建系统完备、科学规范、运行有效的制度体系，使各方面制度更加成熟更加定型，为夺取中国特色社会主义新胜利提供更加有效的制度保障。"[3]时隔7年，2019年12月1日

---

[1] 《习近平谈治国理政》第三卷，外文出版社2020年版，第128页。

[2] 习近平：《在省部级主要领导干部学习贯彻十八届三中全会精神 全面深化改革专题研讨班上的讲话》，载《人民日报》2014年2月18日。

[3] 习近平：《紧紧围绕坚持和发展中国特色社会主义 学习宣传贯彻党的十八大精神——在十八届中共中央政治局第一次集体学习时的讲话》，载《前进》2012年第12期。

出版的第 23 期《求是》杂志发表习近平总书记的重要文章《坚持、完善和发展中国特色社会主义国家制度与法律制度》，习近平总书记在文章中写道："要在坚持好、巩固好已经建立起来并经过实践检验的根本制度、基本制度、重要制度的前提下，坚持从我国国情出发，继续加强制度创新，加快建立健全国家治理急需的制度、满足人民日益增长的美好生活需要必备的制度。"[①]2020 年 6 月，习近平总书记在对海南自由贸易港建设的重要指示中强调："要坚持党的领导，坚持中国特色社会主义制度，对接国际高水平经贸规则，促进生产要素自由便利流动，高质量高标准建设自由贸易港。要把制度集成创新摆在突出位置，解放思想、大胆创新，成熟一项推出一项，行稳致远，久久为功。"[②] 此番讲话强调我国要以制度集成创新为核心，牵引带动改革发展的各项举措落地落实，更加凸显了制度创新对于经济社会发展的宝贵价值。

此外，习近平总书记也曾从科学创新的角度来谈制度创新，他提道："创新是一个系统工程，创新链、产业链、资金链、政策链相互交织、相互支撑，改革只在一个环节或几个环节搞是不够的，必须全面部署，并坚定不移推进。科技创新、制度创新要协同发挥作用，两个轮子一起转。"[③] 他也时常阐述制度创新的重要性："要把围绕为民务实清廉建立健全工作

---

① 习近平：《坚持、完善和发展中国特色社会主义国家制度与法律制度》，载《求是》2019 年第 23 期。

② 习近平：《习近平对海南自由贸易港建设作出重要指示强调 要把制度集成创新摆在突出位置 高质量高标准建设自由贸易港》，载《人民日报》2020 年 6 月 2 日。

③ 习近平：《为建设世界科技强国而奋斗——在全国科技创新大会、两院院士大会、中国科协第九次全国代表大会上的讲话》，载《人民日报》2016 年 6 月 1 日。

制度、管理制度、考核制度作为重要内容。对已有相关制度进行梳理，经实践检验行之有效、群众认可的，要予以重申，继续坚持、抓好落实，严肃纪律，形成刚性约束；不适应新形势新任务要求的，该修改完善的就修改完善，该废止的就废止，该制定新的就制定新的。要总结新的实践经验，建立新的制度。"[1]由此可见制度创新在改革发展中所具有的强大动能，故而新时代的制度建设也必定不能落下制度创新这一关键环节。

三是抓好制度落实。2013年6月18日，习近平总书记在党的群众路线教育实践活动工作会议上的重要讲话中指出："不管建立和完善什么制度，都要本着于法周延、于事简便的原则，注重实体性规范和保障性规范的结合和配套，确保针对性、操作性、指导性强。制度一经形成，就要严格遵守，坚持制度面前人人平等、执行制度没有例外，坚决维护制度的严肃性和权威性，坚决纠正有令不行、有禁不止的各种行为，使制度真正成为党员、干部联系和服务群众的硬约束，使贯彻党的群众路线真正成为党员、干部的自觉行动。"[2]制度的有效运行与制度约束息息相关，只有以制度硬约束来维护制度的权威，才能确保制度的有效执行。

2014年5月9日，习近平总书记在河南省兰考县委常委班子专题民主生活会上的讲话中指出："我们的制度不少，可以说基本形成，但不要让它们形同虚设，成为'稻草人'，形成'破窗效应'。很多情况没有监督，违反了也没有任何处理。这样搞，谁会把制度当回事呢？我们党的制度是从党章开始的，学习党章学了半天，最后还是视而不见、听而不闻，这不

---

[1] 《习近平关于党的群众路线教育实践活动论述摘编》，中央文献出版社2014年版，第68页。

[2] 《习近平谈治国理政》，外文出版社2014年版，第379页。

行！我们的制度有些还不够健全，已经有的铁笼子门没关上，没上锁。或者栅栏太宽了，或者栅栏是用麻秆做的，那也不行。现有制度都没执行好，再搞新的制度，可以预言也会是白搭。所以，我说一分部署还要九分落实。制定制度很重要，更重要的是抓落实，九分气力要花在这上面。"①

2014年10月8日，习近平总书记在党的群众路线教育实践活动总结大会上的讲话中谈道："制度不在多，而在于精，在于务实管用，突出针对性和指导性。如果空洞乏力，起不到应有的作用，再多的制度也会流于形式。……要搞好配套衔接，做到彼此呼应，增强整体功能。要增强制度执行力，制度执行到人到事，做到用制度管权管事管人。制定制度要广泛听取党员、干部意见，从而增加对制度的认同。要坚持制度面前人人平等、执行制度没有例外，不留'暗门'、不开'天窗'，坚决维护制度的严肃性和权威性，坚决纠正有令不行、有禁不止的行为，使制度成为硬约束而不是橡皮筋。"②2019年10月31日，在《中共中央关于坚持和完善中国特色社会主义制度、推进国家治理体系和治理能力现代化若干重大问题的决定》的说明中，习近平总书记提到要严格遵守和执行制度："制度的生命力在于执行。……必须强化制度执行力，加强对制度执行的监督。"③习近平总书记用大家听得懂、听得进的话语深刻阐述制度落实的重要意义。

回顾习近平总书记对于抓好制度落实的论述，展现出习近平总书记对

---

① 《习近平关于党风廉政建设和反腐败斗争论述摘编》，中央文献出版社、中国方正出版社2015年版，第128、129页。

② 习近平：《在党的群众路线教育实践活动总结大会上的讲话》，载《人民日报》2014年10月9日。

③ 《习近平谈治国理政》第三卷，外文出版社2020年版，第128页。

制度落实的严要求、高标准，只有将抓好制度落实作为推进制度建设的关键一招，才能真正发挥制度的优势和功效。

四是强化制度监督。2015年3月5日，习近平总书记参加十二届全国人大三次会议上海代表团审议时强调："全面从严治党，是我们党在新形势下进行具有许多新的历史特点的伟大斗争的根本保证。关键是要抓住领导干部这个'关键少数'，坚持思想建党和制度治党紧密结合，全方位扎紧制度笼子，更多用制度治党、管权、治吏。"①2013年1月22日，习近平总书记在十八届中央纪委二次全会上的讲话中强调："要加强对权力运行的制约和监督，把权力关进制度的笼子里，形成不敢腐的惩戒机制、不能腐的防范机制、不易腐的保障机制。"②他多次重申制度问题带有根本性、全局性、稳定性、长期性，要保证权力的有效行使，必须把权力关进制度的笼子里，坚持用制度管权管事管人。要建立决策科学、执行坚决、监督有力的权力运行体系，把笼子扎得紧一点，严防"牛栏关猫"，使权力运行守边界、有约束、受监督。③在习近平总书记关于"制度监督"的讲话中，常以"把权力关进制度的笼子""扎紧制度笼子"等生动表述，阐明制度监督对于反腐败事业的重要价值，充分体现制度监督在制度建设中的积极作用。

五是立足中国实际。2015年2月2日，习近平总书记在省部级主要

---

① 黄敬文：《习近平在参加上海代表团审议时强调 当好改革开放排头兵创新发展先行者 为构建开放型经济新体制探索新路》，载《人民日报》2015年3月6日。

② 张烁等：《习近平在十八届中央纪委二次全会上发表重要讲话强调 更加科学有效地防治腐败坚定不移把反腐倡廉建设引向深入》，载《人民日报》2013年1月23日。

③ 《习近平总书记系列重要讲话读本》，学习出版社、人民出版社2014年版，第85页。

领导干部学习贯彻党的十八届四中全会精神全面推进依法治国专题研讨班上提道:"我们有符合国情的一套理论、一套制度,同时我们也抱着开放的态度,无论是传统的还是外来的,都要取其精华、去其糟粕,但基本的东西必须是我们自己的,我们只能走自己的道路。"①2019 年 9 月 24 日,习近平总书记在十九届中央政治局第十七次集体学习时的讲话中指出:"要加强对中国特色社会主义国家制度和法律制度的理论研究,总结 70 年来我国制度建设的成功经验,构筑中国制度建设理论的学术体系、理论体系、话语体系,为坚定制度自信提供理论支撑。"②除此之外,习近平总书记还多次强调中国制度不能以西方制度模式为标准:"我们要借鉴人类政治文明的有益成果,但绝不照搬西方政治制度模式,绝不会接受任何外国颐指气使的说教。"③习近平总书记在庆祝全国人民代表大会成立 60 周年大会上进一步指出,制度要扎根中国,深深扎根中国社会的土壤之中。他表示:"中国有 960 多万平方公里土地、56 个民族,我们能照谁的模式办?谁又能指手画脚告诉我们该怎么办?"他紧接着强调:"中国特色社会主义政治制度之所以行得通、有生命力、有效率,就是因为它是从中国的社会土壤中生长起来的。中国特色社会主义政治制度过去和现在一直生长在中国的社会土壤之中,未来要继续茁壮成长,

---

① 习近平:《习近平在省部级主要领导干部学习贯彻十八届四中全会精神全面推进依法治国专题研讨班上发表重要讲话》,载《中国纪检监察》2015 年第 4 期。

② 习近平:《坚持、完善和发展中国特色社会主义国家制度与法律制度》,载《求是》2019 年第 23 期。

③ 《习近平总书记系列重要讲话读本》,学习出版社、人民出版社 2014 年版,第 49 页。

也必须深深扎根于中国的社会土壤。"①

　　同时，习近平总书记还提到制度建设要满足国家和人民的需要："我们要在坚持好、巩固好已经建立起来并经过实践检验的根本制度、基本制度、重要制度的前提下，坚持从我国国情出发，继续加强制度创新，加快建立健全国家治理急需的制度、满足人民日益增长的美好生活需要必备的制度。"②习近平总书记将制度建设与国家发展和人民生活相联系起来，体现我们党以人民为中心的执政理念，也正是中国特色社会主义制度优势的最本质体现。

　　除以上五个方面之外，习近平总书记还曾围绕"制度宣传教育"等方面进一步阐述制度的内涵。譬如：2019年9月24日，习近平总书记在中央政治局第十七次集体学习时的讲话中提道："要加强制度宣传教育，特别是要加强对青少年的制度教育，讲好中国制度故事，引导人们充分认识我们已经走出了建设中国特色社会主义制度的成功之路，只要我们沿着这条道路继续前进，就一定能够实现国家治理体系和治理能力现代化。"③

　　针对党内法规制度建设、中国特色社会主义制度建设，习近平总书记也指出了新方向和新思路。从制度建设的方法论来看，无不透露出国家领导人对于制度建设的关注和重视，更凸显制度的深化和发展对于国家发展

---

①　习近平：《在庆祝全国人民代表大会成立60周年大会上的讲话》，载《人民日报》2014年9月6日。

②　习近平：《坚持、完善和发展中国特色社会主义国家制度与法律制度》，载《求是》2019年第23期。

③　习近平：《坚持、完善和发展中国特色社会主义国家制度与法律制度》，载《求是》2019年第23期。

和国家治理的重要意义，值得我们进一步探索和思考。

二、新时代治理内涵的深化与发展

习近平总书记曾经指出："治理和管理一字之差，体现的是系统治理、依法治理、源头治理、综合施策。"① 党的十八大以来，以习近平同志为核心的党中央围绕"治理"主题，不断创新治党、治国、治军、内政外交的理念和思路，进一步深化和发展了新时代治理内涵，基本形成了完整系统的治国理政思想框架体系。党中央以加强执政党治理为牵引，以深化国家治理为中枢，以参与全球治理为载体，从而构建起执政党治理、国家治理、全球治理三位一体的治理格局。

（一）执政党治理

执政党治理是由国家级领导层为主体、各层政府机构为辅助且由多个群体共同参与、相互推动、协同治理国家的一切内外需要的动态过程。在我国，自中国共产党成为执政党并实现长期执政以来，对我国发挥着总揽全局、协调各方的领导核心作用。在三大治理中，执政党治理是治国理政的核心，对于中国共产党而言，要提升治国理政能力和水平，关键在于要加强执政党的自我治理，而执政党自我治理的要义在于加强党的建设。党的十八大以来，习近平总书记从党和国家事业发展全局的高度，多次在重要场合强调中国共产党的执政地位，突出党的建设在国家治理体系中的重要意义，为新时代加强执政党治理指明了前进的方向。

---

① 《习近平总书记系列重要讲话读本》，学习出版社、人民出版社2014年版，第116页。

第一章 制度和治理

1. 执政党治理的目标

中国共产党作为我国唯一的执政党，也是我国各项事业至关重要的领导核心，我们谈执政党治理，可以将其归纳到中国共产党治理这一概念上谈。习近平总书记在党的十九大报告中指出："新时代党的建设总要求是：坚持和加强党的全面领导，坚持党要管党、全面从严治党，以加强党的长期执政能力建设、先进性和纯洁性建设为主线，以党的政治建设为统领，以坚定理想信念宗旨为根基，以调动全党积极性、主动性、创造性为着力点，全面推进党的政治建设、思想建设、组织建设、作风建设、纪律建设，把制度建设贯穿其中，深入推进反腐败斗争，不断提高党的建设质量，把党建设成为始终走在时代前列、人民衷心拥护、勇于自我革命、经得起各种风浪考验、朝气蓬勃的马克思主义执政党。"[1] 这一目标体现了中国共产党对自身性质和历史使命的深刻认知，只有加强党的建设，才能实现我党总揽全局、协调各方的根本要求，使我党始终充满生机与活力。

2. 执政党治理的路径

党作为自身历史使命的承担者、主导者、推动者，作为阶段性历史任务目标的设定者，党内治理情况如何直接关系到党自身运行的有效度，进而关系到中国这个政治体系运行的有效度，最终关系到党所承担的历史使命能否实现。[2] 党的十八大以来，中国共产党的治理逻辑逐渐完善并清晰，

---

[1] 习近平：《决胜全面建成小康社会 夺取新时代中国特色社会主义伟大胜利——在中国共产党第十九次全国代表大会上的报告》，载《人民日报》2017年10月28日。

[2] 苟立伟等：《从政党治理到全面从严治党：使命型政党的治理逻辑》，载《中共石家庄市委党校学报》2019年第6期。

新时代党的建设已经进入全面从严治党的新阶段，执政党的治理路径也突出表现在"全面从严治党"上。2014年12月，习近平总书记在江苏考察调研时首次使用"从严治党"的表述，强调全面从严治党是推进党的建设新的伟大工程的必然要求①，将从严治党纳入"四个全面"战略布局和治国理政的总体框架中。党的十八届六中全会专题研究全面从严治党问题，更为充分地阐释了全面从严治党的战略思想。以习近平同志为核心的党中央围绕"为什么要全面从严治党、如何全面从严治党"的基本问题，形成一系列原创性理论和完整的治理逻辑，将政党治理引向深入。

首先，习近平总书记从为什么要全面从严治党进行论述，由此确定了全面从严治党思想的战略地位。习近平总书记在2013年全国组织工作会议上指出："如果管党不力、治党不严，人民群众反映强烈的党内突出问题得不到解决，那我们党迟早会失去执政资格，不可避免被历史淘汰。这决不是危言耸听。"②习近平总书记曾在庆祝中国共产党成立95周年大会上提道："治国必先治党，治党务必从严"③，简单的12个字，却蕴含着执政党治理的内在逻辑。习近平总书记强调："全面从严治党，是我们党在新形势下进行具有许多新的历史特点的伟大斗争的根本保证。"④2014年10月，习近平总书记在党的群众路线教育实践活动总结大会上强调："历史使命越光荣，奋斗目标越宏伟，执政环境越复杂，我们就越要增强忧患

---

① 耿丽珍：《习近平"全面从严治党"思想探析》，载《福州党校学报》2015年第5期。
② 《习近平关于党风廉政建设和反腐败斗争论述摘编》，中央文献出版社2015年版，第34页。
③ 习近平：《在庆祝中国共产党成立95周年大会上的讲话》，载《求是》2021年第8期。
④ 《习近平在参加上海代表团审议时强调 当好改革开放排头兵创新发展先行者 为构建开放型经济新体制探索新路》，载《人民日报》2015年3月6日。

意识，越要从严治党，使我们党永远立于不败之地。"①他还提道："从严是我们做好一切工作的重要保障。我们共产党人最讲认真，讲认真就是要严字当头，做事不能应付，做人不能对付，而是要把讲认真贯彻到一切工作中去，作风建设如此，党的建设如此，党和国家一切工作都如此。"②在关于《关于新形势下党内政治生活的若干准则》和《中国共产党党内监督条例》的说明中，习近平总书记提道："新的历史条件下，我们要更好进行具有许多新的历史特点的伟大斗争、推进中国特色社会主义伟大事业，就必须以更大力度推进党的建设新的伟大工程，坚定不移推进全面从严治党，切实把党建设好、管理好，保持党的先进性和纯洁性，增强党的创造力凝聚力战斗力，提高党的领导水平和执政水平，确保党始终成为中国特色社会主义事业的坚强领导核心。"③

其次，习近平总书记围绕全面从严治党由谁来抓的问题进行了深入阐述。中共中央办公厅印发《党委（党组）落实全面从严治党主体责任规定》强调落实从严治党的主体责任，习近平总书记指出："不明确责任，不落实责任，不追究责任，从严治党是做不到的。"同时明确了党委和党委书记的职责，他提出："党要管党，首先是党委要管、党委书记要管。党委书记要在其位、谋其政，履行好第一责任人的职责。要注重充分发挥党建

---

① 习近平：《在党的群众路线教育实践活动总结大会上的讲话》，载《人民日报》2014年10月9日。

② 习近平：《在党的群众路线教育实践活动总结大会上的讲话》，载《人民日报》2014年10月9日。

③ 习近平：《〈关于新形势下党内政治生活的若干准则〉和〈中国共产党党内监督条例〉的说明》，载《人民日报》2016年11月3日。

工作领导小组的作用,统筹各方力量,加强调查研究,努力破解工作难题。各级党的工作部门要切实履行职责,按照分工狠抓各项工作落实,确保管党治党任务落到实处。"①

最后,对于全面从严治党抓什么的问题,习近平总书记从多个领域和视角出发,强调全面从严治党的具体落实。党的十八大以来,以习近平同志为核心的党中央坚持党要管党、全面从严治党,坚持思想建党和制度治党相统一。党的十九大报告在阐述新时代党的建设总要求时提出:"全面推进党的政治建设、思想建设、组织建设、作风建设、纪律建设,把制度建设贯穿其中,深入推进反腐败斗争。"②2014年10月8日,习近平总书记在党的群众路线教育实践活动总结大会上的讲话时提道:"从严治党靠教育,也靠制度,二者一柔一刚,要同向发力、同时发力。"③只有将制度建设贯穿于党的建设的全过程,才能更好地推进党的建设。

2015年10月8日,习近平总书记在十八届中央政治局常委会第119次会议关于审议中国共产党廉政准则、党纪处分条例修订稿时的讲话中强调:"加强纪律建设是全面从严治党的治本之策。我们党是用革命理想和铁的纪律组织起来的马克思主义政党,组织严密、纪律严明是党的优良传统和政治优势,也是我们的力量所在。全面从严治党,重在加强纪律建

---

① 《习近平关于全面从严治党论述摘编》,中央文献出版社2014年版,第354页。

② 习近平:《决胜全面建成小康社会 夺取新时代中国特色社会主义伟大胜利——在中国共产党第十九次全国代表大会上的报告》,载《人民日报》2017年10月28日。

③ 习近平:《在党的群众路线教育实践活动总结大会上的讲话》,载《人民日报》2014年10月9日。

设。"①2016年1月12日，习近平总书记在第十八届中央纪律检查委员会第六次全体会议上提道："把纪律建设摆在更加突出位置。1859年，马克思在致恩格斯的信中指出：'必须绝对保持党的纪律，否则将一事无成。'无数案例证明，党员'破法'，无不始于'破纪'。只有把纪律挺在前面，坚持纪严于法、纪在法前，才能克服'违纪只是小节、违法才去处理'的不正常状况，用纪律管住全体党员。"②习近平总书记多次强调纪律建设的重要性，将党的纪律建设视为党的建设的主要环节，由此可见，抓好党的纪律建设对全面从严治党的突出作用。

习近平总书记也曾多次强调全面从严治党要抓好领导干部这个"关键少数"，他指出："加强党的建设必须抓好领导干部特别是高级干部，而抓好中央委员会、中央政治局、中央政治局常委会的组成人员是关键。把这部分人抓好了，能够在全党作出表率，很多事情就好办了。因此，加强和规范党内政治生活、加强党内监督，必须首先从这部分人抓起。"③习近平总书记在江苏调研时强调："全面从严治党就要从严管理干部，做到管理全面、标准严格、环节衔接、措施配套、责任分明。要求领导干部按照'三严三实'要求，做到严以修身、严以用权、严以律己。"④习近平总书记在十八届中央纪委六次全会上提道："全面从严治党，核心是加强

---

① 邢帅等：《守纪律讲规矩是党的优良传统》，载《人民论坛》2021年第9期。

② 习近平：《在第十八届中央纪律检查委员会第六次全体会议上的讲话》，载《人民日报》2016年1月12日。

③ 石平：《突出抓好领导干部特别是高级干部这个"关键少数"》，载《人民日报》2016年12月6日。

④ 陈向阳等：《推动从严管理监督干部常态化》，载《新华日报》2015年4月15日。

党的领导，基础在全面，关键在严，要害在治。要把纪律建设摆在更加突出位置，坚持纪严于法、纪在法前，健全完善制度，深入开展纪律教育，狠抓执纪监督，养成纪律自觉，用纪律管住全体党员。要增强领导干部政治警觉性和政治鉴别力，各级干部特别是领导干部要善于从政治上看问题，站稳立场、把准方向，始终忠诚于党，始终牢记政治责任。要坚持高标准和守底线相结合，既要注重规范惩戒、严明纪律底线，更要引导人向善向上，坚守共产党人精神追求，筑牢拒腐防变思想道德防线。"①进一步阐明了全面从严治党的新内涵。

在十八届中央纪委六次全会上，习近平总书记提出："全面从严治党首先要尊崇党章。各级党委和纪委要首先加强对维护党章、执行党的路线方针政策和决议情况的监督检查，确保党的集中统一，保证党中央政令畅通。"②同时，习近平总书记强调全面从严治党要向基层延伸，坚持抓好反腐败斗争。"对基层贪腐以及执法不公等问题，要认真纠正和严肃查处，维护群众切身利益，让群众更多感受到反腐倡廉的实际成果。"③2015年6月26日，习近平总书记主持中共中央政治局第24次集体学习时发表讲话中提道："党风廉政建设和反腐败斗争是全面从严治党的重要方面，是新形势下进行具有许多新的历史特点的伟大斗争的重要内容，是协调推进

---

① 党评文：《把握全面从严治党的新要求》，载《学校党建与思想教育》2016年第4期。
② 习近平：《习近平在十八届中央纪委六次全会上发表重要讲话强调 坚持全面从严治党 依规治党 创新体制机制强化党内监督》，载《经济日报》2016年1月13日。
③ 习近平：《习近平在十八届中央纪委六次全会上发表重要讲话强调 坚持全面从严治党 依规治党 创新体制机制强化党内监督》，载《经济日报》2016年1月13日。

'四个全面'战略布局的重要保证。"①2016年7月1日,习近平总书记在庆祝中国共产党成立95周年大会上的讲话时提出:"严肃党内政治生活是全面从严治党的基础。党要管党,首先要从党内政治生活管起;从严治党,首先要从党内政治生活严起。"②习近平总书记从纪律建设等不同维度论述"全面从严治党",凸显出执政党治理的引领保障作用。

(二)国家治理

国家治理作为治国理政的根本,是一个宏大而系统的概念,涵盖经济、政治、文化、社会、生态文明、军事等各个方面。习近平总书记十分重视国家治理问题,在党的十八届三中全会通过的《中共中央关于全面深化改革若干重大问题的决定》中,首次提出了推进国家治理体系和治理能力现代化的战略目标。此后,他曾在多个场合围绕"国家治理"进行深入阐述,形成了系统完整的国家治理思想。深入研究习近平总书记对"国家治理"的重要论述,对于坚持和完善中国特色社会主义制度、推进国家治理体系和治理能力现代化具有重大的指导价值。

1. 国家治理的内容

中国特色社会主义进入新时代,以习近平同志为核心的党中央提出将国家治理纳入现代化的视野,着力推动国家治理现代化。党的十八大以来,党中央围绕国家治理体系和国家治理能力两个方面,对推进国家治理现代化进行了全面部署,将国家治理现代化思想作为党中央执政的重要理念,

---

① 闻言:《新的历史条件下治国理政方略》,载《人民日报》2015年10月14日。
② 习近平:《在庆祝中国共产党成立95周年大会上的讲话》,载《求是》2021年第8期。

逐步确立了国家治理的基本内容。主要包括以下几个方面。

（1）经济治理

习近平总书记围绕经济治理提出了一系列新理论和新思想，党的十九大报告中首次提出"建设现代化经济体系"，习近平总书记强调："贯彻新发展理念，建设现代化经济体系。"[①] 这是党中央从党和国家事业全局出发，着眼于实现"两个一百年"奋斗目标、顺应中国特色社会主义进入新时代的新要求作出的重大决策部署。习近平总书记从产业体系、市场体系、收入分配体系、城乡区域发展体系、全面开放体系、经济体制这六个方面，强调现代化经济体系要一体推进、一体建设。另外，他认为要建设好现代经济体系就必须抓好大力发展实体经济、加快实施创新驱动发展战略、积极推动城乡区域协调发展、着力发展开放型经济、深化经济体制改革五个方面的工作。

习近平总书记指出："建设现代化经济体系是一篇大文章，既是一个重大理论命题，更是一个重大实践课题，需要从理论和实践的结合上进行深入探讨。"[②] 习近平总书记从理论、途径、目标等方面层层剖析，为建设现代化经济体系指明了正确的方向。

在2014年召开的中央经济工作会议上，习近平总书记全面分析国际国内大势和我国经济发展面临的形势，深刻总结了新常态下经济发展的九

---

① 习近平：《决胜全面建成小康社会 夺取新时代中国特色社会主义伟大胜利——在中国共产党第十九次全国代表大会上的报告》，载《人民日报》2017年10月28日。

② 习近平：《习近平在中共中央政治局第三次集体学习时强调 深刻认识建设现代化经济体系重要性 推动我国经济发展焕发新活力迈上新台阶》，载《人民日报》2018年2月1日。

大趋势性变化,鲜明指出"认识新常态,适应新常态,引领新常态,是当前和今后一个时期我国经济发展的大逻辑"。党的十八届五中全会在深刻总结国内外发展经验教训、分析国内外发展大势的基础上,鲜明提出了创新、协调、绿色、开放、共享的新发展理念。习近平总书记强调:"按照创新、协调、绿色、开放、共享的发展理念推动我国经济社会发展,是当前和今后一个时期我国发展的总要求和大趋势。"[①]新发展理念作为习近平新时代中国特色社会主义经济思想的主要内容,对推动我国经济发展具有重要意义。而后,在2017年召开的中央经济工作会议上,首次提出习近平新时代中国特色社会主义经济思想的概念,习近平总书记以紧密联系的"七个坚持"对推动我国经济高质量发展进行战略谋划。同时,他提出要深化供给侧结构性改革,激发各类市场主体活力,实施乡村振兴战略,实施区域协调发展战略,推动形成全面开放新格局,提高保障和改善民生水平,加快建立多主体供应、多渠道保障、租购并举的住房制度,加快推进生态文明建设的八项重点任务,作出了推动经济高质量发展的具体部署。自此,以新发展理念为主要内容的习近平新时代中国特色社会主义经济思想得以确立,并以此为行动指南推进经济治理不断完善和发展。

(2)政治治理

党的十八大以来,习近平总书记基本没有提到"政治治理"的具体内容,而是将"社会主义政治建设"主题外延,积极探索中国特色社会主义政治发展道路。习近平总书记高屋建瓴的政治治理思想,对推进国家治理体系

---

① 《习近平主持召开网络安全和信息化工作座谈会强调 在践行新发展理念上先行一步 让互联网更好造福国家和人民》,载《人民日报》2016年4月20日。

和治理能力现代化,具有重要的指导意义。

习近平总书记的政治治理思想体现在全面推进依法治国、与时俱进完善人民代表大会制度、正确贯彻党的民族政策和宗教政策、加强和改进党的群团工作、推动政府职能转变等方面,其内涵全面丰富,这里不一一列举,我们将最关键的论述加以摘录,以便能够深化对政治治理内涵的认识。

第一,要坚持和完善我国根本政治制度。习近平总书记在多个场合着重强调要坚持我国根本政治制度,即人民代表大会制度。他在庆祝全国人民代表大会成立60周年大会上的讲话中提道:"人民代表大会制度是坚持党的领导、人民当家作主、依法治国有机统一的根本制度安排。""新形势下,我们要高举人民民主的旗帜,毫不动摇坚持人民代表大会制度,也要与时俱进完善人民代表大会制度。"[1] 突出人民代表大会制度的重要地位,并提出坚持和完善人民代表大会制度,要做到四个必须,即"必须毫不动摇坚持中国共产党的领导、必须保证和发展人民当家作主、必须全面推进依法治国、必须坚持民主集中制"[2]。从其多次论述来看,坚持和完善人民代表大会制度作为支撑国家治理体系和治理能力的根本政治制度,是我国政治治理的必然选择。

第二,要加强政府治理。政府治理作为政治治理的重要组成部分,是加强中国特色社会主义政治建设的关键环节。《中共中央关于制定国民经

---

[1] 习近平:《在庆祝全国人民代表大会成立60周年大会上的讲话》,载《人民日报》2014年9月6日。

[2] 习近平:《在庆祝全国人民代表大会成立60周年大会上的讲话》,载《人民日报》2014年9月6日。

济和社会发展第十四个五年规划和二〇三五年远景目标的建议》中明确提出，到2035年基本实现社会主义现代化的远景目标之一，人民平等参与、平等发展权利得到充分保障，就是要基本实现国家治理体系和治理能力现代化，基本建成法治国家、法治政府、法治社会。[①] 党中央立足于国家治理现代化全局，在全面总结中国特色社会主义行政体制的基础上，提出要构建职责明确、依法行政的政府治理体系，这一重大部署为国家行政体制、政府职能体系、政府组织结构等体制机制的建设和完善指明了方向。

习近平总书记关于政治行政领域的治理理论，主要是围绕政府依法行政、推进职能转变等方面重点阐述的。例如，2014年5月26日，他在十八届中央政治局第十五次集体学习时的讲话中指出："各级政府一定要严格依法行政，切实履行职责，该管的事一定要管好、管到位，该放的权一定要放足、放到位，坚决克服政府职能错位、越位、缺位现象。"[②] 他在《关于〈中共中央关于全面深化改革若干重大问题的决定〉的说明》中提道："全会决定对更好发挥政府作用提出了明确要求，强调科学的宏观调控，有效的政府治理，是发挥社会主义市场经济体制优势的内在要求。全会决定对健全宏观调控体系、全面正确履行政府职能、优化政府组织结构进行了部署，强调政府的职责和作用主要是保持宏观经济稳定，加强和优化公共服务，保障公平竞争，加强市场监管，维护市场秩序，

---

① 中国共产党中央委员会：《中共中央关于制定国民经济和社会发展第十四个五年规划和二〇三五年远景目标的建议》，载中国政府网，2020年11月3日，http://www.gov.cn/zhengce/2020-11/03/content_5556991.htm。

② 习近平：《习近平在中共中央政治局第十五次集体学习时强调 正确发挥市场作用和政府作用 推动经济社会持续健康发展》，载《人民日报》2014年5月28日。

推动可持续发展，促进共同富裕，弥补市场失灵。"①

由此可见，习近平总书记对于"政治治理"所提出的具体要求，立意高远、思想深邃，具有很强的政治性、思想性、理论性、指导性，是指导社会主义政治建设的纲领性文献。

（3）文化治理

对于文化治理，最为关键的是治理好文化事业和文化产业，从而促进文化事业和文化产业繁荣。此外，随着中国特色社会主义进入新时代，在文化治理方面，"意识形态领域"的治理也成为新的时代课题，受到了习近平总书记的高度重视。

围绕文化事业治理，习近平总书记曾提道："要大力繁荣发展文化事业，以基层特别是农村为重点，深入实施重点文化惠民工程，进一步提高公共文化服务能力，促进基本公共文化服务标准化、均等化。"② 他在2013年8月召开的全国宣传思想工作会议上的讲话中强调："在推进文化体制改革、繁荣发展文化事业和文化产业的过程中，要把握好意识形态属性和产业属性、社会效益和经济效益的关系，始终坚持社会主义先进文化前进方向，始终把社会效益放在首位。无论改什么、怎么改，导向不能改，阵地不能丢。"③

意识形态治理是对意识形态统治和领导、管理等概念的时代性、包

---

① 习近平：《关于〈中共中央关于全面深化改革若干重大问题的决定〉的说明》，载《学理论》2014年第1期。

② 雒树刚：《以习近平新时代中国特色社会主义思想为指导 奋力开创社会主义文化建设新局面》，载《人民论坛》2018第6期。

③ 《习近平总书记系列重要讲话读本》，学习出版社、人民出版社2014年版，第103页。

容性的超越，它既是一种国家治理模式，又是一套治理理念和方法。① 习近平总书记高度重视意识形态治理，围绕意识形态治理的地位、目标、要求、原则、举措等方面展开生动阐释，包括在 2013 年全国宣传思想工作会议上提出的"意识形态工作就是要巩固马克思主义在意识形态领域的指导地位，巩固全党全国人民团结奋斗的共同思想基础。"② 他所提出的"两个巩固"的重要论断，集中回答了当前我国意识形态治理指导思想的问题，也反映了意识形态治理的基本要求。习近平总书记先后提到意识形态工作要做到坚持"党管意识形态""党性和人民性的统一""敢于亮剑"三个坚持，为开展意识形态治理提供了重要的原则方针。习近平总书记强调："必须全党动手，各级党委要负起政治领导责任和领导责任，加强对宣传思想领域重大问题的分析研判，加强对重大战略性任务的统筹指导，推动重大部署、重要任务的落实。"③ 习近平总书记明确指出意识形态工作的极端重要性，不仅对建设社会主义文化强国具有定向导航的作用，而且对我国社会主义意识形态治理体系和治理能力现代化具有重要的理论和实践意义。

（4）社会治理

习近平总书记曾指出："社会治理是一门科学，管得太死，一潭死

---

① 胡凯等：《习近平社会主义意识形态治理思想探析》，载《思想政治教育研究》2014 年第 6 期。

② 习近平：《胸怀大局把握大势着眼大事努力把宣传思想工作做得更好》，载《人民日报》2013 年 8 月 21 日。

③ 《习近平总书记系列重要讲话读本》，学习出版社、人民出版社 2014 年版，第 105 页。

水不行；管得太松，波涛汹涌也不行。"①毫无疑问，社会治理作为国家治理的根本和基础，是全面深化改革总目标中最为核心的部分。他提出："社会治理是国家治理的重要领域，社会治理现代化是国家治理体系和治理能力现代化的题中应有之义。"②习近平总书记所提出的一系列加强和创新社会治理的新思想、新论断、新观点，实现了"社会管理"到"社会治理"的跨越，构建了完整的科学理论体系，是我国社会治理领域的创新性成果，他从总体安全观论、群众工作论、法德共治论、人民中心论等多方面探讨社会治理，内涵丰富、思想深邃，为新时代的社会治理带来了新的思路和新的启示。

习近平总书记在党的十九大报告中提出："打造共建共治共享的社会治理格局"，在打造社会治理格局的基础上，多管齐下探索社会治理的途径，尤其强调人民对社会治理的关键作用。他指出："中国共产党的一切执政活动，中华人民共和国的一切治理活动，都要尊重人民主体地位，尊重人民首创精神，拜人民为师，把政治智慧的增长、治国理政本领的增强深深扎根于人民的创造性实践之中，使各方面提出的真知灼见都能运用于治国理政。"③习近平总书记在参加十二届全国人大三次会议上海代表团审议时强调："创新社会治理，要以最广大人民根本利益为根本坐标，从人民

---

① 《习近平新时代中国特色社会主义思想学习纲要》，学习出版社、人民出版社2019年版，第165页。

② 《习近平新时代中国特色社会主义思想学习纲要》，学习出版社、人民出版社2019年版，第164页。

③ 习近平：《在庆祝中国人民政治协商会议成立65周年大会上的讲话》，载《人民日报》2014年9月22日。

群众最关心最直接最现实的利益问题入手。"①

创新体制机制也是习近平总书记社会治理思想的显著标志，2014年3月，习近平总书记在全国两会期间参加上海代表团审议时明确指出："加强和创新社会治理，关键在体制创新，核心是人，只有人与人和谐相处，社会才会安定有序。"②他在中共第十九届中央委员会第四次全体会议中强调："必须加强和创新社会治理，完善党委领导、政府负责、民主协商、社会协同、公众参与、法治保障、科技支撑的社会治理体系，建设人人有责、人人尽责、人人享有的社会治理共同体，确保人民安居乐业、社会安定有序，建设更高水平的平安中国。"③

习近平总书记还着重强调基层社会治理，即"基层是一切工作的落脚点。社会治理的重心必须落到城乡社区，社区服务和管理能力强了，社会治理的基础就实了"④。同时，他提倡提高社会治理的四化水平，"要更加注重联动融合、开放共治，更加注重民主法治、科技创新，提高社会治理社会化、法治化、智能化、专业化水平，提高预测预警预防各类风险能力"⑤。他提出以问题为导向，创新社会治理方式。加强和创新社会治理，

---

① 《习近平关于社会主义社会建设论述摘编》，中央文献出版社2017年版，第129页。

② 习近平：《习近平在参加上海代表团审议时强调 推进中国上海自由贸易试验区建设加强和创新特大城市社会治理》，载《人民日报》2014年3月6日。

③ 《中共中央关于坚持和完善中国特色社会主义制度 推进国家治理体系和治理能力现代化若干重大问题的决定》，载本书编写组编著《〈中共中央关于坚持和完善中国特色社会主义制度、推进国家治理体系和治理能力现代化若干重大问题的决定〉辅导读本》，人民出版社2019年版，第30页。

④ 梅丽红，容志：《加强基层政权建设与基层社会治理》，载于《党政论坛》2014年第5期。

⑤ 孟建柱：《深入推进社会治理创新进一步增强人民群众安全感——学习贯彻习近平总书记关于加强和创新社会治理重要指示》，载《社会治理》2016年第6期。

必须不断改进社会治理方式，强调"要坚持问题导向，把专项治理和系统治理、综合治理、依法治理、源头治理结合起来"。① 习近平总书记围绕"社会治理"主题，为社会治理问题把脉开方，以新理论指导社会治理新实践，从而实现由传统的"社会管理"到适应时代发展要求的"社会治理"的新飞跃。

（5）生态文明治理

习近平总书记高度关注生态文明治理问题，并逐渐形成了习近平生态文明思想，为生态文明治理现代化起到了导向引领的作用。一是强调生态文明治理要坚持中国特色。习近平总书记指出，生态文明建设要"坚持党委领导、政府主导、企业主体、公众参与"的中国特色社会主义生态环境治理体系。② 二是强调生态文明治理要发挥制度的功效。习近平总书记指出："只有实行最严格的制度、最严密的法治，才能为生态文明建设提供可靠保障。"③ 他还强调"用最严格制度最严密法治保护生态环境,加快制度创新,强化制度执行，让制度成为刚性的约束和不可触碰的高压线"。④ 三是强调生态文明治理需要人民群众共同参与。习近平总书记指出："生态文明是人民群众共同参与共同建设共同享有的事业，要把建设美丽中国转化为

---

① 《习近平新时代中国特色社会主义思想学习纲要》，学习出版社、人民出版社2019年版，第164页。

② 习近平：《推动我国生态文明建设迈上新台阶》，载《求是》2019年第3期。

③ 《习近平新时代中国特色社会主义思想学习纲要》，学习出版社、人民出版社2019年版，第174页。

④ 习近平：《习近平在全国生态环境保护大会上强调 坚决打好污染防治攻坚战 推动生态文明建设迈上新台阶》，载《人民日报》2018年5月20日。

全体人民自觉行动。每个人都是生态环境的保护者、建设者、受益者,没有哪个人是旁观者、局外人、批评家,谁也不能只说不做、置身事外。"①同时,中共中央国务院《关于加快推进生态文明建设的意见》中也指出要"鼓励公众积极参与",充分发挥人民群众在生态治理中的积极作用。

正如习近平总书记在2019年中国北京世界园艺博览会开幕式上的讲话中提道:"生态治理,道阻且长,行则将至。我们既要有只争朝夕的精神,更要有持之以恒的坚守。"②生态文明治理是一个长期的过程,需要持之以恒、驰而不息、久久为功,才能交出中国生态文明建设的满意答卷。

2. 国家治理的方式

2014年2月17日,习近平总书记在省部级主要领导干部学习贯彻党的十八届三中全会精神全面深化改革专题研讨班上发表重要讲话,他指出:"只有实现对中国这样超大型国家的良好治理,才能保证长治久安,确保'两个一百年'奋斗目标如期达成,实现中华民族伟大复兴的中国梦。国家治理还要实现现代化转型,只有实现科学治理、民主治理和依法治理,国家治理才能走出中国历史上治乱循环的周期律,迈上持续稳定繁荣之途。"③强调国家治理要以科学治理、民主治理、依法治理为要求,才能朝着现代化的目标转型升级。

2014年2月7日,习近平总书记在俄罗斯索契接受俄罗斯电视台专访

---

① 习近平:《推动我国生态文明建设迈上新台阶》,载《奋斗》2019年第3期。
② 习近平:《共谋绿色生活,共建美丽家园》,载《人民日报》2019年4月29日。
③ 李学仁:《习近平在省部级主要领导干部学习贯彻十八届三中全会精神全面深化改革专题研讨班开班式上发表重要讲话强调 完善和发展中国特色社会主义制度 推进国家治理体系和治理能力现代化》,载《人民日报》2014年2月18日。

时强调:"在中国当领导人,必须在把情况搞清楚的基础上,统筹兼顾、综合平衡,突出重点、带动全局,有的时候要抓大放小、以大兼小,有的时候又要以小带大、小中见大,形象地说,就是要十个指头弹钢琴。"① 由此可见,要增强国家治理效能,就必须要了解我国国情,结合具体实际抓好重点工作。

从习近平总书记对于国家治理的宏观理论来看,依法治国亦是国家治理的基本方略。2014年1月1日,习近平总书记在《切实把思想统一到党的十八届三中全会精神上来》的文章中指出:"要更加注重治理能力建设,增强按制度办事、依法办事意识,善于运用制度和法律治理国家,把各方面制度优势转化为管理国家的效能,提高党科学执政、民主执政、依法执政水平。"② 2014年10月23日,习近平总书记在党的十八届四中全会第二次全体会议上的讲话时提道:"小智治事,中智治人,大智立法。治理一个国家、一个社会,关键是要立规矩、讲规矩、守规矩。法律是治国理政最大最重要的规矩。"③

党的十八大以来,习近平总书记围绕全面依法治国提出了具体要求,立意高远、内涵丰富、思想深刻,对于我们深刻理解全面依法治国的重大意义,系统把握全面依法治国的指导思想、总目标、基本原则和总体要求,协调推进"四个全面"战略布局,具有十分重要的理论意义和实践指导意

---

① 杜尚泽等:《习近平接受俄罗斯电视台专访》,载《人民日报》2014年2月9日。
② 习近平:《切实把思想统一到党的十八届三中全会精神上来》,载《求是》2014年第1期。
③ 白少康:《坚持在法治轨道上推进国家治理体系和治理能力现代化》,载《人民日报》2021年3月2日。

义。2020年11月16日至17日，中央全面依法治国工作会议在北京召开。这次会议的一个重要成果，即首次提出了习近平法治思想。就习近平法治思想的主要方面来讲，可用"十一个坚持"来进行概况，包括：坚持党对全面依法治国的领导；坚持以人民为中心；坚持中国特色社会主义法治道路；坚持依宪治国、依宪执政；坚持在法治轨道上推进国家治理体系和治理能力现代化；坚持建设中国特色社会主义法治体系；坚持依法治国、依法执政、依法行政共同推进，法治国家、法治政府、法治社会一体建设；坚持全面推进科学立法、严格执法、公正司法、全民守法；坚持统筹推进国内法治和涉外法治；坚持建设德才兼备的高素质法治工作队伍；坚持抓住领导干部这个"关键少数"。[①]习近平法治思想是习近平新时代中国特色社会主义思想的重要组成部分，是全面依法治国的根本遵循和行动指南，深刻回答了为什么要全面依法治国、怎样全面依法治国这个重大时代课题。

对于中国这样的超大型国家，国家治理并不是一件容易的事情，在习近平总书记理论思想的指导下，国家治理在"五位一体"的格局下不断发展，坚持科学治理、民主治理和依法治理，加快国家治理体系的建设进程，使中国在全面有序的治理框架下，迈上持续稳定繁荣之途。

（三）全球治理

"全球治理"的概念早在20世纪90年代就已经出现了，近几年受到了国家领导人的高度重视，而"全球治理"受到关注和强调的重要原因，

[①] 庞兴雷：《习近平在中央全面依法治国工作会议上强调 坚定不移走中国特色社会主义法治道路 为全面建设社会主义现代化国家提供有力法治保障》，载《人民日报》2020年11月18日。

可以从习近平总书记的论述中找到答案。党的十九大报告明确提出"中国秉持共商共建共享的全球治理观",而以习近平同志为核心的党中央先后组织两次以全球治理为主题的中央政治局集体学习。习近平总书记提出"构建人类命运共同体"与"共商共建共享"的全球治理核心主张,在全球多个场合先后强调要建设全球治理体系需构建人类命运共同体,并运用系统思维,统筹把握全球经济治理、安全治理、环境治理、网络治理等各部分的相互关系,构建全球治理新布局。

一是要推进全球治理体系改革。2013年3月,习近平总书记接受金砖国家媒体联合采访时,就谈到了全球治理体系的问题。他提道:"全球经济治理体系必须反映世界经济格局的深刻变化,增加新兴市场国家和发展中国家的代表性和发言权。""新兴市场国家和发展中国家希望全球经济治理体系更完善、更符合世界生产力发展要求、更有利于世界各国共同发展。"①2015年9月22日,在对美国进行国事访问前夕,习近平总书记接受《华尔街日报》书面采访时说:"全球治理体系是由全球共建共享的,不可能由哪一个国家独自掌握。中国没有这种想法,也不会这样做。"②2015年10月12日,习近平总书记在中央政治局就全球治理格局和全球治理体制进行第二十七次集体学习时强调:"我们参与全球治理的根本目的,就是服从服务于实现'两个一百年'奋斗目标、实现中华民族伟大复兴的中

---

① 兰红光:《习近平在接受金砖国家媒体联合采访时强调 坚定不移走和平发展道路 坚定不移促进世界和平与发展》,载《人民日报》2013年3月20日。

② 《习近平接受〈华尔街日报〉采访时强调 坚持构建中美新型大国关系正确方向 促进亚太地区和世界和平稳定发展》,载《人民日报》2015年9月23日。

国梦。要审时度势，努力抓住机遇，妥善应对挑战，统筹国内国际两个大局，推动全球治理体制向着更加公正合理方向发展，为我国发展和世界和平创造更加有利的条件。"[1]2016年9月27日下午，中共中央政治局就二十国集团领导人峰会和全球治理体系变革进行第三十五次集体学习。习近平总书记在主持学习时谈道："全球治理格局取决于国际力量对比，全球治理体系变革源于国际力量对比变化。"[2]2019年11月，习近平总书记在金砖国家领导人第十一次会晤公开会议上提倡金砖国家应推动全球经济治理体系变革。他强调："当前，经济全球化遭遇挫折，一定程度反映出现行全球治理体系的缺陷。金砖国家应该发挥负责任大国作用，积极倡导共商共建共享的全球治理观，推动全球经济治理体系变革。"[3]从习近平总书记的多次重要讲话来看，我国积极参与全球治理体系改革，同各方共同促进全球治理体系不断完善，全面阐述强有力的中国主张。

二是要秉持共商共建共享的全球治理观。习近平总书记提道："推动全球治理理念创新发展，发掘中华文化中积极的处世之道、治理理念同当今时代的共鸣点，努力为完善全球治理贡献中国智慧、中国力量。"[4]在党的十九大之后的亚太经合组织领导人峰会上，习近平总书记重申中国对

---

[1] 《推动全球治理体制更加公正更加合理 为我国发展和世界和平创造有利条件》，载《紫光阁》2015年第11期。

[2] 《习近平新时代中国特色社会主义思想学习纲要》，学习出版社、人民出版社2019年版，第217页。

[3] 习近平：《携手努力共谱合作新篇章——在金砖国家领导人巴西利亚会晤公开会议上的讲话》，载《人民日报》2019年11月15日。

[4] 《习近平新时代中国特色社会主义思想学习纲要》，学习出版社、人民出版社2019年版，第219页。

于全球治理的立场,即秉持共商共建共享理念,积极参与全球治理体系改革和建设,从而推动国际政治经济秩序朝着更加公正合理的方向发展,充分展现了我国负责任大国的形象。2016年9月3日,习近平总书记在2016年二十国集团工商峰会上发表题为《中国发展新起点 全球增长新蓝图》的主旨演讲,他指出:"全球经济治理应该以共享为目标,提倡所有人参与,所有人受益,不搞一家独大或者赢者通吃,而是寻求利益共享,实现共赢目标。"①反映出我国始终坚持以共商共建共享为要义的全球治理观以及构建人类命运共同体的主张。2020年11月4日,习近平总书记在第三届中国国际进口博览会开幕式的主旨演讲中提出:"要坚持共商共建共享的全球治理观,维护以世界贸易组织为基石的多边贸易体制,完善全球经济治理规则,推动建设开放型世界经济。"②习近平总书记提出的"共商、共建、共享"的全球治理观,为破解当今人类社会面临的共同难题提供了新原则新思路,为构建人类命运共同体注入了新动力新活力,具有深远历史意义与重大现实意义。

三、深化对新时代坚持和完善中国特色社会主义制度的认识

改革开放以来,随着实践的不断发展,我党开始从全新的角度思考制度建设问题,以习近平同志为核心的党中央把制度建设摆到更加突出的位置,强调领导制度、组织制度问题更带有根本性、全局性、稳定性和长期性,

---

① 习近平:《中国发展新起点 全球增长新蓝图》,载《人民日报》2016年9月4日。
② 习近平:《在第三届中国国际进口博览会开幕式上的主旨演讲》,载《人民日报》2020年11月5日。

第一章　制度和治理

深刻认识到中国特色社会主义制度优势需要转化为国家治理效能。习近平总书记多次提到"坚持和完善中国特色社会主义制度"这一命题，更加突出在新时代坚持和完善中国特色社会主义制度的重要性，为新时代中国特色社会主义发展提供了根本遵循。

（一）中国特色社会主义制度是什么

从全面深化改革的总目标来看，中国特色社会主义制度与推进国家治理体系和治理能力现代化是有机整体，要推进国家治理体系和治理能力现代化，即要以坚持和完善中国特色社会主义制度为指向。而深化对新时代坚持和完善中国特色社会主义制度的认识，首先要弄懂中国特色社会主义制度是什么的问题。

党的十八大将中国特色社会主义制度界定为，包括人民代表大会制度的根本政治制度，中国共产党领导的多党合作和政治协商制度、民族区域自治制度以及基层群众自治制度等基本政治制度，中国特色社会主义法律体系，公有制为主体，多种所有制经济共同发展，按劳分配为主体，多种分配方式并存，社会主义市场经济体制的基本经济制度，以及建立在这些制度基础上的经济体制、政治体制、文化体制、社会体制等各项具体制度。[①] 习近平总书记在党的十九届四中全会第二次会议上指出："中国特色社会主义制度是一个严密完整的科学制度体系，起四梁八柱作用的是根本制度、基本制度、重要制度，其中具有统领地位的是党的领导制度。党的领导制

[①] 杨春风：《论中国特色社会主义政治制度的形成发展及特色优势》，载《马克思主义研究》2011年第9期。

度是我国的根本领导制度。"① 与此同时，他表示，党的十九届四中全会所总结的实践经验在已经明确的根本制度、基本制度、重要制度的基础上作出了一些新的概括。《中共中央关于坚持和完善中国特色社会主义制度推进国家治理体系和治理能力现代化若干重大问题的决定》中对中国特色社会主义制度有过阐释，详细论述党的领导制度体系、人民当家作主制度体系、中国特色社会主义法治体系、社会主义基本经济制度、"一国两制"制度体系等中国特色社会主义制度的多个方面，进一步说明"中国特色社会主义制度是党和人民在长期实践探索中形成的科学制度体系，我国国家治理一切工作和活动都依照中国特色社会主义制度展开，我国国家治理体系和治理能力是中国特色社会主义制度及其执行能力的集中体现。"党的十九届四中全会不仅系统阐述了中国特色社会主义制度体系的要素，围绕13个部分进行制度安排，而且从根本制度、基本制度、重要制度三个层面描绘出制度体系的图谱，揭示制度体系的内在结构。

（二）为什么要坚持和完善中国特色社会主义制度

2014年2月17日，习近平总书记在省部级主要领导干部学习贯彻党的十八届三中全会精神全面深化改革专题研讨班开班式的重要讲话中指出："改革开放以来，我们党开始以全新的角度思考国家治理体系问题，强调领导制度、组织制度问题更带有根本性、全局性、稳定性和长

---

① 《习近平谈治国理政》第三卷，外文出版社2020年版，第125页。

期性。"① 习近平总书记结合当前国家发展形势,从宏观的角度出发,强调坚持和完善中国特色社会主义制度在党和国家事业发展过程中的核心地位,以及中国特色社会主义制度对国家治理体系和治理能力现代化所起到的推动作用。

党的十九届四中全会通过的《中共中央关于坚持和完善中国特色社会主义制度推进国家治理体系和治理能力现代化若干重大问题的决定》,全面回答了在我国国家制度和国家治理体系上应该"坚持和巩固什么、完善和发展什么"这个重大政治问题,而坚持和完善中国特色社会主义制度对推动各方面制度更加成熟更加定型、把我国制度优势更好转化为国家治理效能具有重大而深远的影响。

2020年初,中国经历了一场突如其来的新冠肺炎疫情,我们党团结带领全国各族人民,经受了一场艰苦卓绝的疫情"大考",在全国人民的共同努力下,我们取得了抗击新冠肺炎疫情斗争的重大战略成果。习近平总书记在抗击新冠肺炎疫情表彰大会上强调:"抗疫斗争伟大实践再次证明,中国特色社会主义制度所具有的显著优势,是抵御风险挑战、提高国家治理效能的根本保证……我国社会主义制度具有非凡的组织动员能力、统筹协调能力、贯彻执行能力,能够充分发挥集中力量办大事、办难事、办急事的独特优势,这次抗疫斗争有力彰显了我国国家制度和国家治理体系的优越性。历史和现实都告诉我们,只要坚持和完善中国特色社会主义制度、

---

① 李学仁:《习近平在省部级主要领导干部学习贯彻十八届三中全会精神全面深化改革专题研讨班开班式上发表重要讲话强调 完善和发展中国特色社会主义制度 推进国家治理体系和治理能力现代化》,载《人民日报》2014年2月18日。

推进国家治理体系和治理能力现代化，善于运用制度力量应对风险挑战冲击，我们就一定能够经受住一次次压力测试，不断化危为机、浴火重生。"①习近平总书记的这段讲话充分表明中国特色社会主义制度能够经得起实践的检验，也折射出中国特色社会主义制度所具有的强大优势和巨大能量。

（三）如何坚持和完善中国特色社会主义制度

《中共中央关于坚持和完善中国特色社会主义制度 推进国家治理体系和治理能力现代化若干重大问题的决定》明确了各项制度必须坚持的根本点和完善发展的方向，并且做出了全面的工作部署。习近平总书记在十九届四中全会第二次全体会议上的讲话中强调，要抓好全会精神贯彻落实，具体要抓好三件事。简单来说，首先要坚持党的领导，毫不动摇坚持和巩固中国特色社会主义制度。其次，要完善和发展中国特色社会主义制度体系，习近平总书记提道："在实际工作中，必须突出坚持和完善支撑中国特色社会主义制度的根本制度、基本制度、重要制度，着力固根基、扬优势、补短板、强弱项，构建系统完备、科学规范、运行有效的制度体系。"最后，习近平总书记指出了制度执行的重要性，他强调必须强化制度执行力，加强对制度执行的监督，并对各级党委和政府以及各级领导干部作出了明确要求。习近平总书记从党的领导、完善和发展制度体系、强化制度执行三个方面，对坚持和完善中国特色社会主义制度提出明确要求。

---

① 习近平：《在全国抗击新冠肺炎疫情表彰大会上的讲话》，载《求是》2020年第20期。

四、深化对新时代推进国家治理体系和治理能力现代化的认识

党的十八大以来,党中央谋划全面深化改革,进一步提出推进国家治理体系和治理能力现代化,党的十九届四中全会对坚持和完善中国特色社会主义制度、推进国家治理体系和治理能力现代化做出重大战略部署,党的十九届五中全会通过的《中共中央关于制定国民经济和社会发展第十四个五年规划和二〇三五年远景目标的建议》将"国家治理效能得到新提升"作为今后五年我国经济社会发展的主要目标之一。我们要深入认识习近平总书记对国家治理体系和治理能力现代化的新论述、新观点,更好地理解和领会党的执政理念的新变革。

(一)国家治理体系和治理能力现代化是什么

2013年12月31日,在党的十八届三中全会第二次全体会议上,习近平总书记发表了题为《切实把思想统一到党的十八届三中全会精神上来》的讲话,首次全面界定了"国家治理体系"和"国家治理能力"的基本内涵:"国家治理体系和治理能力是一个国家制度和制度执行能力的集中体现。国家治理体系是在党领导下管理国家的制度体系,包括经济、政治、文化、社会、生态文明和党的建设等各领域体制机制、法律法规的安排,也就是一整套紧密相连、相互协调的国家制度;国家治理能力则是运用国家制度管理社会各方面事务的能力,包括改革发展稳定、内政外交国防、治党治国治军等各个方面。"[①] 同时强调:"国家治理体

---

① 习近平:《切实把思想统一到党的十八届三中全会精神上来》,载《人民日报》2014年1月1日。

系和治理能力是一个有机整体,相辅相成,有了好的国家治理体系才能提高治理能力,提高国家治理能力才能充分发挥国家治理体系的效能。"[①]

从内涵上看,国家治理体系和治理能力现代化属于上层建筑层面的范畴,强调制度和人的现代化。党中央将国家治理体系和治理能力现代化作为重大战略任务,充分体现以习近平同志为核心的党中央完善和发展中国特色社会主义制度、推动国家治理体系和治理能力走向现代化的宏观谋划和责任担当。

(二)为什么要推进国家治理体系和治理能力现代化

习近平总书记从国家治理体系和治理能力现代化的显著优势入手,深刻阐述推进国家治理体系和治理能力现代化对于治国理政的重要作用。在党的十九届四中全会上,习近平总书记论述了坚持和完善中国特色社会主义制度、推进国家治理体系和治理能力现代化的重大意义,坚持和完善中国特色社会主义制度、推进国家治理体系和治理能力现代化是实现"两个一百年"奋斗目标的重大任务、把新时代改革开放推向前进的根本要求,是应对风险挑战、赢得主动的有力保证。习近平总书记从更加全局的角度,以更为系统的观点阐述了推进国家治理体系和治理能力的应有之义。

另外,习近平总书记还从全面深化改革的维度切入,结合我国国情和发展要求,多次论述推进国家治理体系和治理能力现代化的宝贵价值。2014年2月17日,习近平总书记在省部级主要领导干部学习贯彻党的

[①] 习近平:《切实把思想统一到党的十八届三中全会精神上来》,载《人民日报》2014年1月1日。

十八届三中全会精神全面深化改革专题研讨班上的讲话中提道:"国家治理体系和治理能力是一个国家的制度和制度执行能力的集中体现,两者相辅相成。我们的国家治理体系和治理能力总体上是好的,是有独特优势的,是适应我国国情和发展要求的。同时,我们在国家治理体系和治理能力方面还有许多亟待改进的地方,在提高国家治理能力上需要下更大气力。"[①]2016年7月1日,习近平总书记在庆祝中国共产党成立95周年大会上指出:"我们要把完善和发展中国特色社会主义制度、推进国家治理体系和治理能力现代化作为全面深化改革的总目标,勇于推进理论创新、实践创新、制度创新以及其他各方面创新,让制度更加成熟定型,让发展更有质量,让治理更有水平,让人民更有获得感。"[②]

我国国家制度和国家治理体系作为中国革命、建设、改革的必然产物,对于党和国家长治久安具有重要意义,只有深刻领会其意义和价值,才能更好地健全国家治理体系,将治理能力转换为治理效能,从而推进国家治理体系和治理能力现代化,实现全面深化改革的总目标。

(三)如何推进国家治理体系和治理能力现代化

习近平总书记在省部级主要领导干部学习贯彻党的十八届三中全会精神全面深化改革专题研讨班开班式上指出:"推进国家治理体系和治理能力现代化,必须完整理解和把握全面深化改革的总目标,这是两句话组成的一个整体,即完善和发展中国特色社会主义制度、推进国家治理体系和

---

① 《习近平在省部级主要领导干部学习贯彻十八届三中全会精神全面深化改革专题研讨班开班式上发表重要讲话》,载《人民日报》2014年2月18日。

② 《在庆祝中国共产党成立95周年大会上的讲话》,载《人民日报》2016年7月2日。

治理能力现代化。"①从更为宏观和全局的视角出发，强调抓好实现国家治理体系和治理能力现代化的具体内容。

习近平总书记以几个方面为抓手，具体阐述国家治理体系和治理能力现代化该如何推进。2013年11月12日，习近平总书记在党的十八届三中全会第二次全体会议上的讲话中提道："推进国家治理体系和治理能力现代化，就是要适应时代变化，既改革不适应实践发展要求的体制机制、法律法规，又不断构建新的体制机制、法律法规，使各方面制度更加科学、更加完善，实现党、国家、社会各项事务治理制度化、规范化、程序化。要更加注重治理能力建设，增强按制度办事、依法办事意识，善于运用制度和法律治理国家，把各方面制度优势转化为管理国家的效能，提高党科学执政、民主执政、依法执政水平。"②2017年10月18日，习近平总书记在党的十九大报告中指出："必须坚持和完善中国特色社会主义制度，不断推进国家治理体系和治理能力现代化，坚决破除一切不合时宜的思想观念和体制机制弊端，突破利益固化的藩篱，吸收人类文明有益成果，构建系统完备、科学规范、运行有效的制度体系，充分发挥我国社会主义制度优越性。"③构建新的体制机制、法律法规，才能更好地发挥中国特色社会主义制度的优势，进而推进国家治理体系和治理能力现代化。

---

① 《习近平在省部级主要领导干部学习贯彻十八届三中全会精神全面深化改革专题研讨班开班式上发表重要讲话》，载《人民日报》2014年2月18日。

② 习近平：《切实把思想统一到党的十八届三中全会精神上来》，载《人民日报》2014年1月1日。

③ 习近平：《决胜全面建成小康社会 夺取新时代中国特色社会主义伟大胜利——在中国共产党第十九次全国代表大会上的报告》，载《人民日报》2017年10月28日。

第一章　制度和治理

关于依法治国与推进国家治理体系和治理能力现代化的关系，习近平总书记在2014年10月20日党的十八届四中全会第一次全体会议上提道："依法治国是坚持和发展中国特色社会主义的本质要求和重要保障，是实现国家治理体系和治理能力现代化的必然要求。我们要实现经济发展、政治清明、文化昌盛、社会公正、生态良好，必须更好发挥法治引领和规范作用。"[①]2014年10月23日，习近平总书记在党的十八届四中全会第二次全体会议上的讲话中指出："推进国家治理体系和治理能力现代化，必须坚持依法治国，为党和国家事业发展提供根本性、全局性、长期性的制度保障。"[②]2016年12月9日，习近平总书记在中共中央政治局第三十七次集体学习时强调："在新的历史条件下，我们要把依法治国基本方略、依法执政基本方式落实好，把法治中国建设好，必须坚持依法治国和以德治国相结合，使法治和德治在国家治理中相互补充、相互促进、相得益彰，推进国家治理体系和治理能力现代化。"[③]

习近平总书记高度重视信息化、大数据对于推进国家治理体系和治理能力现代化的作用，提出网络强国战略。2016年4月19日，习近平总书记在网络安全和信息化工作座谈会上的讲话提道："我们提出推进国家治理体系和治理能力现代化，信息是国家治理的重要依据，要发挥其在这个进程中的重要作用。要以信息化推进国家治理体系和治理能力现代化，统

---

① 《习近平新时代中国特色社会主义思想学习纲要》，学习出版社、人民出版社2019年版，第95页。

② 李群：《依法推进治理体系和治理能力现代化》，载《中国党政干部论坛》2016年第2期。

③ 习近平：《习近平在中共中央政治局第三十七次集体学习时强调 坚持依法治国和以德治国相结合 推进国家治理体系和治理能力现代化》，载《人民日报》2016年12月11日。

筹发展电子政务，构建一体化在线服务平台，分级分类推进新型智慧城市建设，打通信息壁垒，构建全国信息资源共享体系，更好地用信息化手段感知社会态势、畅通沟通渠道、辅助科学决策。"①2017年12月8日，习近平总书记在中共中央政治局第二次集体学习时指出："要运用大数据提升国家治理现代化水平。要建立健全大数据辅助科学决策和社会治理的机制，推进政府管理和社会治理模式创新，实现政府决策科学化、社会治理精准化、公共服务高效化。"②

习近平总书记多次强调发展社会主义民主政治对推进国家治理体系和治理能力现代化的重要意义。2014年9月5日，习近平总书记在庆祝全国人民代表大会成立60周年大会上指出："发展社会主义民主政治，是推进国家治理体系和治理能力现代化的题中应有之义。"③并进一步强调，要以人民代表大会制度为支撑，推进国家治理体系和治理能力现代化。他指出："人民代表大会制度是中国特色社会主义制度的重要组成部分，也是支撑中国国家治理体系和治理能力的根本政治制度。新形势下，我们要高举人民民主的旗帜，毫不动摇坚持人民代表大会制度，也要与时俱进完善人民代表大会制度。"④2018年3月20日，在第十三届全国人民代表大

---

① 习近平：《在网络安全和信息化工作座谈会上的讲话》，载《人民日报》2016年4月19日。

② 习近平：《习近平在中共中央政治局第二次集体学习时强调 审时度势精心谋划超前布局力争主动 实施国家大数据战略加快建设数字中国》，载《人民日报》2017年12月10日。

③ 习近平：《在庆祝全国人民代表大会成立60周年大会上的讲话》，载《人民日报》2014年9月6日。

④ 习近平：《在庆祝全国人民代表大会成立60周年大会上的讲话》，载《人民日报》2014年9月6日。

会第一次会议上,他再次强调:"我们要以更大的力度、更实的措施发展社会主义民主,坚持党的领导、人民当家作主、依法治国有机统一,建设社会主义法治国家,推进国家治理体系和治理能力现代化,巩固和发展最广泛的爱国统一战线,确保人民享有更加广泛、更加充分、更加真实的民主权利,让社会主义民主的优越性更加充分地展示出来。"①

深化体制机制改革,也是推进国家治理体系和治理能力现代化的重要方面。习近平总书记曾多次对深化党和国家机构改革进行过阐述,将其称为"重要改革""集体行动"。2018年12月13日,他在中共中央政治局第十一次集体学习时指出:"深化国家监察体制改革是贯彻党的十九大精神、健全党和国家监督体系的重要部署,是推进国家治理体系和治理能力现代化的一项重要改革。"②2019年7月5日,习近平总书记在深化党和国家机构改革总结会议上强调:"深化党和国家机构改革,是贯彻落实党的十九大决策部署的一个重要举措,是全面深化改革的一个重大动作,是推进国家治理体系和治理能力现代化的一次集中行动。"③他指出:"深化党和国家机构改革是对党和国家组织结构和管理体制的一次系统性、整体性重构。我们整体性推进中央和地方各级各类机构改革,重构性健全党的领导体系、政府治理体系、武装力量体系、群团工作体系,系统性增强

---

① 习近平:《在第十三届全国人民代表大会第一次会议上的讲话》,载《人民日报》2018年3月21日。

② 习近平:《习近平在中共中央政治局第十一次集体学习时强调 持续深化国家监察体制改革推进反腐败工作法治化规范化》,载《人民日报》2018年12月15日。

③ 徐隽:《习近平在深化党和国家机构改革总结会议上强调 巩固党和国家机构改革成果 推进国家治理体系和治理能力现代化》,载《人民日报》2019年7月6日。

党的领导力、政府执行力、武装力量战斗力、群团组织活力,适应新时代要求的党和国家机构职能体系主体框架初步建立,为完善和发展中国特色社会主义制度、推进国家治理体系和治理能力现代化提供了有力组织保障。要认真总结深化党和国家机构改革取得的重大成效和宝贵经验,巩固机构改革成果,继续完善党和国家机构职能体系,推进国家治理体系和治理能力现代化。"①

习近平总书记明确指出:"只有以提高党的执政能力为重点,尽快把我们各级干部、各方面管理者的思想政治素质、科学文化素质、工作本领都提高起来,尽快把党和国家机关、企事业单位、人民团体、社会组织等的工作能力都提高起来,国家治理体系才能更加有效运转。"②他也曾在省部级主要领导干部学习贯彻党的十八届四中全会精神全面推进依法治国专题研讨班上,以"大棋局"形容国家治理,他提出:"在国家治理体系的大棋局中,党中央是坐镇中军帐的'帅',车马炮各展其长,一盘棋大局分明"③,充分显示出党中央的领导对治国理政的核心作用,对推进国家治理体系和治理能力现代化的重要价值。

习近平总书记还曾多次强调要坚持司法体制改革,2014年1月7日,习近平总书记提出:"司法体制改革是政治体制改革的重要组成部分,对推进国家治理体系和治理能力现代化具有十分重要的意义。政法机关要加

---

① 徐隽:《习近平在深化党和国家机构改革总结会议上强调 巩固党和国家机构改革成果 推进国家治理体系和治理能力现代化》,载《人民日报》2019年7月6日。
② 《习近平关于全面深化改革论述摘编》,中央文献出版社2014年版,第29页。
③ 《习近平关于全面依法治国论述摘编》,中央文献出版社2015年版,第34页。

第一章 制度和治理

强领导、协力推动、务求实效,加快建设公正高效权威的社会主义司法制度。"①建立国家安全体制,也是推进国家治理体系和治理能力现代化的重要内容:"党的十八届三中全会决定成立国家安全委员会,是推进国家治理体系和治理能力现代化、实现国家长治久安的迫切要求,是全面建成小康社会、实现中华民族伟大复兴中国梦的重要保障,目的就是更好适应我国国家安全面临的新形势新任务,建立集中统一、高效权威的国家安全体制,加强对国家安全工作的领导。"②2018年6月22日至23日,习近平总书记在中央外事工作会议上还强调:"对外工作体制机制改革是推进国家治理体系和治理能力现代化的内在要求。要根据党中央统一部署,落实对外工作体制机制改革,加强驻外机构党的建设,形成适应新时代要求的驻外机构管理体制。"③习近平总书记从多个方面,将体制机制改革视为内在要求、迫切要求、重要组成部分,充分显现出新时代推进国家治理体系和治理能力现代化的重要意义。

习近平总书记十分关心国家治理的各个方面,城市治理也备受总书记的重视。2018年11月6日,习近平总书记在上海浦东新区城市运行综合管理中心考察时强调:"城市治理是国家治理体系和治理能力现代化的重要内容。一流城市要有一流治理,要注重在科学化、精细化、智能化上下

---

① 鞠鹏:《习近平在中央政法工作会议上强调 坚持严格执法公正司法深化改革 促进社会公平正义保障人民安居乐业》,载《人民日报》2014年1月9日。

② 习近平:《习近平主持召开中央国家安全委员会第一次会议强调 坚持总体国家安全观 走中国特色国家安全道路》,载《人民日报》2014年4月16日。

③ 鞠鹏:《习近平在中央外事工作会议上强调 坚持以新时代中国特色社会主义外交思想为指导 努力开创中国特色大国外交新局面》,载《人民日报》2018年6月24日。

功夫。"①2020年3月31日，习近平总书记在浙江杭州城市大脑运营指挥中心考察时指出："推进国家治理体系和治理能力现代化，必须抓好城市治理体系和治理能力现代化。"②

同时，习近平总书记还强调核心价值体系对于国家治理体系和治理能力现代化的价值所在。2014年2月24日，他在十八届中央政治局第十三次集体学习时提道："培育和弘扬核心价值观，有效整合社会意识，是社会系统得以正常运转、社会秩序得以有效维护的重要途径，也是国家治理体系和治理能力的重要方面。"③习近平总书记在省部级主要领导干部学习贯彻十八届三中全会精神全面深化改革专题研讨班开班式上发表重要讲话时强调："推进国家治理体系和治理能力现代化，要大力培育和弘扬社会主义核心价值，加快构建充分反映中国特色、民族特性、时代特征的价值体系。"④

另外，习近平总书记也强调要加强群团组织建设。2015年7月6日，他在中央党的群团工作会议上提出："我们必须把群团组织建设得更加充满活力、更加坚强有力，使之成为推进国家治理体系和治理能力现代化的

---

① 谢环驰等：《习近平在上海考察时强调坚定改革开放再出发信心和决心 加快提升城市能级和核心竞争力》，载《人民日报》2018年11月8日。

② 鞠鹏：《习近平在浙江考察时强调 统筹推进疫情防控和经济社会发展工作 奋力实现今年经济社会发展目标任务》，载《人民日报》2020年4月2日。

③ 郭建宁：《核心价值观：社会共识"最大公约数"》，载《人民论坛》2014年第24期。

④ 李学仁：《习近平在省部级主要领导干部学习贯彻十八届三中全会精神全面深化改革专题研讨班开班式上发表重要讲话强调 完善和发展中国特色社会主义制度 推进国家治理体系和治理能力现代化》，载《人民日报》2014年2月18日。

重要力量。"[①]习近平总书记从不同的维度切入，论述如何推进国家治理体系和治理能力现代化，恰如他指出的："研究全面深化改革问题，不是推进一个领域改革，也不是推进几个领域改革，而是推进所有领域改革，就是从国家治理体系和治理能力的总体角度考虑的。"[②]就这个意义上说，推进国家治理体系和治理能力现代化并将其作为全面深化改革的目标之一，既展现了我国全面深化改革的系统性、整体性，又显示出习近平总书记作为国家领导人的大国治理思想和独特的治国智慧，集中反映了党中央治国理政的新理念新思想新战略。

[①] 兰红光：《习近平在中央党的群团工作会议上强调 切实保持和增强政治性先进性群众性 开创新形势下党的群团工作新局面》，载《人民日报》2015年7月8日。

[②] 《十八大以来重要文献选编（上）》，中央文献出版社2014年版，第547页。

第二章　大学制度与大学治理

第一节　大学制度和大学治理的概念

中国特色社会主义制度是经济、政治、文化、社会等各个领域形成的一整套相互衔接、相互联系的制度体系，在高校的具体体现就是大学制度和大学治理。

一、概念的界定

要探讨大学制度和大学治理，首先要界定两者的概念。从时间维度来看，大学制度和大学治理走过了漫长的发展道路。从中国的古代书院、旧式学堂到西方的中世纪大学、新式大学等，各时期的大学形成了不同的制度和治理体系。本章中探讨的"大学制度""大学治理"，是面向当下、立足现在的一个概念，是目前大学中制定实施规章制度行之有效的运行体系。但制度和治理不是一成不变的，而是随着时间和形势的变化而动态修订、更新的，因此从时间维度看，看似立足当下的大学制度、大学治理还有一个层面的意思，即是改革创新、着眼未来。

从空间维度来看，大学制度和大学治理属于文化意识范畴，深受其所处政治、经济、社会等环境因素影响。当下，世界范围内各国大学的制度和治理各具特色，各有不同。所生存扎根的"土壤"给予了大学制度和大学治理生命力、发展力。本章节探讨的"大学制度""大学治理"是基于中国大学进行探讨。

综上，从时间、空间两个维度进行界定，本章探讨的"大学制度""大学治理"有两个限定：一是立足当下，二是扎根中国。

（一）大学制度

柳友荣认为，大学制度是关于大学管理或治理所形成的行为框架、规则体系和制度安排。[①] 李立国认为，大学制度是一个相对的概念，受到特定历史及社会环境的影响，具体是指能够适应大学人才培养、科学研究、社会服务等活动所需要的制度和组织形式。[②] 而目前学界对于大学制度本质的一定共识是袁贵仁提出的。现代大学制度的核心是在政府的宏观调控

[①] 柳友荣：《新时代中国特色现代大学制度的学理阐释与实践理路》，载《复旦教育论坛》2018年第4期。

[②] 李立国：《大学治理的基本框架分析——兼论大学制度和大学治理的关系》，载《大学教育科学》2018年第3期。

下，大学面向社会，依法自主办学，实行民主管理。[①]在以往研究的基础上，我们可以将大学制度的概念总结为：大学制度是协调大学各方面关系的总和。细化来看，现代大学制度是在一系列哲学思想和价值体系指导下，以实现传授知识、科学研究和服务社会三大职能为目标，围绕现代大学科学运行和有效治理的行为规范和运行准则。

（二）大学治理

大学治理是大学实现自身目标和任务的治理结构、治理规则和治理实践的总和，包括治理主体及各主体责任的分配、利益相关者行为的控制和标准，决策的程序、过程和规则的制定，以及在实践中对未能有效解决问题的探索等。这一概念可以从各参与部分进行理解，大学治理的对象是整个大学，其参与主体包括以党委为代表的政治主体，以校长为代表的行政主体，以教师为代表的学术主体，以及包括学生、校友、捐赠者等利益主体[②]，治理的过程是最大限度地激发各参与主体的积极性，通过参与、沟通、协调、激励、规范和约束，形成一种遵循正确价值取向、朝向一定目标的良好秩序和状态，治理的目标是大学实现立德树人和自身职能，达到世界一流水平，为高等教育持续发展提供有力保障。

大学治理主要包括治理体系和治理能力两个层面。治理体系是参与和实施治理的全部要素、手段、方式和环境、条件的综合，即体系化的治理

[①] 袁贵仁：《建立现代大学制度，推进高教改革和发展》，载《光明日报》2000年2月23日。

[②] 张妍：《关于我国现代大学治理结构生成与建构的探讨》，载《青年与社会》2020年第8期。

结构和要素。[①]治理体系首先包含的是制度体系,除此以外,还包括参与治理的规则、方式方法等,但制度体系是其最重要的组成部分。大学治理体系由组织体系、制度体系、运行体系、评价体系构成。其中组织体系是主体,制度体系是依据,运行体系是路径,评价体系是标准。治理能力是指掌握和运用整套治理体系对大学进行治理的能力和水平。治理体系和治理能力是相辅相成的有机整体,共同推进大学这一有机体有效运行。有了科学的大学治理体系才能孕育高水平的治理能力,不断提高大学治理能力才能充分发挥大学治理体系的效能。大学治理体系是随着时代和实践的发展而不断变动和发展的,是一个"永远在路上"的发展过程,所以我们既要健全和完善已有的大学治理体系,又要不断推进大学治理体系和治理能力现代化。

二、两者的关联

从前述大学制度和大学治理的概念内涵中,可以从中分析两者的关系:

从包含层面看,大学治理体系包含了组织体系、制度体系、运行体系和评价体系,其中处于核心地位的是制度体系。组织体系的权力和职责通过制度体系得以确定,运行体系和评价体系也围绕制度体系实施、考核、修正。四个方面相互贯通、互为依托。客观来说,大学制度体系包含在大学治理体系之内,大学制度建设是完善大学治理的重要方面和关键环节。

---

① 北京市习近平新时代中国特色社会主义思想研究中心:《全面把握制度与治理的辩证关系》,载人民网,2019年11月20日,https://baijiahao.baidu.com/s?id=1650677532169718172&wfr=spider&for=pc。

大学没有制度，就谈不上良好的治理，更谈不上现代化的治理。

从特性上看，大学制度侧重于文本载明的约束，是相对不变的；大学治理侧重于主体性活动，是相对变化的。一般来说，制度是治理的基础，治理要依赖制度进行，但也存在不按制度办事只凭主观意识行事的治理，这样的治理也是一种治理，却是不健全、不可持续、效能低下的治理。但是，并不能说有了科学的制度就有了现代化的治理，制度的优势要转换为治理的效能，需要运行畅通的治理体系和高超有术的治理能力。此外，制度是否科学、合理也需要通过治理的成效来展示和检验。

总结来说两者的关系是：大学治理体系和治理能力是大学制度及其执行能力的集中体现，要通过治理活动把制度优势更有效转化为治理效能。在大学制度和大学治理紧密联系的关联中，我们要把握最主要、最关键的一点是：大学制度是基础、核心，大学治理的好坏、优劣根本上取决于制度是否科学和完善。

第二节　国外关于大学制度和大学治理的思想

探索大学制度和大学治理的思想，必然离不开对国外大学制度和治理思想的研究。现代大学制度起源于西方国家，在历史的演变中不断成熟完善，我国大学制度体系建设也是从学习和借鉴其他国家的经验做法开始的，德国、法国、美国等国家的现代大学制度皆为我国大学制度建设提供了较大的参考价值，对我国高等教育发展起到了一定的促进作用。本节主要对美国、英国、法国、德国、日本五个国家大学制度和治理的演变进行了梳理。

第二章 大学制度与大学治理

一、美国大学制度和治理的思想

美国作为三个高等教育超级大国之一，早在20世纪70年代中期已经进入高等教育普及化阶段，高等教育水平和质量堪称世界第一。美国高等教育的发展与美国大学治理的变革发展息息相关，同时，美国的大学制度和大学治理理念也对其他国家现代大学制度和大学治理模式等方面产生了深远的影响。

要研究美国大学制度和大学治理，必须厘清美国大学治理的历史变革，发掘不同时期美国大学治理的特点和美国大学制度的特色。美国大学治理的发展历程与美国大学的发展变革相伴而生，在其发展过程中产生了美国最具代表性的治理结构和治理理念，形成了极具美国特色的大学制度，其演变大致可以分为以下三个阶段。

（一）17世纪中期到19世纪初期

美国历史最悠久的高等教育机构是坐落于马萨诸塞州剑桥市的哈佛学院，其最初的办学理念带有浓厚的英式色彩，而后经过历任校长对治理体系大刀阔斧的改革创新，形成了世界领先、独具特色的大学治理体系，被全球其他一流大学争相效仿。自1636年哈佛学院创立起，美国大学的治理问题就受到广泛关注，美国大学的治理改革也拉开了序幕。

在17世纪中期到19世纪初期这一阶段，美国政府最初只是通过颁布特许状参与大学管理，到18世纪后期，美国公立大学数量持续增多，政府与大学的关系也日益密切。联邦政府不直接参与办学，也并未干预大学的内部事务，但在经费等方面对大学提供支持，从而对大学办学发挥影响。

相比之下，州政府所发挥的治理作用更大，州政府在合法的范围内行使治理职能，通过增加财政预算、进行分类指导等，积极推进美国大学办学。

同时，当时的美国大学办学具有鲜明的社会性特征，这一时期的大学治理理念也被众多学者称为"外行治理"理念。所谓"外行治理"，是指大学的决策权由一批来自校外的人士组成的委员会掌控，学校内部人员不参与大学的决策过程。① 在"外行治理"理念下，董事会制度应运而生，并在不断的完善和发展中走向成熟。

美国大学的治理主要围绕董事会对大学的办学治校展开，大学的决策权主要来自校外人士所组成的董事会成员，实际上学校内部人员并未参与到各项事宜的决策环节。董事会作为大学的法人团体，是大学的最高决策机关和审议机构，其职能通过特许状或董事会章程进行规范和明确，以保障对大学的绝对控制权。董事会可以决定学校的大政方针，制定学校的规章制度、财政预算等，拥有人事任免权、内部事务最终仲裁权和外部社会关系的代理权。校长虽然担任大学的最高决策者，按要求管理学校的各项事务，但是需要对董事会负责。美国南北战争后，美国大学内部产生了"公法人"和"私法人"的划分，公立大学董事会成员通过选举或者任命的方式产生，大多情况下由政府官员担任董事，而私立大学董事会的成员多为学校创办者或代理人组成，当董事会成员人数出现缺额时，董事会成员有权力挑选自己的继承人，这种自我增选的遴选方式在美国私立大学中占据主流。尽管公立大学和私立大学的董事会具有不同的特征，但"学术法人——

---

① 别敦荣：《美国大学治理理念、结构和功能》，载《高等教育研究》2019 年第 6 期。

董事会"治理结构并未改变,反而得到了进一步的扩展。

美国大学在外行领导内行的背景下,奠定了董事会制度的核心地位,大学通过董事会制度有效加强大学与社会的联系,让大学更好地服务于美国社会发展,从而促进美国高等教育事业的发展。正如卡内基教学促进基金会所言,"学术法人—董事会"制度构成了美国高等教育管理结构的基石,也正是因为独特的董事会制度,有力支撑了美国世界一流大学的蓬勃发展。

(二)19世纪中期到20世纪初期

由于单一的董事会治理手段已经不能满足学校办学的需要,哈佛大学于1825年发起了大规模的教师抗议董事会决策的活动,教师认为自己作为学校的一员,应当获得法人会的合法席位,并对于与切身利益相关的重要议题具有发言权,董事会不应对教师的权利进行限制和约束。虽然教师的诉求未得到哈佛监事会和法人会的同意,但在此之后,监理会开始赋予教师惩戒学生、自行决定教学方式等少量权利,并于1826年颁布了新的大学章程,自此教师开始参与大学日常学术事务管理,教师逐渐在大学治理中获得一席之地。与此同时,教师和董事会参与决策使得大学的日常运行中出现了一片管理的空白地带[①],大学校长被视为填补这一块真空的最佳人选,大学应该充分发挥校长在办学治校中的专业性,与董事会分工合作、共治办学。直至1915年,来自霍普金斯大学、哥伦比亚大学等大学的多名教授发起成立了美国大学教授联合会(AAUP),并且建立教师终身教职制度,从而保障教师的权益。美国大学教授联合会主张为大学实现

---

① 别敦荣:《中美大学学术管理比较研究》,载《高等教育研究》1997年第6期。

学术自由，致力于为教师群体争取学术自由的权利，力图增强教师在学术管理中的话语权。教师群体的抗争和发声打破了美国大学一直以来外行治理的局面，教师群体开始参与大学内部治理，美国高等教育由此进入了外行治理和专家治理相结合的阶段，而这一阶段也被许多学者看作是"共同治理"思想的萌芽。

19世纪中期到20世纪初期的这段时间，美国产生了一套至今仍具有代表性的大学制度，主要是教师终身教职制度、评议会制度等。

教师终身教职制度是指教师在一定的试用期满后，除非遇到国家财政紧张或教师自身出现行为过错，都不能被随意解除教职。亨利·罗索夫斯基（Henry Rosovsky）从契约关系的角度来解释终身教职，他认为终身教职制度是一种适当的社会契约，是每一所大学不能缺少的能够提高教师质量的合同形式。[①]与终身教师相比，非终身教师的待遇较低，发展缺少保障，导致高校教师内部矛盾激化。同时，终身教师的管理和培养对于大学来说，无疑会增加更高的成本。虽然教师终身教职制度存在着一些争议，但终身教职制度对于保障教师权益、维护学术自由、选聘优秀人才、构建组织文化等方面发挥了关键作用，使得美国大学的科研水平不断提升，促进了美国高等教育事业的繁荣发展。

美国大学评议会于1880年出现在霍普金斯大学，大学评议会主要由大学教授或者以教授为主的学术人员构成，评议会作为提出并制定学术政策的主要机构和代表、保护教师利益的重要组织，承担大学各项学术事务

---

① 亨利·罗索夫斯基著，谢宗仙、周灵芝、马宝兰译：《美国校园文化——学生·教授·管理》，山东人民出版社1996年版，第156~199页。

的决策权，从而保障学术权力的有效使用，促进学术进步。随着美国高等教育的不断发展，几乎所有大学都开始建立评议会，而后评议会开始发挥对行政权力的制约作用，有效平衡学术权力和行政权力的关系。美国大学评议会的成立是教师参与治理的标志性组织形式，在大学评议会的发展下，美国大学的学术队伍不断壮大，教师对于大学学术管理的影响力持续加强，美国大学逐渐建立起完备的制度体系。

（三）20世纪中期至今

随着美国高等教育规模的不断扩大，大学治理结构也在进一步发展，美国大学的治理主体由单一走向多元，联邦政府、州政府、董事会、教师、学生等不同的利益群体开始参与到大学的办学过程中，美国大学的治理理念也随之发生变化，最终形成沿用至今的"共同治理"理念，影响并主导着美国大学办学，不断推动美国高等教育发展。

"共同治理"（shared governance）也被学者称为"分享治理""协同共治"，"共同治理"理念的正式提出，来源于1966年美国教授协会（AAUP）、美国教育委员会（ACE）、美国大学和学院董事会协会（AGB）联合发布的《学院与大学治理声明》。[①] 在该声明中，"共同治理"被定义为：基于教师和行政部门双方特长的权力和决策的责任分工，它代表教师和行政人员共同工作的承诺。在共同治理的理念中，主体责任与决策权相挂钩，任何群体都拥有一定的决策权，同时各主体的治理责任得到了进一步明确。1998年，美国大学治理董事会联合会颁布了新的《治

---

① 王晓辉，刘敏：《理念与制度：现代大学治理》，山东教育出版社2015年版，第141页。

理宣言》，重新界定了大学共同治理参与主体的权利分配问题，将学生、非学术人员和其他利益相关者纳入共同治理的框架之内，更加注重大学和社会的关系。[①]新的《治理宣言》重新明确了大学共同治理参与主体的权责划分，在保证学术自由的原则下，有效调和不同利益群体之间的关系，使大学治理更具民主性。此后，"共同治理"逐渐成为美国大学治理的主流思想。

美国大学"共同治理"的思想根植于美国的民主传统，在"共同治理"理念下，联邦政府、州政府、董事会、校长、教授会、社会各界等积极参与大学治理，形成了共享型的治理模式，并随之建立起了美国现代大学制度，从而解决谁参与、参与什么、参与多少以及如何参与等问题，通过构建大学与政府、社会之间等外部环境相互支撑的关系模式和大学与校长、教授、学生等内部人士决策权、执行权和监督权相互制约的关系模式，使大学实现公共利益的最大化。

20世纪中期以来是美国大学制度发展的成熟期，美国大学在外部治理和内部治理方面都取得了显著的成就，这一时期所形成的大学治理制度对于现代大学制度的改革和发展能够提供有益的借鉴。其中，在"共同治理"的思想下，美国大学逐渐完善了中介组织参与制度、社会监督制度、校长遴选制度。

在美国高等教育的发展历程中，除了政府对大学的发展进行指导和管理之外，中介组织也对美国大学的发展起着重要的推动作用。中介组织是

---

① 王晓辉，刘敏，谷小燕：《大学治理：理念、模式与制度》，北京师范大学出版社2018年版，第60页。

社会力量的重要组成部分，教育中介组织作为非政府组织参与公共教育管理，具有重大的行政、法理和民权意义。[①]美国的教育中介组织大多介于政府和大学之间，既不听命于政府，也不是学校的教师或行政人员，教育中介组织仅作为独立团体，协调政府和大学、市场与大学的关系，促进美国高等教育发展。美国的教育中介组织主要有评估认证、考试服务等功能，同时成立学会协会、基金会等组织，维护高校不同利益群体成员的利益，保障教育公平。美国的中介组织参与制度有效保障了美国高等教育的质量，为大学提供了更多的社会资源，极大地推动了美国大学的学术研究，以"有形的手"发挥对美国大学的引导、调控等功能，通过中介组织参与的形式为美国高等教育事业发展服务。

20世纪中后期，美国大学越来越追求大学决策的公开化，通过社会监督制度加强对大学的社会监督，避免出现大学资源和权力滥用现象，从而保证公众对美国大学办学的知情权，促进大学社会声誉的提高。美国大学主要采用信息公开的形式，社会公众和媒体作为监督主体，一方面监督大学的决策制定、决策执行等情况；另一方面监督大学的各项发展成果，确保大学的各项决策有效可行。并由此逐渐建立起完善的社会问责制度，进而赢取社会公众对美国高校的信任和支持。[②]

校长遴选制度自哈佛大学成立起就已经建立了，但实际上到20世纪才算走向成熟和完备。第二次世界大战之后，美国"自由言论运动"拉开

---

① 刘耀明：《教育中介组织发展的制度变革》，载《教育发展研究》2012年第5版，第66~69页。

② 张明广：《美国公立高等院校自愿问责制研究》，山东师范大学2018年硕士论文。

序幕，广大师生开始关注大学校长的重要性，认为校长应该在大学治理中发挥主导作用，并且更加关注大学校长的遴选流程，希望校长遴选过程更加合理透明。自此，美国各大高校董事会开始成立校长遴选委员会等组织，让教师代表、教授代表、学生代表、董事会成员等担任委员会成员，有时还会聘用专业顾问来参与遴选，通过大学章程确定大学校长遴选的一套完备流程，明确大学校长的遴选标准，筛选中更加注重大学校长的管理能力和社会声望，从而保障所选拔出的大学校长能够对高校发展起到积极的推动作用。

美国大学制度随着时代发展不断产生新的变化，有机融合了其他国家大学制度的经验做法，逐步建成特色鲜明的美国大学制度。

二、英国大学制度和治理的思想

英国大学治理思想深受牛津大学、剑桥大学等自由主义思想的影响，崇尚学者自治、学术至上。虽然国家在财政等方面对大学给予一定的支持，但是并未直接对大学进行行政管理，大学享有极大的自主权。随着英国高等教育从精英化转变为大众化，英国高校中逐渐流行一种新公共管理治理的模式，确立了多元主体共同治理的理念，从而影响英国高等教育的长期发展。

英国大学的治理思想和制度建设影响了美国等诸多国家，在全球高等教育发展的历程中起到了毋庸置疑的推动作用。理解英国大学制度和治理的思想，有利于用全局视角看待欧美高等教育的发展轨迹，以便更加深入地思考大学制度建设和大学治理体系建设的问题。

（一）中世纪中期到 19 世纪中期

12 世纪至 19 世纪中期是英国大学的发展初期，这一时期"教授治校"的大学治理理念最为流行。在这一时期，英格兰地区高等教育发展较为缓慢，只有牛津大学和剑桥大学两所大学，这两所大学的最高治理机构即为教授组成的团体，具有鲜明的"教授治学"特征。

起初，欧洲各地的学者聚集在牛津城进行讲学，并吸引了一大批学生的注意，慢慢地发展为教师和学生相结合的团体，这也是"教授治校"理念最早的萌芽。在此之后，英国大学形成了"黑色集会""小集会"和"全体集会"，越来越多的教授参与到大学的管理中。在 16 世纪英国宗教改革之后，国王逐渐成为英国世俗权利与宗教权利的最高掌控者，开始逐步强化世俗权力对大学的影响，赋予大学正式的自治特权，大学自我管理的权利得到了保障。随着自然科学的发展，牛津大学和剑桥大学开始设置科学课程，组建学部和学部委员会，大多数成员为学校教授或副教授，大学的治理权主要在教授手中，教授全权管理大学事务，特别是学术事务。后来，苏格兰地区建立的古典大学也都是秉持"教授治校"的理念，并且一直发展到 19 世纪后期。

在这一阶段，牛津大学和剑桥大学等古典学科所实行的大学制度为学院制和导师制，这也是英国大学制度中最为传统和突出的制度。牛津大学和剑桥大学最初的教学方式是以讲授和辩论为主，要求文科和高级系科的学生必须参加讲座，到了中世纪后期，讲授和辩论便成为英国古典大学中正规的教学形式。由于教师不能通过讲座而得到薪酬，因此讲座的时间、地点、教授都是不确定的，很多人参加讲座只是出于筹措学习资金等其他的目的，但是随着讲座的规模越来越大，参与者越来越多，讲座被看作是教师教学的补充形式。直到15世纪中后期，大学学院开始聘请教授在学院内开设讲座，学院制的教学方式开始逐渐确立，而学院制也成为英国古典大学的基本制度之一。学院制的教学宗旨是重点开展本科生教育，重在推行自由教育，重点关注学生教养。即重点培养乐于助人、保持尊严、施展才华、学习知识、提高修养的高素质人才。[①] 英国古典大学通过"学院制"的制度安排，使学院成为大学教学的中心，着力培养人才。英国大多数大学都实行学院制，将大学办学的自主权交由学院，学院对各项事务自主决策和执行。同时，英国古典大学也实行"导师制"，牛津大学的导师制由14世纪创办新学院的温切斯特主教威廉·威克姆首创，而后英国其他大学也开始建立起"导师制"，"在17世纪，弹性易变、不定型的导师组织终于让位于管理更为集中、以学院统一控制为特征的导师教学体系"[②]，导师不仅要对本科生健康、智力、精神等方面进行指导，还要负责其道德行为、生活方式和经济支出的指导，充当了学生指路人和保护者的角色，这种早期的简单形态的导师制，也铸就了英国现代大学教学的理念和模式。"导师制"和"学院制"也一直延续到英国现代大学制度的变革中，古典大学的自治传统得到了传承。

[①] 王忠堂：《牛津大学的学院制和导师制及对我们的启示》，载《教育教学论坛》2012年第1期。

[②] Gabriel A L, Cobban A B: The Medieval Universities: Their Development and Organization, Methuen&Co.Ltd, 1975, p139.

（二）19世纪中后期到20世纪末

到了19世纪中后期，英国许多大学出现财政赤字的情况，为了使一些大学免于破产，国家开始从"袖手"转向"插手"，开始在大学治理中逐渐发挥作用，通过加强宏观管理和监督指导参与到大学办学的过程中，虽然不进行直接管理，但会通过制定法律法规和拨款政策来间接参与大学治理。1919年，成立了英国政府与英国大学之间的中介组织——大学拨款委员会，承担为大学分配政府拨款的责任，使大学的正常运行得到财政保障。这也标志着英国政府开始介入高等教育发展，同时，大学的自治权逐渐缩小，教授治校的权力也逐渐弱化。随着英国政府开始介入高等教育发展，由各界精英共同筹建的市民大学兴起，大学的创建者认为"教授治校"会影响各项决策的有效制定，因此大学内部形成了"外行治校"的理念，认为除学术人员以外的非学术人员以及社会各界人士，都能够参与到大学治理中。这些管理者更加注重大学办学的效率与社会的关系，使得大学拥有更多的办学资源，更加符合精英阶级的利益。[①]

在这样的理念之影响下，英国早期的中介制度应运而生，这也是这一时期英国大学具有代表性的制度之一。中介制度的原型实际上是19世纪的皇家委员会和皇家督学团，但是自大学拨款委员会形成，其充分发挥了中介组织的作用，不仅能够争取和分配高等教育资金，还能够为政府和大学提供决策咨询，对英国大学的发展起到了至关重要的作用。大学拨款委员会所代表的中介制度从一定程度上来说，维护了大学的自治，使政府间

---

① 别敦荣：《现代大学制度的典型模式与国家特色》，载《中国高教研究》2017年第5期。

接参与大学管理，从而发挥了"缓冲器"的作用。随着大学拨款委员会的不断发展，其职能进一步扩大，英国大学制度和大学治理理念也随之产生了变化。

与此同时，这一时期英国牛津大学、剑桥大学等大学形成了三会制的治理结构，建立起评议会、理事会、委员会并存的治理格局。校务委员会成员主要来自校外，拥有批准学术评议会修改学术章程等权力，虽然作为大学最高管理机构，但是并不处理大学日常事务。理事会为拥有实际权力的决策机构，一般由校外知名人士、学校教授等校内人员共同组成，大学的各项重大决策需要经理事会讨论后才能做出决定，其在高校治理中具有举足轻重的地位。评议会则是制定学术政策的最主要机构，通常规模为200人左右，处理学校日常学术事务，并向校务委员会报告工作。评议会的成员以教授为主体，对学校发展提供咨询建议，充分发挥教授的学术水平和行政价值，有效参与到大学治理中来。大学副校长作为连接校务委员会、理事会、评议会的桥梁，承担大学主要的学术和行政工作，扮演协助学校学术和行政人员沟通的最重要角色。英国大学的三会制通过外部利益者参与治理，不断加强与社会的联系，并从中获得支持，从而保障学校工作得以顺利开展。

（三）20世纪末至今

随着英国社会的不断发展，"教授治校"和"外行治校"的弊端日益凸显，大学治理问题层出不穷。大学治理人员开始探索两者的平衡，期望更有效地治理大学，可由于英国大学内部权力的失衡，校务委员会和学术委员会的权力格局发生了较大变化，"共同治理"的大学治理理念便由此兴起。

1997年《迪尔英报告》最早提出了建立大学有效管理和治理的基本原则,主张大学治理应该在法律范围之内对大学学术自由进行保护,实现大学治理机构自治。学者马克·泰勒勾画出共同治理的模式,即通过大学管理人员的交叉,将治理机构和学术人员连接起来,加强与治理人员的信任和合作,使其发挥内部治理的效用。大学权力的主体日渐多元化,学生、校友等多种利益主体都能够参与到大学的治理当中来,有效推动治校民主化。

在外部治理方面,国家开始转向以市场为主导的外部治理,英国政府颁布《1998年教育改革法》,成立高等教育基金委员会取代大学拨款委员会,对高等教育实行集权和分权的并行战略,同时引入市场竞争机制,并构建财政、教学、科研紧密结合的高等教育治理模式,社会问责制开始成为这一时期英国大学的最主要制度,它积极发挥问责的软性治理作用。高等教育基金委员会采取选择性资助政策,将科研资金与教学资金相分离,通过科研评估活动和治理保障署评价大学的科研和教学质量。同时,结合QS等大学排名评价大学办学质量,发挥排名评估的作用,推进英国高等教育的发展。英国大学治理中的社会问责制度,加快推动了英国大学内部问责体系的发展,稳步提升了英国高等教育质量,对我国高校问责制的建立和发展具有十分重要的借鉴意义。[①]

三、德国大学制度和治理的思想

德国大学脱胎于中世纪巴黎大学的模板,从行会组织逐渐演变为国家

---

① 王务均:《权力包容:德、英、美三国大学治理变迁的历史选择》,载《重庆高教研究》2018年第3期。

机构，诞生了洪堡大学等举世闻名的大学，其大学精神和大学文化至今仍被学者阐释和发扬。回顾德国大学发展的历史，国家控制和教授治校的治理模式可谓是独树一帜，对全世界的高等教育模式产生了深远的影响。

近年来，随着世界高等教育环境的巨变，共同治理的观念在西方国家盛行，德国大学开始借鉴和吸收一些新的思想，对大学的管理体制进行了改革和调整，进入了深化改革的新时期，德国现代大学制度也有了新的内涵。即便德国大学的改革之路仍处于摸索之中，但从一定程度上来说，德国大学治理的变革也有许多值得思考和学习的地方。

（一）中世纪晚期至19世纪初

德国作为高等教育的后起之秀，其高校产生于中世纪晚期。第一所出现在德意志地区的布拉格大学诞生于1348年，但它的诞生不同于英美等国的行会，而是由封建联邦的诸侯或城市当局所建立的。也正是因为这样的目的，德国大学逐渐远离教会而接近国家，具有"国家化"的特点。17—18世纪，德国进入君主专制的时代，德意志联邦不断加强国家对大学的控制，在各邦国设立了负责管理大学事务的专门机构，并在机构中设立了与校长并行、由国家指派的总务长或学监。德国大学受到王权和教权的二元政治制度结构影响，大学的教学权、考试权与学位授予等学术权力由罗马教皇授予，大学的自治权、独立审判权等行政权力由君主授予。为了保障这些权力的充分行使，德国大学开始采取"同乡会"和"学部"的双重组织管理模式。"同乡会"负责行政管理，"学部"则负责教学方面，后来随着时间的推移，二者的职能合二为一，"同乡会"逐渐被"学部"

所替代。这一时期的大学治理可概括为国家控制下的师生自治，并且早期的德国大学主要围绕神、法、医、艺四大学科开展教学，不论是教学还是行政都并未形成一套完整的治理体系，这一时期的教授由政府委任，教授治校的特征并不明显，大学的治理相对来说处于不成熟的状态。

（二）19世纪初至20世纪60年代

19世纪初到20世纪中叶，德国经历了一系列变迁，在普鲁士大学改革时期大学正式形成了国家管理下的教授治校时期，开始迈入世界高等教育史上的"德国世纪"，同时也开创了现代大学治理的新纪元。

1810年，著名学者、教育改革家威廉·冯·洪堡创办了柏林大学（现柏林洪堡大学），而后被誉为"现代大学之母"。自此，洪堡开始探索大学与国家、政府的关系，提出"大学是独立于一切国家的组织形式"，但大学并不是完全脱离国家和政府，主张大学保持其独立性，大学应为教学和科研的场所，强调"学术自由"和"教授治校"。洪堡的理念逐渐开始在柏林大学等大学中流行，并随着高等教育的发展成为世界一流大学都极力推崇的理念。

这一时期的"学术自由"理念包括教学自由和学习自由，大学教师的教学并不受到任何权威势力的控制，只须要对自己的教学负责，而学生也享有自由学习的权利。此后，随着科学技术的不断发展，德国大学日益重视科研的重要性，在坚持学术自由的基础上，将科研与人才培养相结合，研究与教学相统一，不断实现大学的自我发展。

这一时期国家不仅在财政方面对大学给予支持，还特别重视保障大学的"学术自由",同时开始关注教授在大学办学中的重要作用,逐渐建立起正教授的选聘制度,即大学教师的聘任由大学建议、国家委任,避免大学内部治理出现封闭、僵化的倾向。德国大学教授的最终任命权在州政府,属于政府任命的公务员,教授直接从政府获得工资和一定的研究经费,在大学内部享有较大的权力,教授对大学事务的表决权也占有一定的比例,同时对教学和科研也享有高度的自主权。在当时的德国,大学的校长实质性权力较小,甚至连校长都是由教授团队投票产生的,由此可见,这一时期的大学教授在内部治理中享有极大的话语权。即便德国高等教育的历程不断推进,德国现代大学制度逐渐确立,德国大学教授治校的传统特色也延续至今。

在这一阶段,校企合作制度成为当时德国大学的特色制度。20世纪前,德国大学潜心科学研究,不屑于与工业企业建立关系。到了20世纪初期,德国专门学院创办实现了校企合作制度的最初尝试,大学和工业企业之间的藩篱得到了突破,大学开始与各大企业展开交流合作,践行"工学结合"的教学理念,着力加强知识与技术转让,实现与企业的合作共赢,该时期的校企合作数量和成效远远超过其他国家。德国大学通过校企合作的方式,吸纳企业作为学校事务的决策者和评价者,打造多元治理格局,不断提升德国高校的治理能力。

(三)20世纪60年代至今

到了20世纪50年代,大学入学的适龄人数急剧增加,德国的高等教育开始从精英化走向大众化。为了扩大大学对适龄人士的容纳能力,德国科学审议会于1960年发布了《关于扩大学术组织的劝告》，建议扩大高等教育规模，并于20世纪70年代初，建立了综合制大学和高等专科学院两种新型的高等教育机构。在高等教育急速扩张的同时，大学开始面对各种权力的博弈，多所高校开始兴起以民主参与为主题的改革运动，国家对于大学管理由微观的直接管理转向宏观层面的间接管控，从内部治理来看，由"教授治校"转为"集体治校"，德国大学由传统的"教授大学"转型为"团体大学"，大学的权力结构开始发生变化，实现了多种利益主体的共同治理。[1]

从外部治理来看，德国政府于1976年颁布的《高等教育总法》规定，大学具有公法社团和国家机构的双重法律地位，大学在执行国家下达的任务时，需要接受国家的监督。尔后《高等教育总法》历经修订和取消，国家对大学的治理权力被一分为二，州政府对大学进行实质性管理，联邦政府进行指导性的管理。同时，高校开始以其他的法律形式设立，许多高校成为具有强烈依附性的公法大学，大学作为公法人具有公法行为能力，享有一定的自治权，德国大学开始处于一种"松绑"的状态，大学自治的地位也不断凸显。

对内部治理而言，参与大学管理的主体增加了大学助教、普通工作人员、学生等，虽然不同群体参与大学治理的程度不同，但是一定程度上能够化解大学内部各类权力之间的矛盾，也能够有效调动各群体的积极性。同时，在新公共管理思潮的民主化、专业化、组织化的影响下，校长和院

---

[1] 别敦荣：《现代大学制度的典型模式与国家特色》，载《中国高教研究》2017年第5期。

长被赋予了更多的职权，开始负责具有战略性和操作性的决策工作，这一时期的德国大学普遍实行基于各种委员会分工合作基础上的校长负责制。不同学校会设置不同的委员会，既设有校长委员会、评议会、理事会的组织结构，也设有董事会、校务会、评议会、全校代表大会四会一体的组织结构，校长由全校代表大会、评议会和理事会选举产生，由州政府任命，负责处理学校的各项日常事务，充分发挥校长的治理作用，从而不断优化和提升德国大学的办学水平。

四、法国大学制度和治理的思想

法国被誉为现代意义上大学制度的起源国，大学治理模式不同于其他国家。简单来说，法国大学采用的是"双重集权"下治理模式，即中央集权管理和学院式治理相结合，在国家对大学的集权式管理占据主导地位的同时，学院内部的治理也对法国大学的发展具有举足轻重的作用。

（一）中世纪到法国大革命之前

法国大学的诞生起始于中世纪城市中的商人、手工业者自行结成的"行会"组织，最开始的行会只能单纯满足手工业者管理行业内部各项事项的需求，后来在城市自治运动的冲击下，一批学者和学生组织成立了"学者行会"，由此产生了"巴黎教师学生团体"，成为巴黎大学的雏形。在巴黎大学形成和发展的初期，教皇对巴黎大学颁发皇室特许状，将大学置于君主的控制之下，但也赋予了巴黎大学较多的自治权利。中世纪的巴黎大学在基层组织结构中有许多新的尝试，同乡会和学部在这一时期发挥了重要的作用。巴黎大学有神学、法学、医学、文学四个学部，它们作为行政管理和教学事务的基本组织单位,将大学的管理权集中起来,并下设学部评议会负责具体的行政工作,校长只是委托行使一定的权限,大学通过成立评议委员会的方式来进一步提高教授的地位。有鉴于此,这一时期的大学治理是教皇和王权控制下的教授自治,教授在行政、教学、司法等方面拥有更大的发言权,进而使"教授自治"的治理理念在这一时期盛行。

总的来说,当时的大学取得了"现代大学不可能有的一定程度的独立"[①]。可好景不长,14世纪中叶英国与法国爆发百年战争。由于受到百年战争的影响,世俗政权想要将自己的权力施加于大学之上,限制巴黎大学自治以及之前获得的一系列特权。百年战争之后,法国君主逐渐成立巴黎议会、皇家法庭等议会,不断加强对高等教育领域的干涉。从15世纪中叶起,法国王权对于大学学术的掌控逐渐达到顶峰,法国王权开始进入一个长达三个多世纪的所谓的"绝对主义"时期或"绝对君主制"时期。[②]

(二)法国大革命之后到1968年

法国于18世纪末爆发大革命,法兰西帝国开始进入拿破仑时代。19世纪初,拿破仑当权后建立"帝国大学",先后颁布《国民教育计划》《帝国大学组织法》《帝国大学组织令》等法令,开始推行"帝国大学制",试图形成中央集权对大学的强力控制。"帝国大学制"的确立形成了高度集中的教育管理体制,确定了法国中央集权的行政管理模式,帝国大学成为统领全部教育的国家管理机构。

[①] S.F.佛罗斯特著,吴元训译:《西方教育的历史和哲学基础》,华夏出版社1987年版,第159页。

[②] 陈文海:《法国史(修订本)》,人民出版社2014年版,第111页。

过度的中央集权管理造成了"物极必反"的局面,法国经过普法战争的失败,大学自治被再一次重提。政府开始建立学部理事会,与学部评议会共同参与办学治校,学部理事会控制大学的人事任免权和财政拨款权,并赋予学部主任较大的权力,充分彰显学部理事会的学术权威,也反映出这一时期法国大学处于中央集权制下的学部自治。这种中央集权管理和学部学术自治的模式在法国高等教育历史上持续了近两百年,法国大学追求中央集权管理与大学自治平衡的方式,也促进了高等教育领域的发展。

(三)20世纪60年代到1989年

直到1968年,法国政府才颁布《高等教育方向指导法》亦称《富尔法》,开始承认大学的独立法人地位,重新确立了大学自治、参与和多学科的组织原则,中央政府以实现"大学自治"为目标,打破教授治学的传统模式,开始建立整合多所"专业学院"的跨学科"大学",充实"大学"的法律人格,逐步减少中央部委对"专业学院"的治理权,由"大学"进行自我管理,旨在改变中央集权的大学治理体制。1982年法国政府颁布《权力下放法案》,对中央政府和地方政府关系进行梳理,地方政府的权力进一步强化,对大学的投资也不断增加。

虽然《富尔法》发布后,中央政府对大学治理的地位没有被动摇,但是政府对于大学的控制和管理逐渐放松,大学的教师、行政人员以及学生等成员都能够拥有大学办学的权力,法国大学开始探索真正的"大学自治"。1984年,法国政府出台《高等教育法》,进一步强调大学自治的原则,通过法律进一步重申和明确国家对大学所赋予的权力,大学治理的自主权也随着这一法案的颁布而真正回归到大学手中,同时,这一时期政府强调公立高等教育要吸收公共利益的代表以及经济、社会和文化界的代表参加管理[①],法国大学外部治理的结构也从此发生变化,社会参与大学治理的思想由此展现。

这一时期,大学开始实行理事会领导下的校长负责制,校长的权力和职责更加细化,校级治理权力得到了强化,从而使大学的治理权力从中央下放到大学自身,并且让大学治理更具有专业化,法国现代大学制度也由此形成。

(四)20世纪末至今

随着法国高等教育发展不断完善,2007年法国政府颁布的《大学自由与责任法》,加强了校长及院校层面行政机构的权力。2013年7月22日,最新颁布的《高等教育与研究法》所凸显的核心思想是,要让大学具有学院式治理的民主,尝试改变法国大学一直以来根深蒂固的学科治理逻辑。所谓学院式治理,即高等教育和科研的进步依赖于教师、管理人员和大学生全体的共同努力。学院享有一定的自治权,学院院长掌握着管理教学、人事、财务等方面的权力,学院院长不仅具有法律地位,手中还握有实权,包括主持制定预算、实施预算的内部分配、组织教学等。学院院长所做出的决策是采用同行共治的方式,即学术同行对学院的事务进行集体决策,要求决策的规范性,不是一致同意便是求得妥协。从一定程度上说,这也

---

① 瞿葆奎:《法国教育改革》,人民教育出版社1994年版,第153,157页。

体现出"共同治理"的思想。①

在"双重集权"治理的背景下,一方面,法国中央政府及其教育部对各级各类大学拥有统筹规划和决策权,政府向大学下放教学、财政、行政等方面的权力。在经费管理方面,与大学建立契约关系,以"多年场地合同"取代"学校合同",大学根据自身实际情况制定未来的发展计划,使政府在向大学拨款时更清晰,保障资金更合理地运用,赋予大学更大的自主权;另一方面,学院式治理作为现代大学制度的核心要素,对大学办学发挥着重要作用,院校层面的权力结构发生转变,原有的三会平行制变成了校务委员会主导下的新三会制。校务委员会作为主要的权力机构,按要求精简人数,逆向调整成员组成结构,其职责是决定学校各项决策、岗位分配等工作,推进并实施学校总体战略规划和教学活动。同时,设立学术委员会,使其与行政管理委员会相制衡,避免出现学术力量和行政力量失衡的现象。虽然新三会制的制度体系是为了平衡各大组织机构的治理权,但是其发展还有待未来的实践加以检验,新三会制度是否会导致机构之间的相互竞争,是否真正实现了大学治理权力的平衡,以上种种都有待于时间的考验。

五、日本大学制度和治理的思想

在本章所列举的五个国家中,日本是唯一一个亚洲国家,日本的大学制度建设和大学治理模式也是采用移植的方式,将日本列入本小节主要是因为以下两点原因。一是日本和中国一样,都是亚洲国家,在文化背景等

---

① 别敦荣:《现代大学制度的典型模式与国家特色》,载《中国高教研究》2017年第5期。

方面有许多相似之处，基于相似的基础上找到两个国家之前的差异性，能够对我国的高等教育发展起到积极的参考作用。二是日本的高等教育历经多次变革，日本在明治维新之后，充分借鉴其他国家的先进经验，仅用了五十多年的时间便建立起了比较完备的高等教育体系，日本的法人化改革对日本的高等教育事业也起到了强大的促进作用，形成了全新且独特的制度安排。有鉴于此，日本大学的治理经验对正在加快建设高等教育强国的中国来说有"他山之石"的作用。

（一）第二次世界大战前

第二次世界大战前，日本高等教育属于统制化管理时期，为二战后日本大学治理发挥了不可忽视的作用。日本高等教育的雏形可以回溯到公元7世纪的"大学寮"，而后被明治维新时期的近代大学所取代。1877年，日本建立了第一所具有西方大学制度特征的综合性大学——东京大学。但是当时日本政府对于现代大学的治理缺乏经验，处于一种探索的状态，因此在以东京大学为代表的日本大学初创时期，大学的学术权力占据了主导地位。日本大学管理产生变化的关键节点是1885年，文部大臣森有礼出台了多项高等学校教育法令，借鉴德国大学治理模式，开始强化政府对于学校的控制和管理，以颁布法令作为加强大学治理的手段，并实现大学制度建设的初步探索。森有礼于1886年颁布了第一部综合性大学法律《帝国大学令》，将东京大学改为帝国大学（后为东京帝国大学），并明确帝国大学是"以传授专研国家所需学问为目的"的综合性大学。《帝国大学令》颁布之后，日本的帝国大学几乎完全处于国家主义思想的指导之下，形成国家主义教育理念。

1893年，井上毅出任文部大臣，修改了《帝国大学令》，开始尝试以法制的形式推行大学自治，同意帝国大学在学部中设置教授会处理学部内部事务。也正是因为这一法令的修改，日本开始走向以教授为主导的大学自治，教授开始在大学的管理中起到重要的作用。1918年，文部省修订颁布新的《帝国大学令》，对大学评议会权限做了进一步明确，帝国大学下设学部的教授会权限也列入该法中。这一段时期被视为日本近代大学的初创时期，通过多次颁发高等教育领域法令，日本政府对于大学治理的控制力度有所加强，同时，大学内部教授治校的思想也在不断地发展扩散。

（二）第二次世界大战后到20世纪90年代

第二次世界大战后，日本在驻日盟军总部的指导下，展开了一场轰轰烈烈的"美国化大改造"，开始移植和发展美国的高等教育制度，进行了大规模的教育改革。美国教育使节团认为日本当前需要改变学术权力孱弱的现状，大学需要维持学术自由，确立教授的权威，因此他们强调确立学术自由的原则是改革日本高等教育的第一要义，并进一步提出日本的高等教育需要"全盘引进美国高等教育模式"，由此日本的大学治理开始按照美国大学治理的逻辑发展起来。自1946年起，日本政府先后颁布《日本国宪法》《教育基本法》等法令，强调大学要尊重学术自由。1948年，教育革新委员会发表《关于确立大学自由与自治》建议报告书，明确指出必须确立大学自由、自治的理念和制度，同年提出了制定大学法的设想，并将西方大学治理中"大学自治""教授治校"等理念进一步明确。[①]

---

① 孙霖：《日本大学教授学术权利的制度保障》，山东大学2017年硕士论文。

在二战结束初期，日本许多国立大学并不希望政府和其他外部力量过多地介入大学治理中，因此强烈反对民间情报教育局所提出的"理事会"模式。虽然这一构想并未在日本大学治理中得到充分应用，但也以"评议会""教授会"等形式得以实现，形成了以教授会为中心的自下而上的治理模式。

而后日本文部省成立筑波大学，开始探索"新构想"大学的模式，以及形成以校长、副校长、评议会和各种委员会为主体的治理制度，将评议会变为以咨询为主的机构，并引进校外人士参与大学治理，但这些改革遭到国立大学及其他团体反对，他们认为其阻碍了学术自由与大学自治原则的落实，所以未能得到推广。20世纪90年代，日本经济进入萧条期，日本开始打开新的思路，在福利国家的理念下，开始探索"独立行政法人化改革"，但并未真正落地，这一阶段的日本大学治理中学术权力仍旧占据主导地位。

（三）20世纪90年代后

20世纪90年代初，日本经济进入萧条期，日本政府为了改变这一局面，积极寻求解决对策，希望通过大学发展带动经济社会发展。同时，在长期的"教授自治"理念影响下，教授的学术权力过大，但因缺乏制衡教授权力的机制，教授会的决策和执行常常处于脱节的状态，从而导致当时日本大学行政效率处于较低的状态。1991年，日本政府放宽大学设置基准，推动外部评估制度化和普遍化，并梳理调整文部科学省和国立大学的关系，将国立大学视为独立法人，赋予国立大学自主办学的适当权力。自此，日本高等教育进入了全面改革的新阶段，日本大学也进入了法人化的治理阶段。

2004年4月1日，日本开始全面实施国立大学法人化改革，日本文部科学省将国立大学转为具有国立经营权的国立大学法人，确保大学自主办学、自我负责。政府不断明确对大学的管理职责，政府不再直接任免校长，校长的人事安排出于尊重大学主体性的政策，强化校长权威，构筑以校长为首的自上而下的决策和执行机制，建立校长集权的决策体系，进一步提高大学管理效率。同时，大学开始引入校外人士参与治理，明确理事会、经营协议会等管理组织的职责，且委托专门的第三方评价机制对大学办学效果进行评估，改变以往以教授会为中心的决策方式，校长及其领导下的行政机构权力大幅度提升，一定程度上确保了大学自治的有效实现。[①]

从这五个国家的治理思想来看，没有任何一个国家的治理思想是一成不变的，都是随着国家政治经济的变化、行政权力和学术权力的较量而发生转变。而且，这五个国家并没有完全相同的治理模式和大学制度，每一个国家都有着鲜明的国家特色。虽然对国外的治理思想和模式不能全盘接受，但是作为在国际上具有相当影响力的教育大国，我们仍然可以吸收借鉴其中的合理部分。

第三节　中国关于大学制度和治理的思想

本节以时间为依据，将中国关于大学制度和治理的思想主要分为中国

[①] 张然然：《日本大学第三者评价制度研究》，湖南大学2019年硕士论文。

古代教育治理思想、中国近现代大学制度和治理思想、中国特色现代大学制度三个板块，重点介绍中国在不同历史背景下关于教育发展理念、大学制度和大学治理思想的发展进程和主要特点。

一、中国古代教育治理思想

中国古代传统教育是中华民族文明延续与发展的基础，封建社会的传统教育思想丰富多彩，流派众多，每个朝代的教育思想都有自己的时代特色。但从总体上来说，中国古代封建社会的众多教育思想都是一脉相承的，重视教育的作用，提倡读书和尊师，将教育视为民族发展的命脉。同时，中国古代封建社会的传统教育主要是重视培养传统道德，以培养拥护封建统治阶级政权的官吏为主要目的。学习与研究中国古代教育治理思想的发展进程，对中国高等教育的改革发展具有重要的借鉴意义。

（一）夏商西周、春秋战国时期的教育治理思想

中国的奴隶社会是从夏代开始的，奴隶主阶级在奴隶社会中居统治地位，他们占有社会物质生产资料。为了更好地培养本阶级的年轻人，奴隶主阶级开始组织教育训练活动，我们所理解的"教育"活动就应运而生，学校教育是其中的主要形式。在社会阶级产生分化的同时，脑力劳动和体力劳动也开始分离，教育活动的分化由此产生。奴隶主阶级远离了体力劳动，接受着以传授知识为主的学校教育，而奴隶阶级只能接受在生产生活中的劳动教育，这种教育活动的分化是历史发展进程中的必然现象，更是社会发展进步的表现。夏、商、西周、春秋战国时期是我国奴隶制社会发展的四个阶段，这个时期的教育治理思想可以说就是为了奴隶主阶级服

的，为奴隶制的政治、经济、社会服务，这也是奴隶社会教育的本质体现。[①]

1. 夏朝时期的教育

夏朝是第一个奴隶制朝代，共经历了400多年，属于我国奴隶制初期。此时已经有了文字记载，《国语》《左传》等书均引用了《夏书》的内容，这是文明社会的标志。

在古籍中记载，夏朝已经设置了"序"这种学校，序原本是教射的场地，慢慢发展成奴隶主阶级教育子女的场地。夏朝学校教育的主要目的是维护夏朝政权，为了政治需要把后代教育成善射的战士，进一步巩固夏朝奴隶制统治。所以，夏朝教育的主要内容是军事训练，其中射箭是教育训练的主要项目。在教育内容方面，宗教教育是另一个重要内容，主要是以"敬天尊祖"为主。[②]

在我国奴隶制社会初期，夏朝的学校教育已经成为国家行政管理的重要活动，由行政官"司徒"负责管理。夏朝不仅在王都设置学校，在地方也有设置，学校教育慢慢有了等级层次的区别，这也是教育活动与政治活动相结合的结果。

2. 商朝时期的教育

商朝是奴隶制社会的发展时期，它的政权是建立在对奴隶压迫的基础上，由奴隶主阶级管理国家，对平民实施暴力统治。

随着社会经济生活的不断发展，商朝的文字也达到了成熟阶段，此时的商朝已有文字记载的典籍。同时，从甲骨文的记载来看，商朝已经

[①] 孙培青：《中国教育史》，华东师范大学出版社2009年版，第11页。

[②] 孙培青：《中国教育史》，华东师范大学出版社2009年版，第12页。

有"大学""庠"等关于学校的名称,从"大学""小学"或"右学""左学"来看,商朝已经根据学生的年龄划分教育活动的不同阶段,采用不同的教学场地。[①]

此时的学校仍是由奴隶主阶级管理,学校的目的就是培养尊神善战的统治者,所以接受教育是奴隶主阶级的特权。在商朝,学校教育已涉及思想政治、军事、礼乐、书写、数学等内容,其中思想政治教育和军事教育是最重要的内容。

3. 西周时期的教育

西周是中国奴隶制社会的鼎盛时期,在政治上采取分封制,在农业上采取井田制,强调宗法并采取宗法世袭禄位制。

西周时期的教育是要先接受家庭教育,才能进行学校教育。奴隶主阶级在家庭中进行生活技能的教育,受"男尊女卑"思想的影响,男孩女孩从七岁开始接受不同的教育。西周时期的学校教育分为小学教育和大学教育两个阶段,小学教育是以德行教育为主,而大学教育是受一定限制的,只有少数人具备资格。奴隶主阶级的贵族子弟根据身份进入大学,还有一部分平民只有经过选拔才能进入大学,这也体现了西周时期教育的等级性。

西周时期的大学教育开始计划性安排教学,教学采用分科的方式,在一定的时间和固定的场地,由专职人员进行教学。同时,大学教育也有考核制度,在第一、三、五、七、九学年进行定期考核,主要考核德行、道

[①] 孙培青:《中国教育史》,华东师范大学出版社2009年版,第6页。

艺两个方面，有了九学年"大成"的程度才能合格。对不合格的学生采取严厉措施加以告诫，对合格的学生则是奖励官位、俸禄。①

西周时期的教育内容称为"六艺"教育，即"礼、乐、射、御、书、数"，这也是西周时期教育的标志，具有重大的历史影响力。这种教育内容符合当时教育发展规律，它既重视思想道德教育，又重视文化知识教育；既重视文化教育，又重视军事训练；既重视礼仪文化，又重视生活技能。

4. 春秋时期的教育

春秋时期是我国奴隶制走向崩溃瓦解的时期，也是向封建制转变的大变革时期，根源在于社会政治、经济的大变革。因春秋时期农业生产力的大力提升，奴隶主阶级压榨奴隶的剩余劳动，大量开垦私田，使私田超过公田，导致奴隶主阶级的土地国有制慢慢被地主阶级土地私有制取代，拥有私田的地主雇用农民耕地还租，逐渐形成封建生产关系。同时，奴隶主阶级和地主阶级代表着社会旧新势力，双方为了自身利益加剧斗争，作为地主阶级的新势力逐步夺取政权，开始建立封建社会制度。春秋时期的政治、经济大变革也影响着教育活动，奴隶主阶级垄断的"官学"开始衰败，更加适应封建社会制度的"私学"开始兴起。②

春秋时期私学取代官学，是中国教育发展史上一次巨大的变革，它是建立在封建社会土地私有制的个体经济基础上。春秋时期的私学是由地主阶级私家根据社会或个人需求设立的，最显著的特点是自由办学、自由讲

---

① 刘鹏飞：《西周教育与社会流动》，华东师范大学2019年硕士论文。
② 徐娜娜：《礼乐知识转移与教育关系重构——论春秋时期的教育转型》，载《学术探索》2018年第9期。

学、自由就学、自由竞争，它促进了"学术下移"，突破传统的"六艺教育"，为百家争鸣奠定了坚实基础。其中，我国儒家学派的创始人和奠基人孔子提倡"有教无类"的私学办学方针，不分贫富贵贱，不分种族，每个人都可以接受私学教育，把古代教育活动的范围扩大到平民，是中国教育史上的一大进步。他还提出"学而优则仕"的教育观点，认为学习是做官的主要途径，教育最重要的政治目的就是培养官员，其中学习成绩优秀是成为官员的重要条件。"六艺"是孔子私学教育的主要内容，他要培养的是有文化、有道德的从政君子，要德才兼备，还要文武双全，他也继承了旧势力的教育传统，把教育和生产劳动相分离，轻视科技和生产劳动。在孔子的私学教育中，道德教育是首要的，他主张以"礼"和"仁"为道德教育的主要内容，通过"学、思、行结合""启发式教学""因材施教""端正学习态度"等教学方法进行私学教育。[①]

5. 战国时期的教育思想

战国时期，当时的中国大地呈现出赵、魏、齐、韩、楚、燕、秦"七雄"争霸的场面，是社会大变革时期。封建制生产关系逐渐成熟，社会生产力进一步发展，使社会中更多人可以脱离生产劳动而从事脑力劳动。同时，各诸侯国内均建立起地主阶级政权，社会矛盾错综复杂，主要体现在奴隶主阶级与地主阶级之间、新兴地主阶级中不同利益集团之间、封建统治者与平民之间、各诸侯国之间等。战国时期还是一个百家争鸣的文化繁荣时期，面对社会大变革的浪潮，人民分化为不同的阶级团体，议论时事、

---

① 刑雅鑫：《先秦教学文献中的教育思想研究》，华中师范大学 2018 年硕士论文。

思想自由，由此产生了很多重要的学者和派别，大家互相辩驳、互相影响，进一步促进了战国时期教育活动的不断繁荣和发展。

战国时期的重要学府齐国稷下学宫，是由齐桓公田午在齐国都城临淄的稷门设立的官办高等学府，它是战国时期百家争鸣的中心场所，对中国古代文化和教育的发展有巨大的推动作用。稷下学宫可以说是中国教育史上的教育典范，作为战国时期的高等学府，它首创官方主办、私家主持的办学模式，内容涉及育才、讲学、咨政等多方面，鼓励学术思想自由和百家争鸣，给予知识分子优厚待遇，充分激发士族阶级和知识分子的创造精神，这些特点都是值得现代大学借鉴的。①

（二）秦汉时期的教育治理思想

秦汉时期国家一统的局面终于得到实现，思想文化的融合逐渐趋于稳定，同时教育治理思想在中央集权政策下得以发展，逐渐形成从中央到地方的成熟教育管理体制，至此我国古代教育治理思想体系得以初步形成。

1. 秦朝的教育治理思想

秦统一六国后建立了中国历史上第一个中央集权的封建政权，结束了春秋战国诸侯割据的局面，政治上以法家思想治国，全面禁止儒家思想的传播，以致出现"焚书坑儒"的局面。

秦朝为了配合政治上大一统的政策，对文化教育采取"统一文字""严禁私学""以吏为师"等措施。秦朝在文字统一方面所做的工作，对于汉

---

① 王双：《春秋战国时期游学的缘起、特征及教育意蕴探微》，载《教育理论与实践》2020年第34期。

字后期的统一和规范起到了至关重要的作用,对于中国文化和教育的发展更是有巨大作用。秦朝为了统一文化思想,采取了禁止私学、焚书坑儒等手段,足以反映当时的文化专制和愚民政策;还采取了"吏师制度"的教育政策,将官位和教师结合起来,以此替代了以传授文化知识为职业的教师,这对于教育的发展是一次巨大的打击。

2. 汉朝的教育治理思想

汉朝初期为了缓解秦末酷政和战火的影响,在政治上采取"无为而治"的政策,解除了对于各学派的限制,文化教育重新获得自由发展的局面,儒家学说也得以重获新生。汉武帝为了实现远大的政治愿望,开始采用"罢黜百家,独尊儒术"的指导思想,采取了"设立五经博士""开设太学""确立察举制"等措施,儒学开始逐渐获得"独尊"的地位。

汉朝在教育管理方面的举措为中国封建社会学校教育制度的发展奠定了坚实基础。汉朝时,学校教育分为官学和私学,其中官学分为中央官学和地方官学两种,私学分为书馆和经馆两种。太学是以传授儒家经典为主的中央官学最重要的组成部分,由太常统一管理,这也是汉朝对于教育机构的重建,可以培养有能力的官员。"设立太学"可以说是汉朝采取"独尊儒术"策略的重要步骤,通过重建集中、统一的教育机构来掌握文化教育的发展方向,为中央集权的封建王朝政权服务。除了官方设立的学校外,汉朝的私学越来越兴盛,私学教育承担了绝大部分的基础教育工作,对汉朝教育制度逐渐趋于完备起到了至关重要的作用。但是儒家思想长期独尊的局面也不利于其他学术思想的发展,对于社会文化教育的长远发展反而会起到一定抑制作用。①

（三）魏晋南北朝时期的教育治理思想

魏晋南北朝时期的中国出现王朝不断更迭的局面，政治经济上的不稳定和民族的交融导致学校教育一时兴起、一时荒废，学校教育体制也不统一，呈现出多样化发展。学校教育发展的不平衡主要体现在官学方面，这个时期的私学才是一直维系教育事业发展的动力。

魏晋时期是古代封建门阀制度发展鼎盛时期，士族阶级掌握着政治、经济等方面的特权，选官制度上采取了有利于士族阶级的"九品中正制"，由地方上有声望的人将本地读书人以"才能"评分为九个等级，由朝廷根据等级来选定官员。这种封建门阀制度让有名望的士族阶级拥有接受教育和选官的特权，在一定程度上打击了平民的求学热情，对于当时学校教育的发展也产生了负面作用。受到佛教思想、玄学、史学等各种思想潮流的影响，儒学在魏晋时期已不再处于独尊地位，但是教育体制中大部分学校还是以传授经学为主，当时独具一格的"魏晋经学"对于古代学校教育影响也较大。

南北朝时期的学校教育处于一种时兴时废的状态。南朝学校教育的主要内容在前期受玄学影响比较多，在后期受佛学思想的影响更多；北朝虽然主要是少数民族政权，但积极学习汉族先进文化思想，采取崇儒兴学的举措，这种学校教育的融合也有效促进了社会封建化和民族大融合的进程。

---

① 孙培青：《中国教育史》，华东师范大学出版社2009年版，第107页。

（四）隋唐时期的教育治理思想

隋唐时期的教育是当时社会发展的鲜明标志，相对宽松和健全的政治制度、较为繁荣的经济基础和相对稳定的社会状态都有利于隋唐时期文化教育事业的发展，唐朝更是开创了持续三百多年的鼎盛局面。随着国家大一统、民族大融合、经济大发展、社会大稳定局面的到来，隋唐时期文化交流越来越频繁，不仅积极向外输出文化思想，更是主动接纳外来文化思想，逐渐形成以儒家思想为主、以道家思想和佛教文化为辅的文化教育政策。隋唐时期君王们虽然重视儒学思想，但是也不是独尊儒学思想，而是同时提倡发展佛教文化和道教思想，巧妙平衡了儒学、佛教和道家三者之间的关系。三种文化思想的相互影响和融合，对于当时人们思想的发展起到了很大程度的促进作用，共同促成了隋唐时期丰富多彩的文化局面，同时为"宋明理学"的产生奠定了一定基础。

1. 隋唐时期学校教育发展

隋唐时期学校类型齐全、管理严谨、学生数量众多，是我国封建社会学校教育发展的鼎盛时期，唐朝时期的学校教育制度更是我国封建社会学校教育制度的典范。隋唐时期学校教育的发展方向与各阶段文化教育政策的变化有着密不可分的关系，重视儒家思想的君王主要发展以经学为教学内容的封建官学，重视佛教思想的君王则是修建寺庙和强调佛教教育，重视道教的君王则是主要发展以道经为教学内容的学校。

隋唐时期教育体系是以经学为主体、以专科型学校为辅助，重视医学教育，并增加了教育内容，扩展了知识学习范围。此时的学校类型齐全、数量众多、涉及面广泛，不仅有中央官学和地方州县学，还有私学和家学，学校覆盖面广，教育普及程度高，教育阶级性显著。君王们为了加强中央对教育的管理，成立"国子监"专门负责管理教育事业，探讨古代教育管理的模式，建立中央和地方分级管理的教育管理体制。同时从学生入学到毕业都设立制度化规定，每年采取三种形式的考试，不同的学校设立不同的教学内容，形成一系列教学管理制度。在唐朝时期，司天台、太医署、太乐署等机构则兼有教育、研究、行政等功能，这也是唐朝时期教育方面的特色。[①]

2. 隋唐时期科举制

我国的科举制是在隋朝产生并发展于唐朝的选官制度，根据科举考试的成绩来选拔官员，在我国封建社会中持续时间长、影响范围广，对我国封建社会的发展产生了巨大影响。在唐朝参加科举考试的学生主要是生徒和乡贡两种，考试的类型主要是常科、制科和武举，其中常科考试的科目主要有秀才、明经、明法、进士、明字、明算等，考试的方法主要有帖经、墨义、策问、口试和诗赋五种。从科举制考试的科目、内容和方法可以看出，儒家思想在唐朝教育体系中仍占据首要地位，同时考查学生们对于儒家思想教条的背诵和记忆能力，这也是中国古代封建教育的一大特色。[②]

古代科举制的产生在一定程度上激发了人们学习的积极性，对于中国封建社会学校教育的发展有很大的促进作用。古代封建社会的学校根据科举考试的内容来安排教育活动，学生通过科举考试的筛选从而获得官位，科举制是古代学校教育中学生获得官位的必经之路。当时的学校教育和科

[①] 周鹏之：《浅析隋唐时期的教育政策》，载《亚太教育》2015年第5期。

[②] 宋雅倩：《唐代科举制下的学校教育研究及其反思》，陕西师范大学2018年硕士论文。

举制是互相制约的，古代封建社会学校教育的兴衰严重影响了科举制选官的质量，同时科举制选官的标准直接影响了古代封建社会学校教育的教学内容和方法，可以说学校教育是科举制的基础，科举制是学校教育开展的指挥棒。古代封建社会学校教育和科举制共同发展，对于巩固封建王朝的政权有较大帮助。

（五）宋元时期的教育治理思想

宋朝重新建立了中央集权的封建国家，结束了"安史之乱"至五代十国的分裂割据局面，在这样稳定的社会环境和封建政权影响下，封建社会经济得到稳步发展。元朝时期蒙古族统治的政权积极推行"汉化"策略，加快封建化进程，不仅有效推进了封建社会政治和经济的快速发展，更是进一步促进了民族大融合。宋、元时期封建社会的科学技术水平发展迅速，活字印刷术、指南针、火药都是影响全世界的重要发明。同时，理学的产生以及对儿童进行启蒙的"蒙学教育"也是宋、元时期文化教育方面的重要特色。但是宋、元时期也存在严重的社会矛盾，如民族矛盾、地主阶级与农民阶级之间的矛盾以及封建统治者不同阶层之间的矛盾。

1. 宋朝的教育管理制度

宋朝在国家统一之后，采取了"兴文教、抑武事"的统治策略，极其重视文化教育政策方面的改革。为了减少节度使割据称雄的危害，进一步巩固封建政权，统治者迫使将领交出典兵之权，并重用文人，重视科举制选官；通过"庆历兴学""熙宁兴学""崇宁兴学"三次重要的兴学运动来进一步发展文化教育事业，扩建学校培养人才；确立"尊孔崇儒"的教

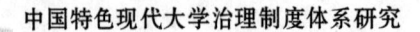

育指导思想，同时大力提倡学习佛教和道教的思想，逐步形成全新的思想体系——理学思想。

宋朝的教育管理制度大体是继承和发展了唐朝的制度，通过三次兴学运动取得的成效，逐步在中央和地方建立起完备的官学教育体制。宋朝时期不仅在中央设立国子监统一管理中央官学，还设立学事司管理地方官学，这是中国教育史上首次设立专门的教育行政机构来统一管理地方官学，进一步完善了教育管理体制。同时宋朝设立了多样化的官学内容，除了儒学、医学、算学等常规内容外，还创立了武学、画学和道学，并放宽了中央官学的等级限制，这些都是中国古代教育体制上的突破和进步。宋朝还确立了学田制度，地方学校均设有学田，成为地方学校经费的主要来源，这一制度在元、明、清时期一直沿用。书院作为古代封建社会教育体制中的一部分，也是在宋朝时期形成并兴盛起来的，还出现了岳麓、白鹿洞、崇阳、应天府、石鼓等著名书院，逐渐被纳入封建社会官学体系，在一定程度上促进了宋朝理学的发展和文化思想的繁荣。[1]

2. 元朝的教育管理制度

元太宗窝阔台时期开始重视学校教育的发展，一直到元世祖忽必烈时期学校教育到了发展鼎盛期，从中央到地方都设立了完善的官学制度和教育管理机构。元朝时期中央官学分为国子学、蒙古国子学和回回国子学三种。还在地方设立路学、府学、州学、县学和小学、社学的儒学系统，并创立蒙古族医学、蒙古字学、阴阳学等专门性学校，有效促进

---

[1] 陈伟生：《宋朝太学教育管理研究》，湖南师范大学2007年硕士论文。

了元朝时期地方教育事业的发展。在设立从中央到地方完善官学制度的同时，元朝相应配置了教育管理机构，国子监、蒙古国子监、回回国子监分别管理国子学、蒙古国子学和回回国子学，分别归属集贤院、蒙古翰林院和翰林兼国史院管辖。①

（六）明朝时期的教育治理思想

明朝时期是我国封建社会发展进程中一个重要时期，随着政治、经济和军事方面的改革，农业、手工业得以不断发展，进一步推动了商业经济的增长，嘉靖万历时期更是在沿海地区部分手工业领域产生了资本主义生产关系的雏形，古代封建社会诞生了新的经济元素。此时，程朱理学的社会地位不断提升，逐渐成为明朝时期的统治思想。明朝中后期，王守仁创立了与程朱理学相悖的"阳明学派"，成为当时风靡一时的主流学派。同时，部分西方传教士陆续到中国进行传教，不仅带来了西方耶稣会思想，更是带来了很多水利、测量方面的知识，对于明朝时期的教育发展都起到了至关重要的作用。

明朝早在明太祖朱元璋时期就将发展教育事业确立为国家治理中的重要任务，实行"治国以教化为先，教化以学校为本"的文化教育制度，主要体现在"增设学校""重视科举""文化专制"三个方面。明朝不仅积极增设中央学校，也非常重视地方教育事业的发展，发布兴学令并要求在全国各地修建学校，从京师到郡、县甚至农村地区都建立起统一的学校教

---

① 郭新榜：《元朝书院教育盛况及其核心原因的人类学探析》，载《四川民族学院学报》2013年第1期。

育体系,明朝时期的学校教育普及程度超过了古代历史上任何一个王朝。科举制选官也是明朝时期极为重视的制度,科举制与学校教育制度也有密切关系,只有接受过学校教育的学生才能参加科举考试,此时的学校教育的目的也可以说是参加科举考试、为朝廷培养官员,两者互相影响并为明朝巩固政权服务。同时为了巩固封建王朝政权,加强人民的思想控制,明朝统治者采取了一系列严苛的文化专制措施,这是明朝在文化、教育及思想领域专制统治的重要表现。明朝中后期,封建统治者内部矛盾越来越大,在科举腐败、官学衰败的局面下,随着王守仁等知名士大夫的提倡,书院和讲学逐渐兴盛起来,虽然先后四次遭到统治者的禁毁,但是民间书院一直在不断发展壮大。其中最著名的是江苏无锡的东林书院,它不仅是明朝时期重要的文化教育中心,有一系列完善的讲学制度,更是一个将讲学活动与政治斗争紧密结合的政治活动中心,在当时有着巨大的社会影响力。[1]

(七)清朝中前期的教育治理思想

清朝初期至鸦片战争爆发之前的中国是封建社会的最后阶段。为了巩固封建政权,清朝统治者采用一系列发展农业、手工业和商业的政策,封建社会经济得以进一步发展,在手工业发展较快的地区出现了资本主义生产关系的雏形,商品经济繁荣程度也超过了明朝。在文化思想方面,清朝初期的实学思潮达到鼎盛时期,提倡"崇实"思想,批判理学空谈心性,注重实践、验证的科学精神,反映的是市民阶级利益的启蒙意识,主要代表人物有顾炎武、黄宗羲、王夫之、颜元等。同时,考据学、小说创作、

---

[1] 孙培青:《中国教育史》,华东师范大学出版社2009年版,第253页。

戏剧创作、绘画创作、科学技术等在清朝初期均有很大程度的发展,代表作有《四库全书》、蒲松龄的《聊斋志异》、曹雪芹的《红楼梦》、洪昇的《长生殿》、孔尚任的《桃花扇》、"扬州八怪"绘画以及梅文鼎的《古今历法通考》《中西数学通》等。

清朝中前期是世界文化发展与交流的重要时期,西方科学技术和资本主义经济飞速发展,同时在教育方面以传授科技相关知识为主。中国本应该通过"西学东渐"进一步学习西方文化思想和教育理念,但是清廷实行的闭关政策把中国和世界隔绝开来,促使中国封建教育停滞不前。

清朝统治者在定都北京后开始重视封建社会文化教育事业的发展,确立"兴文教,崇经术,以开太平"的文化教育制度,具体的措施大体和明朝时期类似,主要是"崇尚儒家思想""大力增设学校""加强思想控制"三个方面。为了巩固封建政权和加强思想控制,清朝统治者和大多数封建统治者一样尊孔、崇尚儒家经术,同时大力提倡程朱理学并将其确立为学校教育的主流思想以及科举考试的重要内容。在大体沿袭明朝学校教育体制的基础上,清朝初期在中央和地方积极增设学校和发展文化教育事业,从中央到地方建立起完善的学校教育体系,并制定严厉的学规,严格管控各类学校。清朝对于书院的态度和明朝一样,在大力提倡增设书院的同时,采用各种举措加以严密控制,导致清朝时期的书院官学化严重。在官学制度方面,清朝也有自己的特色,注重自身八旗子弟的教育,专门增设各类旗学,并创立"六等黜陟法",动态管理学生,把学业升降和学习成绩紧密挂钩。此外,清朝统治者十分重视培养俄语人才,专门建立俄罗斯文馆进行教学。①

二、中国近现代大学制度和治理的思想

中国近现代大学制度和治理的思想是在世界现代化过程的冲击中逐渐形成的，通过向西方国家派遣留学生、延请西方教习、开办洋务学堂、移植和借鉴西方大学理念和制度等来建立近现代大学制度和大学治理思想。我国的大学制度先后经历了学习和借鉴欧洲国家大学制度以及美国大学制度的过程。从1949年至1978年的30年间，在经历了"苏联模式"和解放区高等教育模式（大学制度）的激烈冲撞之后，形成了一种政治和教育高度融合的"革命化大学制度"。改革开放之后，我国重新学习和借鉴西方国家（主要是美国）大学制度，开始探索中国特色现代大学制度。②

（一）鸦片战争时期的教育治理思想

中国在先后经历了西方资本主义列强发动的两次鸦片战争后，被迫签订了一系列不平等条约，逐渐丧失自身的独立主权，向半殖民地半封建社会演变。因不平等条约的签订，中国的部分教育主权也丧失了，西方列强通过教会办学的方式在中国进行文化教育相关活动。此时中国的封建教育已经开始逐渐走向衰败，部分开明官员和进步知识分子也开始要求向西方学习并进行社会变革，这也是中国近代教育启蒙思想的体现。

因为缺少对于西方文化思想的学习，鸦片战争时期的中国教育仍有传

---

① 孙培青：《中国教育史》，华东师范大学出版社2009年版，第269页。
② 张应强，蒋华林：《关于中国特色现代大学制度的理论认识》，载《教育研究》2013年第11期。

统封建教育的特点，虽然在封建教育制度上是比较完备的，但封建官学教育已经是有名无实，很少组织正常的教学活动。在教育内容上还是以传统儒学为主，面对封建统治的"内忧外患"，传统封建教育内容显得不切实用。同时，清末时期政治腐败，科举考试舞弊现象越来越严重，逐渐演变成封建社会公开的秘密，以科举考试为目的的封建学校教育逐渐走向衰败，针对传统封建教育的改革势在必行。

（二）洋务运动时期的教育治理思想

1861年1月，清廷设立"总理各国事务衙门"，总揽洋务运动全局，标志着洋务运动的开始。引进和学习西方先进科学技术是洋务运动的主要内容，通过购置西方枪炮船舰、运用新方法训练军队、兴办军用企业和民用企业等措施进行革新，代表人物有奕䜣、曾国藩、张之洞、李鸿章、左宗棠等。洋务运动实际上就是清廷为了挽救自身统治的自强运动，也是代表着中国逐渐向近代化发展的开端。虽然此时的中国教育体制仍以传统封建教育为主，但是洋务学堂以及西方教会学校的出现代表着中国近代教育萌芽的产生。整个洋务运动的教育指导思想就是"中学为体，西学为用"，即"中体西用"，体现于洋务运动时期教育活动的各个环节。[①]

1. 洋务学堂

洋务学堂是洋务派随洋务运动的发展而逐渐开办的，共有三十多所，类别主要有军事学堂、外语学堂和技术实业学堂三种，是洋务运动重要的

---

① 杜童：《社会变革时期教育思想形成的表征浅析——以洋务运动前后期为例》，载《亚太教育》2016年第27期。

组成部分，它的产生动摇了传统封建教育体制，有利于进一步推进近代中国教育的改革与发展。

洋务学堂与传统封建学校有着巨大差异，人们常称其为新式学堂。在教育目的方面，洋务学堂是为清廷培养军事、翻译、工程技术等方面的专业人才，属于一种提供专业领域培训的专业性学校；在教学内容方面，洋务学堂以"西文""西艺"为主要学习内容，特别注重实用性；在教学方法上，洋务学堂以理论与实践相结合的方式进行教学，打破了死记硬背的传统封建学习模式；在教学体制方面，洋务学堂制定课程计划和学制年限，以班级为单位进行教学。但由于洋务学堂产生于半殖民地半封建社会，是洋务派官僚们各自为政开办的，学堂之间缺乏整体化、系统化管理，在教育管理过程中仍存在封建官僚痕迹，同时在教育教学各个环节较为依赖洋人，受洋人牵制较为严重。

在众多洋务学堂之中，京师同文馆和福建船政学堂是比较突出的。京师同文馆的开办揭开了洋务运动的序幕，起到了"领头羊"的作用，开启了中国近代教育的新局面；福建船政学堂是中国第一个专门制造轮船的近代工厂，是海军军事学堂的先驱，也是开办时间最长的学堂，在中国海军发展历史中占据极为重要的地位，被世人称为"近代中国海军人才的摇篮"。

2. 洋务留学教育

中国留学教育早在鸦片战争时期就出现了，但都是西方教会学校促成的个别自发行为，由政府统一派遣留学生出国学习则是从洋务运动开始之后，洋务留学教育主要分为留美学习和留欧学习两种。其中留美学生在近代中国科学技术、教育和实业等领域做出了巨大贡献,代表人物有铁路工程师詹天佑、民初国务总理唐绍仪、北洋大学校长蔡绍基、清华学校校长唐国安等;留欧学生以福建船政学堂学生为主,在近代中国海军军舰制造、军事管理和教育等方面起到了巨大作用,代表人物有北洋舰队最大巡洋舰镇远号和定远号的管带林泰曾和刘步蟾,还有江南水师学堂的总教习和总办严复,严复在近代中国思想解放方面也做出了巨大贡献。洋务留学教育在整体上虽然人数少、规模小,但它却是中国教育迈向世界的重要开端,进一步推动了中国教育的近代化进程。

3. 教会学校教育

近代中国教会学校教育主要分为基督教学校和天主教学校两种,其中基督教教会学校在近代中国的影响力更加突出,通过教育的手段来让基督福音普降中国。教会学校教育的管理机构是从"学校与教科书委员会"到"中华教育会",教学内容主要是外语、西学、宗教、儒家经学等方面,对近代中国教育发展起到了较大作用。中国的教会学校虽然是西方列强殖民扩张的产物,更是近代中国半殖民地性质在教育主权上的体现,但它也有效加快了西学在近代中国的传播速度,进一步促进了中国教育的近代化。教会学校教育在整体规模上更是超过了洋务运动的教育规模,在一定程度上丰富了近代中国教育的形式,无论是开办女子教育还是建立学前教育机构都是以教会学校教育为开端。[①]

---

① 肖茂普:《教会学校对中国近代留学教育的影响研究(1839—1952)》,上海师范大学2020年硕士论文。

（三）百日维新到民国初年的教育治理思想

随着洋务运动的开展以及工商业的发展，资产阶级启蒙思想开始在近代中国逐渐涌现，形成早期改良主义思潮。在经历中日甲午战争的失败之后，近代中国的民族危机加剧，早期资产阶级改良派要求变法维新的呼声越来越大，直到1898年历时103天的"百日维新"，清廷颁布一系列变法律令，又称为"戊戌变法"。戊戌变法虽然以失败告终，但它是中国近代史上一次具有爱国救亡意义的政治改革，也是一次思想启蒙运动，有效推进了近代中国思想文化的发展。

1. 维新变法运动的教育实践

维新变法运动是在保留清朝政权的前提下，通过和平的方式进行自上而下的改良，在中国建立君主立宪制，最终走上资本主义道路。其中教育改革和人才培养就是实现维新变法的关键。早期维新运动的教育实践活动以开办维新性质的学堂、兴办学会以及发行报刊等形式为主。开办学堂是为了培养维新人才并传播维新思想，在教学内容、招生对象、办学理念等方面均有所突破，代表性学堂有康有为的万木草堂、梁启超的湖南时务学堂以及近代中国第一所国人自办的正规女子学校"经正女学"。

2. 维新变法运动的教育改革

1898年光绪帝发布《明定国是诏》并宣布维新变法运动开始，颁布了一系列改革法令，教育改革是其中一个重要的方面，主要措施有创立京师大学堂、改革科举制度和开办新式学堂等。这些教育改革措施冲击了封建传统教育，反映了资产阶级维新派的教育主张和思想，在当时封建社会中引起了思想解放的潮流。

3. 京师大学堂的大学治理探索

"与西方大学的自发产生和自然演进不同,中国近现代大学的产生是清朝政府有计划有步骤的政府行为的产物。"[1] 京师大学堂是清廷在1898年维新变法教育改革的推动下创立的,可以说是中国第一所具有现代意义的国立大学。

京师大学堂对于大学治理的探索主要体现于它的章程内容方面。京师大学堂前后制定过三个章程,分别是梁启超的《奏拟京师大学堂章程》、张百熙的《钦定京师大学堂章程》和真正得以实施的《奏定大学堂章程》。《奏定大学堂章程》的颁布标志着中国近代高等教育制度的确立,是清朝末期教育的制度规范。在具体内容上,学习日本大学章程体系;在教学观念上,主张"中学为体、西学为用"的原则;在办学性质上,仍是封建官本位性质。《奏定大学堂章程》是当时教育领域最高指令,统一管理全国所有学堂的教育教学活动,在一定程度上具备现代大学章程的部分条款,为后续大学章程的制定提供了宝贵经验,有效推进了学堂教育向现代化大学教育演变的进程。[2]

4. 清末新政时期的教育治理思想

维新变法失败后,八国联军侵华进一步激化了当时中国的社会矛盾,导致清廷被迫进行改革变法,开启了清朝最后的"新政"时期。在清末新政时期颁布的新政改革举措中,教育改革是其中较为重要也是力度较大的

---

[1] 夏兰:《民国时期现代大学制度演变研究》,复旦大学2012年博士论文。

[2] 吴云鹏:《京师大学堂科学教育变革中的文化碰撞——基于课程改革的视角》,载《华南师范大学学报(社会科学版)》2019年第1期。

一个方面。

清末新政时期最主要的教育改革措施有颁布清末学制、废除科举制度、兴办新式学堂、改革教育行政体制和提倡留学教育等。其中较为重要的教育改革措施就是颁布了一系列学制系统文件,即"癸卯学制",这是近代中国首次由政府颁布实施的全国性学制系统。清末学制将主系列教育分为三段七级。第一阶段为初等教育,包括四年蒙养院(幼儿教育机构)、五年初等小学堂和四年高等小学堂;第二阶段为中等教育,是五年中学堂;第三阶段为高等教育,分为高等学堂、大学堂和通儒院三种。从小学堂到大学堂,清末学制总年限共有二十年。清末学制的制定是近代中国学习西方教育的系统性成果,是近代中国教育改革的承前启后之作,在中国教育近代化发展中具有标志性意义。但它的指导思想仍是"中学为体,西学为用",目的是培养学生巩固封建政权。由此可以看出,清末学制既包含了资本主义因素,又保留了封建传统因素。

5. 民国初年的大学治理思想

从1912年中华民国建立至1925年孙中山先生逝世期间,简称民国初年,此时各路军阀拥兵自重割据一方,相互之间战争不断,给当时的社会经济的发展带来了深刻的影响,动荡的社会反而让大学得到相对自由的发展环境。随着西方现代大学教育观念的传入,民国初年中国知识分子以"大学自治""教授治学""学术独立"等教育观念为指导,从颁布教育法令和设立大学章程两个方面对中国传统教育方式进行改革。

1912年由蔡元培主持制定的大学治理专门法令《大学令》影响最为深远,它明确了大学以教授知识、培养人才为主的学术本位,取消了经学科,将其并入文科，使大学学科体系不再以经学为统领和核心。[1]这标志着由传统忠君尊孔教育思想向现代大学教育理念的转型，同时也为近代大学学科体系的构建奠定了基础，为后世大学章程的制定做出了有益探索。

1920年颁布实施的《国立北京大学现行章程》则标志着我国现代大学制度的建立，可以说这是民国初年第一部由大学起草并在教育部备案的国立大学章程。[2]它主要包括学制、校长、评议会、教育会议、行政会议、教务处和事务七章，以"教授治校"为办学宗旨，规定了设置教务会议、行政会议、教务处等重要机构，完善了大学内部治理结构，基本确立了科学、民主的大学管理体制。大学治理、教授治校和学术自由等现代大学观念在《国立北京大学现行章程》中得到较好落实。

民国初年还有很多重要的法令和大学章程，虽然具体内容不是完全一致，但都是以"大学自治、教授治校、学术自由"作为办学理念，对学术机构的职权做出了明确规范，并对行政机构的职权进行制衡，使教授治校和学术自由能够真正得以落实，这也是现代大学治理最值得学习和借鉴的地方。

（四）中国共产党关于近现代大学制度和治理的思想

大学治理具有一定的国别性，不同国家有不同的治理模式，在不同的时代背景下会产生不同的大学制度。与西方许多国家不同，中国大学的治理发展与国家建构有着密切的关联，国家发展对大学制度的形成有着重要

---

[1] 张允春：《大学治理制度体系研究》，山东大学2016年硕士论文。

[2] 王海莹：《我国现代大学章程建设研究》，西南大学2012年博士论文。

的影响。从整体上来看，中国大学治理具有明显的中国特色。中国共产党参与高校治理，亦是中国大学治理的鲜明特色，呈现出与欧美等国完全不同的大学治理模式。

1.1921年至1949年

中国共产党成立后至中华人民共和国成立前的这一时期，其实这不是我国对大学治理的初探时期，该时期可追溯至中国古代时期，但中国共产党自此之后的发展演变对我国大学治理产生了重要的影响。

国内外学界对中国高等教育的研究多集中于中华人民共和国成立之后，对中华人民共和国成立前的大学制度的研究微乎其微。在这28年的时间里，中国大学虽然处于时局动荡的环境中，但是这一时期中国高等教育的发展并不是完全停滞的，而是带着革命时期的特点渐进发展着，大致可以分为以下几个时期。

（1）中国共产党成立后到第一次国民革命时期

这一时期处于中国共产党的初创期，实际上对于高等教育的重视还远远不够。共产党人认识到马克思主义对于革命的促进作用，开始将学校作为马克思主义的传播地，传播共产主义思想，并在国共合作的契机下，建立起湖南自修大学、上海大学等高等学校。

中国共产党建立以后，中共中央为了培养革命人才，加快培养更多的共产党干部，创办一所干部高等院校，中共首任总书记陈独秀曾与李大钊等人对此议程多次酝酿筹划。1922年，陈独秀、于右任等人共同创办了上海大学，公举于右任为校长，邓中夏任总务长，瞿秋白任教务长兼社会学系主任，自此中国共产党实际领导的第一所高等学府诞生。上海大学以"养成建国人才，促进文化事业"为办学宗旨，成立后随即建立了大学评议会，用以决策全校重大事务，并颁布《上海大学章程》，从制度层面对校务方面的重大事宜及各个方面工作做出详细规定，通过加快改革学校体制、建立教学秩序、调整课程设置、整顿师资队伍，将高等教育与中国革命斗争的实践紧密联系起来。① 虽然当时并未形成完备的大学制度，但是从一定程度上来说，上海大学对于办学治校、制度建设的思考和探索，在当时是具有超前价值的。直到1924年国共合作正式建立，经过国共两党的共同努力，上海大学不断发展壮大，党员人数不断增加，上海大学也由此成为上海革命的关键场所，为上海工人运动的发展和工人政治觉悟的提高做出了重要贡献。

（2）土地革命战争时期

1927年，国共合作关系破裂，中国共产党为了完成中国人民反帝反封建的革命任务，领导人民继续战斗，开始了土地革命战争新的历史时期。在土地革命战争时期，中国共产党在农村革命根据地发展教育，使教育能够为革命战争服务。在这一时期，中国共产党在中央苏区新建了中国工农红军大学、中央农业学校等多所大学。中央苏区大学在办学上彰显了革命时期办学的特点，主要目的是为革命战争培养干部人才。毛泽东在中央苏区提出教育根本方针"在于以共产主义的精神来教育广大的劳苦民众，在于使文化教育为革命战争与阶级斗争服务，在于使教育与劳动联系起来"。自此，苏区大学确定了理论联系实际、教育与生产劳动相结合的办学途径，

---

① 黄宏，方华玲：《中国共产党初创时期的上海大学》，载《百年潮》2020年第9期。

使学员能够具有更强的实战能力。同时，通过建立模范示范制度加强对学生的思想政治教育，在教员和学员队伍中树立模范人物，宣传他们的先进事迹，使其他学员们深受感动和鼓舞，从而更加坚定对革命胜利的信心。在大学学制方面，苏区大学的学制通常为6个月到1年，虽然学习时间较短，但课程内容丰富，学校对学员实行严格化的军事管理。苏区大学处于艰苦的革命根据地环境下，没有良好的教学设备、没有充裕的教学时间，但也正是在这样的背景之下，学员们丝毫不敢松懈、不断加强自身本领，苏区大学为革命战争输送了大批的干部人才。

（3）抗日战争期间

1931年9月18日，日军进攻沈阳，发起"九一八"事变，自此，长达14年的抗日战争拉开了序幕。随后，日本帝国主义不断扩大侵略范围，全国抗日救亡的呼声日益高涨，1937年，国共两党分别发表合作宣言，抗日民族统一战线正式建立。同年，根据国共两党的谈判协定，中共中央将中华苏维埃共和国中央政府西北办事处，改名为陕甘宁边区政府。中国共产党在抗日战争的背景下，在陕甘宁地区建立了陕北公学、中国女子大学、鲁迅艺术学院等一批高等学校，用以培养参与抗战斗争的优秀人才。

这一时期，早期苏区教育学制短、办学规模小等特点日益凸显，中共中央领导人也逐渐意识到早期苏区大学干部教育的不足，开始重视学校的制度建设，并由此决定集中力量发展教育，其中最具有代表性的便是苏区合并组建的延安大学。

延安大学是由陕甘宁边区的八所院校调整整合后建立起来的，建立了较为完备的管理体系，办学治校理念先进，颇具现代大学制度的雏形。在领导制度方面，延安大学实行校院系三级管理制度。校级层面实行校长负责制，校长接受政府的领导，但同时也作为最高领导人负责全校的行政工作。副校长、秘书长、各处处长、各系主任等行政人员均由陕甘宁边区政府任命，受校长统一领导。学校下设校务委员会作为最高决策机关，负责处理和执行学校的重大事项，并下设各级委员会负责处理学校日常行政事项。在院级层面实行民主管理，定期召开院务委员会，讨论学院内部教育行政事宜，并将结果向校级部门汇报，再开展相关活动。一定程度上来说，学院的办学自主权较小。系级层面设立系务会议处理系级事务，参会人员由系主任及各班班主任等其他人员组成，相对来说享有充分的自主权。①

在组织制度方面，延安大学隶属边区政府委员会领导，学校设立不同层级的党团组织，与行政组织是平行的关系，虽然不参与学校具体事务，但能对学校各项工作起到检查、监督的作用。

在教育制度方面，延安大学最初确定了"理论与实践统一，学与用一致"的教育方针，进一步明确学校的培养目标，调整大学学制，先后制定出《延大教育工作总结及今后计划纲要》等文件，用以指导大学办学，着力培养具有较高能力的干部人才。同时，在课程设置、教师队伍、思想政治教育方面，都根据战时形势有所调整创新。

虽然延安大学的制度建设随着形势的变化不断调整，但总的来说，延

---

① 薛义忠，张金锁：《延安时期中国共产党创办新型高等教育的探索——以延安大学的建立和发展为例》，载《中国高校社会科学》2019年第5期。

安大学作为当时高等教育领域的代表性大学，在中国共产党的领导下，为国家培养了一大批优秀的干部精英，并对后来建立的众多高等学府办学具有重要的参考意义。

（4）抗日战争结束后到中华人民共和国成立前

1945年，抗日战争取得全面胜利，中国共产党早期的高等教育也基本实现制度化、正规化，加快了我国高等教育发展的步伐。与此同时，中国共产党结合实际，努力推动高等教育事业发展，在抗战解放区建立多所大学，不断探索高等教育领域改革。

由此，北方大学作为抗战胜利后成立的第一所综合性大学应运而生，在"全心全意为人民服务""理论联系实际""实事求是"的办学理念下，北方大学着力推动管理体制改革创新，努力提高大学办学质量，为中华人民共和国高等学校的发展提供了宝贵的经验借鉴。[①]

北方大学在坚持中国共产党组织原则的基础上，在校级层面设立党总支委员会，院系层面设立党支部或总分支，用以承担党的组织生活工作及确立学校的教育方针和方向。行政事务与党政事务相分离，学校的行政事务由领导干部小组负责，校级层面实行校长负责制，院级层面实行院长（主任）负责制，具体的教学工作由教务会议进行决议并推动执行。在国民党发动内战之后，北方大学西迁办学，根据实际情况确立了"集中领导，分散经营"的管理体制，缩减开会频率，在领导干部小组的集中领导下，将办学自主权下放至学院，形成中华人民共和国成立前夕独

[①] 王延强：《新中国成立前夕中国共产党高等教育办学理念与实践探索——以北方大学为中心》，载《江西社会科学》2020年，第9页。

特的领导管理制度。

2.1949年至1977年

（1）中华人民共和国成立初期到1956年

自中华人民共和国成立到改革开放前，实际上是中国共产党真正开始大学治理的新阶段。中华人民共和国成立之初，我国确定了"以老解放区新教育经验为基础，吸收旧教育某些有用的经验，借助苏联教育的先进经验"[1]的建设新民主主义教育的基本方针。政府开始全面学习苏联的高等教育模式，强调国家对高校的集权领导，于1952年成立高等教育部，用以加强对全国高等院校的统一领导和管理，并效仿苏联高等学校进行院系调整，即撤销学院建制，保留系并下设专业。并且进一步整顿和加强综合大学，新建和发展专门学院，通过加强专业教育，来培养大量的科学技术人才。在内部治理方面，院系调整也改变了高校的内部结构，高等学校内部实行职能部门与系的纵向领导（管理），以及"校（院）—系—教研室"结构。[2] 同时，确定了"校长负责制"的领导体制，颁布《高等学校暂行规程》，全面推行苏联模式的高校教学管理制度，用学年制替代学分制。

1953年，国家为了促进国民经济的发展，制定了第一个五年计划。在这一时期，国家集中力量进行工业化建设，加快推进各经济领域的社会主义改造。1956年，社会主义三大改造完成，我国政府开始产生对苏联模式的反思。毛泽东发表《论十大关系》和党的八大召开，拉开了批判苏联

---

[1] 中国教育年鉴编辑部：《中国教育年鉴（1949—1981）》，中国大百科全书出版社1984年，第684页。

[2] 张应强：《新中国大学制度建设的艰难选择》，载《清华大学教育研究》2012年第6版。

模式、探索中国道路的序幕。

（2）1957年到1977年

1958年8月，中共中央、国务院发布《关于教育事业管理权力下放问题的规定》，决定结束高度集中的苏联式教育管理体制，由集权转向放权，增加了地方政府对高校管理的话语权，扩大了高校办学自主权。在高校领导制度方面，中共中央、国务院在1958年颁布的《关于教育工作的指示》中指出："在一切高等学校中，应当实行学校党委领导下的校务委员会负责制。"强调高校管理应该归属于在党委领导下，进一步明确校务委员会的权责，以便更好地进行高校管理。

但国家将权力下放后，地方政府对高等教育的热情高涨，导致高等教育规模迅速扩张，高等教育质量急剧下降，从而导致了所谓的"教育'大跃进'"，教育界也逐渐出现集中整治的呼声。这一时期，中国社会也开始迈入"大跃进"时期。

虽然国家于1961年出台《教育部直属高等学校暂行工作条例（草案）》（即《高教六十条》），确立高校领导制度为党委领导下的以校长为首的校务委员会负责制，并试图整治高等教育领域的无序状态，但受当时政治形势的影响，高等教育领域并未改变其无序动乱的状态。自"文革"起，学校实行党的一元化，建立党委领导下的以工宣队为主的革命委员会负责制，并一直持续使用这样的高校制度直到"文革"结束。

3. 1978年至2009年

1978年我国开始实行改革开放，中国高等教育领域的改革也全面展开。社会主义市场经济体制建立后，中共中央国务院颁布《中国教育改革和发展纲要》，明确提出要建立与社会主义市场经济体制和政治体制、科技体制改革相适应的教育新体制，通过中央政策着力推动高等教育领域改革和发展。国家不断调整高等教育管理体制，改变高度集中的管理体制，重新确立了中央与省（自治区、直辖市）分级管理、分级负责的教育管理体制。党的十一届三中全会之后，我们党在总结中华人民共和国成立以来大学发展的经验基础之上，于1990年首次明确提出"高等学校实行党委领导下的校长负责制"，由此确定了我国高等学校的领导体制。此后，党中央不断完善"党委领导下校长负责制"的配套制度要求，逐步搭建制度支撑体系，着力加强制度体系建设。我国的大学制度建设和治理改革之路是曲折的，随着中国共产党的不断发展壮大，我党在认真总结历史经验的基础上，高等学校的领导制度几经变化，确立了"党委领导下的校长负责制"，以此作为对普通高等学校领导的根本制度。党中央围绕这一制度，进行了全面的制度探索和实践，使我国高校的管理制度不断优化和完善。在社会主义改革开放和现代化路线的指引下，我国高等教育开始走上新的发展之路，高等教育领域由此焕发出新的生机和活力。[1]

党委领导下的校长负责制是按照党的民主集中制原则，实行党委统一领导、校长分工负责的制度，它是中国高校的特色和优势所在，也是完善中国特色现代大学制度的基石。[2] 根据《高等教育法》的规定，高校党委

---

[1] 范国睿：《教育制度变革的当下史：1978—2018——基于国家视野的教育政策与法律文本分析》，载《华东师范大学学报（教育科学版）》2018年第5期。

[2] 张德祥：《1949年以来中国大学治理的历史变迁——基于政策变革的思考》，载《中国高教研究》2016年第2期。

的主要职责是:"执行中国共产党的路线、方针、政策,坚持社会主义办学方向,领导学校的思想政治工作和德育工作,讨论决定学校内部组织机构的设置和内部组织机构负责人的人选,讨论决定学校的改革、发展和基本管理制度等重大事项,保证以培养人才为中心的各项任务的完成。"总的来说,高校党委对学校工作实行全面领导,通过发挥把方向、管人局、做决策、带队伍、保落实的作用,落实党委办学治校的主体责任,从而总揽学校改革发展稳定的大局。校长对外是学校法人,对内是学校最高的行政领导,全面主持学校的行政工作。党的十八大以来,党中央先后发布多个文件,逐步细化党委领导下的校长负责制的具体要求,明确规定高校议事决策制度、"三重一大"制度、督促检查制度等内容。

党委领导下的校长负责制实际就是中国共产党将其领导和组织制度运用于高等教育领域的创造性制度体系,按照中国共产党的领导制度、组织制度、工作制度、监督制度等制度安排行使领导权既是高校党委必须遵守的纪律要求,也是高校党委领导权的合法性来源。在此制度之下,国家加强对大学的外部治理,同时又参与到内部治理中,并由外部治理推动内部治理的发展。国家从宏观层面,以政策、理论等方式,以大的方针政策作为指导,不断强调党委在高校治理和高校发展中的主心骨作用,着力加强党委对高校的领导,从总体上去推进学校治理体系和治理能力现代化。在内部治理层面,建立健全党委统一领导、党政分工合作的工作机制,明确党政领导职责,协调书记和校长的党政关系,促进学校领导班子团结合作,齐心协力促进学校发展。这一制度沿用至今,成为国家对高等学校领导的根本制度。同时,采用嵌入式的方式融入大学治理中,比如建立党委办公室、组织部、宣传部等党委负责的部门，并且建立二级单位党总支、基层党支部等，充分发挥中国共产党的引领示范作用，强化中国共产党对高校的领导和管理。

同时，这一时期国家颁布多项政策，推动高校人事管理制度、财务管理制度等制度改革，努力推动大学内部治理改革，提升高校治理水平，促进高等教育质量提升。自确认党委领导下的校长负责制后，中国高等教育在财政、人事等多个领域进行改革，确定了更为系统专业的大学制度，制定了更全面的大学章程，使我国高等教育事业在中国共产党的领导下、国家多项政策的支持指导下，呈现出新的生机和活力。

4.2010年至今

2010年，中共中央国务院印发《国家中长期教育改革和发展规划纲要（2010—2020年）》，第一次在中央文件中提出"完善中国特色现代大学制度"，明确提出落实和扩大学校办学自主权、完善治理结构、加强大学章程建设、扩大社会合作、推进专业评价五个方面的内容。[1]这标志着"中国大学治理由内部管理体制改革进入到完善中国特色现代大学制度整体的制度设计和推进阶段"。[2]虽然党委领导下的校长负责制仍旧是中国特色现代大学制度的核心，但是中国特色现代大学制度建设是基于整体框架的逻辑去思考中国大学治理的，这不仅包括党委领导下的校长负责制的领导制度，还包括扩大大学办学自主权等更外延和全面的部分，使我国现代大

---

[1] 铁铮：《教育规划（2010年—2020年）这十年——思考与实践》，载《北京教育（高教）》2020年第2期。

[2] 顾海良：《完善内部治理结构 建设现代大学制度》，载《中国高等教育》2010年第15期。

学制度更具有全局性、系统性。

2021年，中共中央印发了修订后的《中国共产党普通高等学校基层组织工作条例》，对认真落实高校党委领导下的校长负责制进一步强调，使高校党委领导下的校长负责制的目标任务更加清晰、实现途径更加明确、落实措施更加具体。由此，体现出国家不仅对高校的制度建设提出了新的要求，也对高校的治理提供了新的思路。

目前我国高等教育已经进入内涵式发展的新阶段，要加快推进高校内部治理体系现代化，就必须以"党委领导、校长负责、教授治学、民主管理"为基本框架，创新人才培养模式，深化人事制度改革，正确处理党委领导和校长负责的关系，厘清行政权力和学术权力的边界，通过完善社会、教师、学生参与学校管理的民主渠道，释放办学活力、激发办学动力，不断提升治理能力，加快实现治理能力和治理体系现代化，建立中国特色世界一流大学制度。

三、中国特色现代大学制度

"中国特色现代大学"语境下的大学制度和大学治理，两者相互促进、相辅相成。本节将着重对中国特色现代大学制度进行深入分析，在后面的章节中将着重对中国特色现代大学制度的实践——大学治理体系和治理能力现代化进行探讨。

（一）中国特色现代大学制度的内涵

建设现代大学制度是高等教育改革发展的重要内容之一。《国家中长期教育改革和发展规划纲要（2010—2020年）》（以下简称《纲要》）将

"建设现代学校制度"作为专门一章进行阐释,并提出现代学校制度要"依法办学、自主管理、民主监督、社会参与",同时明确提出要"完善中国特色现代大学制度",这是以党中央、国务院文件的形式第一次正式提出"中国特色现代大学制度"的概念。

"现代大学制度"这一概念具有典型的中国特色,西方很少直接使用,它代表了中国教育界、学术界对标建设"世界一流大学"的美好愿景和矢志追求。世界上并不存在绝对正确、固定不变的现代大学制度,我们要扎根中国大地、立足中国国情,坚持社会主义办学方向,建设符合新时代要求的中国特色现代大学制度。我们可以从如下三个方面来理解其内涵:

1. 大学制度是核心概念

首先,现代大学制度的词眼是"大学制度"而非"现代大学"。并不是说大学进入现代化发展阶段,与西方大学制度接轨,所形成的制度体系就是现代大学制度。现代大学制度中的"现代"包含追求发展、进步,表现大学发展美好追求的价值意义。因此,现代大学制度的应有之义是追求完善、指向未来的理想大学制度。这不难理解,因为当今世界上的大学都可以称为现代大学,但我们探讨的并不是"现代大学"的制度,而是"大学制度"的现代版。从中世纪大学到柏林大学再到威斯康星大学,西方大学经过数百年的演变、磨合、改进、沉淀,形成了大学独立、学术自由、教授治学等世界公认的大学办学理念和价值追求,我们研究的是如何在这些核心制度理念下对大学制度进行传承创新。其次,现代大学制度绝不只是西方大学制度。现代大学起源于西方,西方国家也的确探索出了一套比较先进、成熟的大学制度,但大学制度无一例外都受到不同政治、文化传统的影响，人类社会不同的文明、文化都对大学制度的形成产生了影响、做出了贡献，现代大学制度应该是吸收世界各种先进文明成果的产物，而不是特定国家或地区的专属。最后，有生命力的现代大学制度不能只靠简单复制和移植。从19世纪末到中华人民共和国成立，从教会大学、西式学堂到模仿苏联，中国高等教育发展史实际上是一部"移植"史。中国特色现代大学制度绝不是另起炉灶，它当然会拥抱大学价值理念的普适性内容，但它更强调立足现实、传承创新，坚持从中国的国情和实际出发，建设符合中国政治、经济、文化发展需要，有利于促进大学健康发展、发挥积极作用的大学制度。

2. 现代是基本特征

首先要明确"现代"的使命。《中国教育现代化2035》提出：要将服务中华民族伟大复兴作为教育的重要使命，坚持"四个服务"，优先发展教育，大力推进教育理念、体系、制度、内容、方法、治理现代化。因此中国特色现代大学制度必须紧密结合国家经济社会发展要求，自觉对标对表教育现代化的发展方向和目标，有针对性地补短板、强弱项、固优势。其次要明确"现代"（新时代）的内涵。所谓"现代"是相对的，每个时代的大学制度都是特定时代的产物。中国和西方国家对于"现代"的定义完全不同，西方一般认为文艺复兴以后的历史即为现代史，中国则把鸦片战争后的历史当作"近现代史"。因此"现代"一词要更多从价值层面理解，我们当下认为是"传统"的制度，它所处的时期却是"现代"；而我们现在认为是"现代"的制度，或许在将来就是"传统"。现代大学制度是在遵循大学传统和应对变革的张力中不断发展变化的[①]，所以，要处理好外部形势变化和内部发展要求，建立既能支撑学校内部治理高效运转，又预留制度空间、适应高等教育改革发展趋势的"应时权通"的制度体系。

3. 中国特色是首要标志

习近平总书记2014年5月在北京大学考察时指出："办好中国的世界一流大学，必须有中国特色。"中国高等教育百年探索史表明，照抄照搬世界先进大学的办学经验无法解决中国大学的现实问题，"中国特色"必须是我国现代大学制度的鲜明底色和首要标志。首先，要坚持党的全面领导。我们的高校是党领导下的高校，是中国特色社会主义高校。[②]《中华人民共和国高等教育法》（2018年修正）第四章第三十九条规定："国家举办的高等学校实行中国共产党高等学校基层委员会领导下的校长负责制"，以法律形式明确了我国高校的根本领导制度。党委领导下的校长负责制是我国高校内部治理结构基本框架的基础，也是我们建设世界一流大学的根本制度优势。要建立健全总揽全局、协调各方的党的领导制度体系，依法落实党委、校长职权，把党的领导落实到学校治理和制度体系建设各领域各方面各环节。其次，要注重完善内部治理结构。党委领导、校长负责、教授治学和民主管理是中国大学内部治理结构的主要内容，大学章程本质就是对大学治理结构对应的政治权力、行政权力、学术权力和民主权力四

[①] 张应强，蒋华林：《关于中国特色现代大学制度的理论认识》，载《教育研究》2013第11期。

[②] 张烁，鞠鹏：《习近平在全国高校思想政治工作会议上强调：把思想政治工作贯穿教育教学全过程 开创我国高等教育事业发展新局面》，载《人民日报》2016年12月9日。

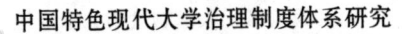

种权力主体进行规范。《关于坚持和完善普通高等学校党委领导下的校长负责制的实施意见》指出，要健全党委与行政议事决策制度，完善协调运行机制。对于中国大学来说，要坚持以大学章程为统领，不断完善内部治理结构，厘清不同权力主体的权责边界和关系，建立健全党委统一领导、党政分工合作、协调运行的工作机制。最后，要处理好与外部的关系，这里的"外部"主要指政府和社会。中国大学与政府关系的基本框架是政府主导、自主管理、依法治校，与社会关系的基本框架是社会参与、民主监督。政府主导与大学自治并不是对立的，世界上不存在完全没有政府干预的大学，只是干预方式不同罢了，虽然西方国家大学所谓的高度自治被很多学者推崇，但政府在扮演支持者的同时，仍然有很多施加影响的手段（如近年来引起争议的美国大学招生平权制度）。要着力提升高等教育法治化水平和政府管理服务水平，提高大学自主管理能力，落实《深化新时代教育评价改革总体方案》，完善政府履行教育职责评价，改进高等教育评价，构建政府、学校、社会等多元参与的评价体系。推动社会参与教育治理常态化，建立健全社会参与学校管理和教育评价监管机制。

（二）中国特色现代大学制度的历程

中国特色现代大学制度这一概念从提出到现在只有20年左右的时间，还处于探索建设阶段。以"中国特色现代大学制度"为篇名，在中国知网数据库中进行检索，共搜索出相关研究成果342篇。从发表时间来看，时间较早的研究成果有：王冀生《建立有中国特色的现代大学制度——攻坚阶段我国高等教育体制改革的重点》（2000年），陈德敏、林勇《初论建设有中国特色的现代大学制度》（2001年），研究较为集中的时间为2011年（19篇）、2012年（23篇）、2013年（22篇），开启了关于这一主题研究的新篇章。

从研究成果中分析，可以看到中国特色现代大学制度发展的三个特点：一是以"中国特色"作为限定词的现代大学制度发展时间晚、研究成果集中，与政治经济领域的相关概念"中国特色社会主义道路""中国特色社会主义制度""中国特色社会主义市场经济"相比要晚，是较为新颖的概念。二是中国特色现代大学制度发展还处于摸索实践阶段，在已有的相关研究中，概念的确立厘清、与大学治理的内在关联、高校的实践探索经验等是研究的重点，也就是说，中国特色现代大学制度是在大框架中细化建设，在实践探索中摸着石头过河，还需由时间检验。三是中国特色现代大学制度是一个较为宏大、系统的概念，相比于时间定位来说，更强调价值特性。

从发展历程来看，可以从提出、确立、发展愿景将中国特色现代大学制度分为三个阶段进行分析。

1. 第一阶段：初步探索期

2000年至2010年，是中国特色现代大学制度的初步探索期。在这十年的探索中，学界开始提出"中国特色现代大学制度"这一概念，呼唤大学尽快着手建立起新型制度体系以适应高等教育发展和人才培养任务，学者们开始思考"中国特色现代大学制度"应该包含哪些内容，与原有大学制度相比，应该有哪些改变。在谈及中国特色现代大学制度建设的迫切性时，吴志功认为"现有大学制度的部分内容已经明显地表现出对社会转型

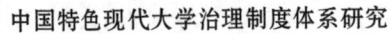

和全面深化改革的不适应",[①]考虑我国高等教育实践与国情的特殊性,现代大学制度建设要具备中国特色。王冀生认为,建立有中国特色的现代大学制度,应当遵循"依法治教"这一高等教育宏观管理的最高原则,依据《高等教育法》中关于高等教育的方针、任务,国家及教育管理部门的主要职责,高等学校应当面向社会依法自主办学,根据高等学校内部的领导管理体制等重要原则和要求,对中国特色的现代大学制度进行建立。同时他认为,将建立现代大学制度的基本要求与我国的国情结合起来,建设有中国特色的现代大学制度,是我国进一步深化高等教育体制改革工作的重点和应当追求的目标。在对于中国特色现代大学制度原则有共同认识的基础上,部分学者对于这一研究领域进行了细化研究。杨天平从高等教育行政管理制度这一宏观层面和高等学校内部管理制度这一微观层面,对中国特色的现代大学制度建设提出问题和进行思考,认为中国特色的现代大学制度建设,既要有国家和政府层面的制度设计与安排,也要有大学内部管理体制的改革和建构。总体来看,尽管本阶段对于中国特色现代大学制度的研究较少,但对建设中国特色现代大学制度的背景、紧迫性、原则要求进行了讨论,促使教育界思考应该如何适应时代潮流、完成人才培养任务来对既有大学制度进行改变。

2. 第二阶段:蓬勃发展期

2010年至2020年,是中国特色现代大学制度的蓬勃发展期。《国家中长期教育改革和发展规划纲要(2010—2020年)》(以下简称《纲要》)

[①] 吴志功:《国际性 历史性 现实性——构建中国特色现代大学制度的理论维度与实践路径》,载于《北京教育(高教版)》2015年第9期。

的颁布掀起了中国特色现代大学制度研究的热潮。在《纲要》中正式明确提出中国特色现代大学制度的概念，并在"体制改革"部分的"建设现代学校制度"中对"完善中国特色现代大学制度"提出任务要求，要求大学从完善治理结构、加强大学章程建设、扩大社会合作、推进专业评价这四方面着手建设。同时还将"现代大学制度改革"作为十个改革试点之一。2010年底，40所部属高校、1所省属高校、1个省份被列入建设现代大学制度的试点学校和地区，分为5个试点进行，分别为"推动建立健全大学章程，完善高等学校内部治理结构""建立健全岗位分类管理制度，推进高校人事制度改革，改革高校基层学术组织形式及其运行机制""建立高校总会计师制度，完善高校内部财务和审计制度""改革学科建设绩效评估方式，完善以质量和创新为导向的学术评价机制""构建高等学校学术不端行为监督查处机制，健全高等学校廉政风险防范机制"。

在高校纷纷开展改革试点的同时，学界对于中国特色现代大学制度的研究探索也逐渐深入。2013年，张应强、蒋华林对什么是中国特色现代大学制度、中国特色现代大学制度的"中国特色"是什么、中国特色现代大学制度与现代大学制度的"普适性"是什么关系等问题进行了系统深入探讨。两位学者认为，现代大学制度的内涵需要明确，现代大学制度并非目前的西方国家的大学制度，它具有指向未来的理想特性，是普适性和多样性的统一，仍在发展变化中。要建立中国特色现代大学制度，必须着力改革和调整大学与政府的关系、大学与社会的关系、大学内部治理结构。2018年，柳友荣将中国特色现代大学制度放在新时代背景下进行阐释，认为其核心词条是"大学制度"，关键先行词是"新时代"，落脚点是"中国特色"。新时代中国特色现代大学制度建设必须坚持"现代性"的价值追求,坚持"中国特色"的制度标志、制度探索、制度理想,坚持"党委领导下的校长负责制"的制度之魂,坚持"新时代"的价值定位,坚持"人民对美好生活向往"的追求纲领。在对中国特色现代大学制度进行如火如荼研究的同时,也有学者关注到,尽管中国特色现代大学制度成为改革重点、研究焦点,但学界业界更多的是对于中国特色现代大学制度建设远景目标的意象描绘,其核心任务和有效路径并未得以清晰勾画。2018年,王绽蕊对中国特色现代大学制度建设的最佳路径进行了探索,认为大学制度的灵魂是大学文化和制度文化,是一种隐形的制度安排。因此,以制度文化建设统领中国特色现代大学制度建设,是中国特色现代大学制度建设的最佳路径。总体来看,本阶段对于中国特色现代大学制度的研究多且集中,从中国特色现代大学制度建设的愿景、框架、任务与实现路径等方面进行了深入探索。同时,在改革试点的鼓励推动下,以高校推进中国特色现代大学制度建设实践案例来进行理论验证的研究成果逐渐涌现,中国特色现代大学制度发展不仅在理论研究有长足发展,在实践层面也有所探索。

3. 第三阶段:开启新征程

2019年10月,党的十九届四中全会审议通过了《中共中央关于坚持和完善中国特色社会主义制度 推进国家治理体系和治理能力现代化若干重大问题的决定》,开启了中国特色现代大学制度发展的新征程。全会首次把推进国家治理体系和治理能力现代化作为大会的鲜明主题,树立中国之治宏观顶层设计的历史丰碑。高校治理体系和治理能力现代化是国家治理体系和治理能力现代化的重要组成部分。随之,关于大学治理体系与中国特色现代大学制度之间的关联成为研究重点，也将成为未来一段时间内，中国特色现代大学制度发展的重要内容。2018年，李立国较早关注到这一研究领域，认为现代大学制度建设是完善大学治理的重要方面和关键环节。只有在大学制度体系得到有效实施之后，才能形成治理体系。2020年，邱水平在中国特色现代大学治理的研究中，论证了中国特色现代大学治理与中国特色现代大学制度两者的关系，认为要以制度体系和制度执行力建设作为主线，把党对高校的全面领导制度作为根本制度，围绕"治校制度体系"和"办学制度体系"推进基本制度和重要制度建设，构建系统完备、分层对接、科学合理的制度体系，建立健全刚性执行体系，以形成中国大学治理体系和治理能力现代化的路线图。总体来看，中国特色现代大学制度在20年的发展历程中，经历了概念萌芽、纲要明确、愿景共识、研究深化等阶段，已经成为高等教育改革和发展的重要组成部分，是大学治理体系和治理能力现代化的应有之义，可以预见未来将推动高等教育内涵式发展，助力办出具有中国特色、世界一流的现代教育。

（三）中国特色现代大学制度的分类

梳理国内一流大学对制度的分层分类情况，我们发现主要有以下几种方式：

1. 从制度层级的视角分类

党的十九届四中全会按照根本制度、基本制度和重要制度三个层级，从13个方面对中国特色社会主义制度体系进行了系统谋划和部署，这对中国特色现代大学制度建设具有重要的指导意义。对于高校来讲，在坚持党对高校全面领导基础上，可以按照核心制度、基本制度、重要制度和执行制度4个层级对学校制度进行纵向分类。核心制度为大学章程，是高校依法自主办学、实施管理和履行公共职能的基本准则；基本制度为重大决策与议事协调制度，如常委会、校务会、学术委员会、教代会等运行与决策制度；重要制度为职能规范与保障运行制度，这一层级可以按照惯例服务内容再进行横向分类；执行制度为职责细化与执行落实制度，即落实制度的制度。

2.从内外关系的视角分类

从外部关系看，现代大学制度包括政府宏观管理、社会广泛参与、市场适度调节等方面。政府通过法律、行政、经济等宏观调控手段对大学进行管理，社会组织或个人通过捐赠投资、评估评价、教育咨询等手段对大学产生影响，市场通过资本、就业、人才等"资源"与大学的科研成果、毕业生等"产品"互动对大学进行调节，与之相关的这些制度主要靠国家层面统筹谋划或社会组织、市场主体层面制定，大学能够施加的影响有限。大学需要做好与外部对接的相关制度的制定，如开放办学、筹资捐赠、社会合作等方面制度。

从内部关系看，现代大学制度包括党委领导、校长负责、教授治学、民主管理等方面的制度，分别对应政治权力、行政权力、学术权力和民主权力等大学治理主体。党委领导下的校长负责制是中国大学的根本领导制度，要把学校党委把方向、管大局、做决策、抓班子、带队伍、保落实的领导核心作用贯穿学校制度的全过程各环节，不断完善领导决策机制、民主集中制、分工协作机制等；在党委领导下支持校长依法独立行使职权，完善教学、科研、行政管理等方面制度，充分发挥校长的行政领导作用。党委领导、行政主导是中国特色现代大学制度的基本样态，也是最显著的优势。教授治学的重点主要在治学科学术、治教风学风方面，要健全以校院两级学术委员会为核心的学术管理体系与组织架构，充分发挥学术委员会在学科建设、学术评价和学术发展中的作用。民主管理是中国特色现代大学制度的必要保障，完善教代会、工会、学代会等群众组织制度和教授委员会制度、校务公开制度等，保障师生以主人翁身份依法参与民主管理、民主决策、民主监督的权利。

3. 从大学职能的视角分类

大学承担着人才培养、科学研究、社会服务、文化传承创新和国际交流合作五大重要职能，这是现代大学制度分类的重要依据，也是目前国内一流大学构建制度体系不同板块时的主要做法，主要有立德树人根本任务落实机制、科研评价管理制度、社会服务和社会参与制度、文化传承与创新引领制度、开放办学制度等。

（四）中国特色现代大学制度的特性

中国特色现代大学制度是中国特色社会主义制度下的现代大学制度，融合了现代大学制度的历史与现实、问题与对策、宏观与微观，内涵十分丰富。中国特色现代大学制度应具备现代大学的普适性，体现大学的本质特征，同时也应展现出先进性和竞争力，最大限度地激发和释放我国大学的立德树人、学术科研生产力，提高大学办学活力和资源配置效率。具体体现在以下几个方面。

1. 法治性

制度的形成离不开实践的先河、经验的积累，更离不开法治的制约。2018年修订的《中华人民共和国高等教育法》中对高等学校的组织和活动有明确表述，"国家举办的高等学校实行中国共产党高等学校基层委员会领导下的校长负责制""设立学术委员会""通过以教师为主体的教职工代表大会等组织形式，依法保障教职工参与民主管理和监督"。[①]党委领导、校长负责、教授治学、民主管理成为大学制度的核心内容。《高等教育法》为大学章程制定提供了准则，为中国特色现代大学制度提供了法律依据和基础。《中国共产党普通高等学校基层组织工作条例》强调了党委对社会主义办学方向的领导权和依法治校，规定了民主管理制度。这两部法律法规为中国特色社会现代大学制度提供了上位法规范框架。依据上位法，政府文件层面和大学法规层面的制度设计纷纷出台。随着2015年底大学纷纷发布各自大学章程，大学治理已经形成了包括法律法规、规范性文件、大学章程在内的规则体系，也标志着现代大学进入"有法可依"的时代。在此背景下，有法必依成为中国特色现代大学制度的重要原则。在中国特色现代大学制度的建设中，一方面要继续完善法律法规体系，提升高等教育立法水平，让法治成为中国特色现代大学制度的核心价值理念；另一方面，要积极完善大学内部以大学章程为主体的制度体系，填补制度漏洞，强化制度执行刚性。

---

① 《中华人民共和国高等教育法》，载中国人大网，2019年01月07日，http://www.npc.gov.cn/npc/c30834/201901/9df07167324c4a34bf6c44700fafa753.shtml。

第二章 大学制度与大学治理

2. 现实性

"中国特色"赋予了中国特色现代大学制度必须坚持实事求是的现实性特征。这就要求，中国特色现代大学制度在建设中要坚持"三个立足"：一是立足中国大地。不能简单片面地认为"现代等于西方"。目前西方发达国家现代化程度在很多方面优于我国，但这并不意味着中国特色的制度是落后的、不那么现代的。相反，中华人民共和国建立以来在政治、经济、社会、文化、生态文明建设中取得的辉煌成就充分说明了中国特色社会主义制度的强大优势和旺盛生命力。因此，只有立足中国国情、扎根中国大地的中国特色现代大学制度才能行稳致远，才能推动办好人民满意的高等教育。如果片面地照搬西方大学制度，会使得这样的大学制度与中国文化传统、中国教育实际格格不入，办出来的教育也会不伦不类。二是立足优秀传统。从历史角度来看，目前中国大学制度的形成受到了传统教育中教学相长、教研结合、自主开放等优秀基因影响，始终延续着中国传统文化的精髓，而在近百年中国大学的发展进程中，大学制度也汲取了西方大学制度中的优秀成果。因此，如果简单将中国特色现代大学制度同古代书院、旧式学堂割裂开来、划清界限，这样一种全新的、罔顾历史的大学制度不可能有生命力。从未来角度来看，中国特色现代大学制度的建立绝非一朝一夕之功，不可能在几年时间内一蹴而就。实际上，尽管中国特色现代大学制度的认识、探索、建立已走过20年历程，但在运行中仍存在着对《高等教育法》、大学章程落实不够，大学制度饱受行政化、陈旧化诟病等问题。因此中国特色现代大学制度必须循序渐进，逐步完善优化。三是立足实践探索。缺乏实践的制度是没有生命力的，只是一纸空文。在中国特色现代大学制度的建设中，如果仅从制度制定和完善来着手与思考，脱离大学实际，那就会陷入形式主义的泥潭。因此，要在实践中让中国特色现代大学制度深入人心，自觉成为高校治理的准则，让这样一种制度不仅与"自上而下"的法规政策相契合，还能与"自下而上"的实践探索相促进。此外，在实际建设层面，应考虑到大学之间的差异与不同，给予大学分类治理的空间和条件，鼓励不同大学有自己特色的制度设计和制度安排。

3. 前瞻性

"现代"赋予了中国特色现代大学制度必须保持与时俱进的前瞻性特征。在学界中有"文化滞后"的概念，即在社会发展过程中，物质文化、科学技术的发展在大多数时候要先于制度观念变化。在中国特色现代大学制度中要充分考量这一点并加以克服，科学把握高等教育发展规律和发展趋势，使中国特色现代大学制度适应当前高等教育改革发展需要。中国特色现代大学制度的核心特性应该是相对于所处时代而言具有的先进性和竞争力，能够解决大学发展中面临的问题和困境，回应时代变迁的需求，激发大学的学术创造力和竞争力，为文化发展乃至社会发展充当瞭望塔。目前，我国正处在从教育大国向教育强国转变的历史进程中，要办出世界一流水平的高等教育。因此中国特色现代大学制度应该面向全球、面向未来，以国际化和未来前沿的视野，开阔眼界、创新求索，做好有利于大学、有利于国家、有利于世界的顶层设计，让中国特色现代大学制度在国际竞争中显现制度优势。

4. 系统性

从宏观层面看，大学制度主要涉及大学与政府、大学与社会、大学与大学的关系；从微观层面看，大学制度主要涉及大学内部治理相关制度。中国特色现代大学制度是一个制度体系，根本制度是党委领导下的校长负责制，基本制度包括学术委员会制度、教职工代表大会制度、学生代表大会制度等，在根本制度和基本制度上，各高校可以根据自身实际情况制定具体层面的执行制度，包括人事、教学、管理、财务等。当前我国大学制度建设仍缺乏体系化，头痛医头、脚痛医脚式的情况仍一定程度上存在，各职能部门和教学单位建立了各自的制度，但这些制度之间是否存在空白，甚至存在冲突，往往不在制度制定者考虑的范围内。这样的制度体系看似是完备的、各司其职的，实际上是零散的、不成体系的。中国特色现代大学制度不是几个制度的简单堆砌，而应该是立体、多元，各个子系统之间能够相互协同和耦合。作为系统化的制度来说，一方面要考虑到制度的稳定性，不能朝令夕改，要充分重视政府、大学主体和其他利益方的准则制定，让中国特色现代大学制度满足各方需求和利益，让制度涉及的各方自觉成为制度的倡导者、维护者、实践者；另一方面要考虑制度的协调性，现代大学面临着多元化的功能和复杂化的形势，自身的问题和矛盾也是错综复杂的，只有功能强大、内部互联的制度体系才能充分解决问题，破解大学发展瓶颈。

5. 人文性

回归到制度本身，中国特色现代大学制度的实现目标不是"制定制度"，而是通过制度的确立和实施，更好地推动大学实现功能、促进高等教育事业发展。因此，中国特色现代大学制度必须紧紧围绕"立德树人"这一根本任务，尊重教育规律和人才成长规律，要"以人为本"，具备人文关怀。从这一点出发，首先中国特色现代大学制度要确立学术自由的文化观念。

制度的存在是让自由有成长的空间。《国家中长期教育改革和发展规划纲要》提出要"尊重学术自由，营造宽松的学术环境"。中国特色现代大学制度应以民主、自由的理念来活跃学术生产力和创造力，营造适度宽松的大学发展环境，让学生能自由成长、教师能勇于创新、高校能敢于开拓。要清醒认识到，在高等教育高质量内涵式发展、建设高等教育强国的进程中，应推动"放管服"改革，给予高校充分自主权。在大学这样一个文化共同体中，制度的建设需要以大学精神和共同价值观作为保障。潜移默化、润物无声的大学精神和校园风气能增强师生员工的内在自觉，为制度的运行奠定价值基础。人文关怀、以生为本将为刚性制度增加文化柔性，两者结合可以使价值观塑造和制度规范相互促进。

（五）中国特色现代大学制度的功能

习近平总书记在庆祝改革开放40周年大会上强调："制度是关系党和国家事业发展的根本性、全局性、稳定性、长期性问题。"[1]制度最能管方向、管大局、管长远，建设中国特色现代大学制度，是现代大学改革发展的内在要求和建设世界一流大学的必经之路，是高等教育体制改革的重要内容，也是学者和高校工作者的普遍共识。现代大学制度由外显和内隐两部分构成：外显部分主要指与制度有关的法律法规、规章办法等，是可见的制度文本；内隐部分则是人们内化于心、自觉遵守的规则。它们共同对大学的参与主体（政府、社会、大学）产生影响、发挥作用。

---

[1] 《习近平谈治国理政》第三卷，外文出版社2014年版，第185页。

1. 保障功能

中国特色现代大学制度保障大学的正常运行。从外部看,《中华人民共和国高等教育法》规定"国务院统一领导和管理全国高等教育事业",这明确了中国大学的性质是"事业单位";"国家根据经济建设和社会发展的需要,制定高等教育发展规划,举办高等学校,并采取多种形式积极发展高等教育事业。国家鼓励企业事业组织、社会团体及其他社会组织和公民等社会力量依法举办高等学校,参与和支持高等教育事业的改革和发展"[①],这明确了大学的管理主体和经费来源,支撑大学正常运转。从内部看,大学制度保障内部机制有效运行,这主要通过以大学章程为统领的一系列办学治校规章制度来实现。大学章程由政府主管部门审批,明确了大学的法人地位,是高校依法自主办学、实施管理和履行公共职能的基本准则。

2. 规范功能

制度具有规范性和秩序性,要求适用范围内的组织和个人必须遵守。中国特色现代大学制度的重要作用之一是对高等教育参与主体的行为进行规范。它将政府对大学的宏观管理以制度的形式进行明确,如批准设立、审批大学章程、财政拨款等;它明确了社会团体和个人参与大学举办的行为,如出资办学、评估咨询、捐赠、监督等。最重要的是,它规范了大学的内部治理行为,即党委领导、校长负责、教授治学、民主管理的基本架构,

---

① 《中华人民共和国高等教育法》,载中国人大网,2019 年 01 月 07 日,http://www.npc.gov.cn/npc/c30834/201901/9df07167324c4a34bf6c44700fafa753.shtml。

3. 资源配置功能

规范功能的实质是资源和价值的分配。制度从某种意义上来说是利益和资源的合理性、合法性分配方案，决定着办学资源的所有权、分配权和使用权。中国特色现代大学制度的一项重要职能就是通过优化资源配置实现办学发展的最高效益。当参与主体对制度的合理性产生怀疑时，制度就有了"立改废"的动机，可能会产生新的资源配置方案，导致资源的再分配，各种参与主体就处于新的整合之中。而完善制度就是使内外参与主体利益诉求之间达到均衡，促使整体功能更有效发挥。

4. 激励导向功能

制度明确了什么是应当做的、什么是不应当做的，以及做了之后的结果，因此对组织和个人的选择、发展具有激励导向作用。中国特色现代大学制度明确了中国大学发展的本位价值[1]——坚持立德树人根本任务，培养德智体美劳全面发展的社会主义建设者和接班人，其他一切科学研究、社会服务等工作都要围绕育人开展。立德树人的要求也体现在"双一流"建设、学科评估等对中国大学发展起重要影响的评价体系中，产生了重要的激励导向作用。制度能够充分激发大学内部组织和个人的创新活力，并将师生个人创新活力转化汇聚为大学整体的创新能力，推动建设世界一流大学目标和使命的实现。

---

[1] 任春晓，沈伟等：《以制度激励为核心的现代大学治理体系构建》，载《中国高等教育》2020年第1期。

第三章　大学制度体系建设与治理现代化

推进国家治理体系和治理能力现代化这一重大命题的提出和《决定》的通过，为大学制度体系建设提供了明确方向。大学作为全面深化改革和社会主义现代化建设的重要组成部分，应加快完善中国特色社会主义现代大学制度体系，着力提高大学治理效能，推进大学治理体系与治理能力现代化，为加快建设中国特色世界一流大学注入新的生机与活力。

第一节　大学治理体系和治理能力现代化的内涵

《中国教育现代化2035》明确了推进教育治理体系和治理能力现代化的战略任务，这就要求我们必须以全新的角度思考大学制度体系建设和大学治理体系与治理能力现代化的关系。总的来说，目前学界对这一问题的研究还是初步的，大学治理体系与治理能力现代化是一个内涵极其丰富的概念，也是探究大学制度体系建设与治理现代化问题的最佳逻辑起点，对其内涵的界定将为后续研究讨论提供方向和边界。

一、大学治理现代化理论探析

（一）治理与管理

治理内涵丰富、外延宽广，与管理之间在概念上还存在较大相关性，容易混淆，厘清相关概念的内涵及彼此间的逻辑关系，有利于准确把握治理的时代内涵。

管理一词的运用非常广泛，《新华字典》给出了这样的定义，一是负责某项工作使顺利进行，二是保管和料理，三是照管并约束。古典管理理论学家亨利·法约尔认为："管理就是计划、组织、协调、指挥和控制。"[1]斯蒂芬·P.罗宾斯将管理定义为："一个协调工作活动的过程，以便能够有效率和有效果地同别人一起或通过别人实现组织的目标。"[2]丹尼尔·A.雷恩将管理定义为一种活动："即它发挥某些职能，以便有效地获取、分配和利用人的努力和物质资源，来实现某个目标。"[3]我国学者对管理概念的研究成果也颇为丰富，周三多将管理定义为："组织为了达到个人无法实现的目标，通过各种职能活动合理分配、协调相关资源的过程。"[4]

---

[1] 亨利·法约尔著，张扬译：《工业管理与一般管理》，北京理工大学出版社2014年版，第6~7页。

[2] 斯蒂芬·P.罗宾斯等著，孙建敏等译：《管理学》，中国人民大学出版社2004年版，第7页。

[3] 丹尼尔·A.雷恩著，孙建敏译：《管理思想史》，中国人民大学出版社2009年版，第4页。

[4] 周三多：《管理学》，高等教育出版社2005年版，第6页。

汪大海认为："管理是指在一定组织环境中的各级管理者，在执行计划、组织、领导和控制等各项职能的过程中，通过优化配置和协调使用组织内的各种资源（人力、物力、财力和信息等），使别人同自己一起有效地达到组织目标的过程。"[①] 陈彬认为："管理是指管理者在某种价值观的支配下，通过战略规划、组织建构、沟通协调、领导指挥、全面控制等一系列专门职能活动动员和配置一切可资利用的资源，以最大限度地实现单靠管理者个人或者团队无法达成的组织或系统目标的专门社会实践活动。"[②]

"治理"作为20世纪末兴起的政治概念，首次出现在1989年，世界银行组织针对当时非洲局势首次使用"治理危机"这一概括性术语。此后"治理"一词便广泛地应用于地区和国家政治发展研究中，特别是常用来描述后殖民地和发展中国家的政治和社会状况。21世纪以来，各国学者对治理理论的研究，也逐渐超越了其最初的领域和范畴，研究的对象和主客体得到不断延伸和拓展。治理理论的主要创始人詹姆斯·N.罗西瑙指出："治理是通行于规制空隙之间的那些制度安排，或许更重要的是当两个或更多规制出现重叠、冲突时，或者在相互竞争的利益之间需要调解时才发挥作用的原则、规范、规则和决策程序。"[③] 格里·斯托克则认为："治理的概念是，它所要创造的结构和秩序不能从外部强加；它之发挥作用，

---

① 汪大海：《管理学》，北京师范大学出版社2010年版，第4页。

② 陈彬：《良法与善治：中国大学治理现代化探究》，华中师范大学出版社2018年版，第71页。

③ 詹姆斯·N.罗西瑙著，张胜军，刘小林等译：《没有政府的治理——世界政治中的秩序与变革》，江西人民出版社2001年版，第9页。

是要依靠多种进行统治的以及互相发生影响的行为者的互动。"[1] 联合国全球治理委员会在其著名的1995年研究报告《天涯成比邻》中对治理做出如下界定："治理是各种公共或私人的个人和机构管理其共同事务的方法和总和，是使相互冲突或不同的利益得以调和并采取联合行动的持续过程。这既包括有权迫使人们服从的正式制度和规则，也包括各种人们同意或以为符合其利益的非正式的制度安排。"[2] 并列出了治理的四个特征：治理是一个过程、治理的建立以协调为基础、治理主体的多元化、治理有赖于持续的互动。我国学者在西方学者对治理定义的基础上，结合中国实际和语境对治理的概念进行了进一步的完善。俞可平指出："治理是一种公共管理活动和公共管理过程，它包括必要的公共权威、管理规则、治理机制和治理方式。治理的目的是在各种不同的制度关系中运用权力去引导、控制和规范公民的各种活动，以最大限度地增进公共利益。"[3] 陈彬认为："治理是各利益相关主体甚至局外人或局外组织围绕一定主题，采取深度对话和公共协商等一切有效的手段解决问题的动态过程，目的是增进公共利益。"[4]

综合以上，我们可以看出从管理到治理虽然只有一字之差，内涵外延

---

[1] 格里·斯托克：《作为理论的治理：五个论点》，载《国际社会科学（中文版）》1999年第2期。

[2] The UN Commission on Global Governance：《Our Global Neighborhood》，Oxford University Press1995年版第2页。

[3] 俞可平：《论国家治理现代化》，社会科学文献出版社2014年版，第21页。

[4] 陈彬：《良法与善治：中国大学治理现代化探究》，华中师范大学出版社2018年版，第75页。

却存在很多不同，两者之间存在明显区别：一是主客体不同。管理主体是指在组织管理活动中，承担和实施管理职能的人或组织，具有唯一性、强制性、阶层性和权威性；而治理的主体是利益相关者，可以是管理机构、社会组织或者个人，具有分散性、多元化、群众性的特点。党的十八大报告明确提出"加快形成党委领导、政府负责、社会协同、公众参与、法治保障的社会管理体制"，体现了我国在国家治理层面党的领导与多元共治相结合的基本思路。二是运作机制不同。管理权主要是通过行政权威机关和内部管理体制实现，一般是显性和固化的，具有规定性、单向性、强制性等特征；治理则是由利益相关者通过组织系统内的各种治理体制机制、共同协商等方式自治、共治，具有较强的灵活性。三是运作基础不同。管理效果的实现依靠的是管理对象的服从和执行，管理质量取决于组织管理者的管理水平和管理对象的执行力。治理效果的实现依靠的是利益相关者的共同参与和遵守，治理质量取决于组织的治理体制机制和利益相关者的参与度。

总而言之，从"管理"到"治理"，是人类社会发展的一般规律和基本趋势，"治理体制和治理行为虽然具有政治性、强制性、连续性等基本属性，但更多的时候则体现着工具理性和价值理性。"[1]正如习近平总书记所指出："治理和管理一字之差，体现的是系统治理、依法治理、源头治理、综合施策。"

---

[1] 张晓东：《准确把握基层民主治理现代化内涵 推进国家治理体系和治理能力现代化》，载《社科纵横》2016年第10期。

（二）现代化的内涵

现代化是全球性浪潮下的产物，反映了人类社会从传统农业文明走向现代工业文明的巨大变革。关于现代化，吉登斯指出："现代化首先意指在后封建的欧洲所建立，而在20世纪日益成为具有世界历史性影响的行为制度与模式，'现代性'大略地等同于'工业化的世界'。"[1] 吉登斯没有定义现代化，但他认为工业化就意味着现代化。吕贝尔特认为："只是在机器时代破晓以后，随着纺织的机械化，随着蒸汽机作为一项新的能源，随着单件生产过渡到系列生产、过渡到大规模生产，人类社会才开始了巨大的变化。"[2] 在他看来现代化的实质是工业化。这种观点在早期获得发展中国家的广泛认同，他们主张通过实现西方的工业化来促使国家强大，直至今天世界上很多经济发展较为落后的国家或者地区依然还在致力于工业化的目标，这主要还是从物质层面的单一视角来理解现代化。随着科学技术与社会文化的持续繁荣发展，人们逐渐认识到："现代化所包括的内容，除工业化外，还有政治、法律、社会、文化与思想意识等方面的内容。"[3] 这种物质层面的经济、技术现代化的观点，不足以全面概括现代化的广泛内涵。

目前，学界对于现代化的理论呈现百家争鸣的局面，亨廷顿将现代化分为心理层、智力层、经济与政治生活各层。心理层面，传统的人期望社

---

[1] 安东尼·吉登斯著，赵旭东等译：《现代性与自我认同》，生活·读书·新知三联书店1998年版，第16页。

[2] 鲁道夫·吕贝尔特著，戴鸣钟译：《工业化史》，上海译文出版社1983年版，第1页。

[3] 李竹青，杜莹：《试论现代化的内涵与特点》，载《黑龙江民族丛刊》2004年第2期。

会和秩序的延续性，现代化的人则看重社会变化的有利性；经济层面，现代化意味着技术在生产中的重大作用，自给性经济让位于商品经济，工业与第三产业的比重高于农业；政治层面，现代化首先意味着政治权威的理性化，人们参与政治的广泛性与平等性，传统社会中的子民、臣民转为有种种政治权利的公民。[①]布莱克从发展的角度把现代化视为"在科学和技术革命影响下，社会已经发生和正在发生的转变过程"[②]。韦伯斯特则将现代化看作是人的精神变化。一是现代化的社会人敢于抛弃阻碍社会进步的东西；二是现代化的社会人的地位取决于个人的进取能力，不再取决于门第；三是现代化的社会人看重科学、实证的价值，器重创新精神。[③]尹焕三从社会领域角度对现代化的内容进行了阐述，他认为"所谓现代化，是指社会各领域渗透着现代先进科学技术的、社会经济生活发达富裕的、社会政治生活中体现民主政治与公平原则的、社会安定协调祥和的、人与人关系和睦、人与自然关系和谐的、社会文化繁荣先进的、人的价值观念和道德水平具备了现代思想意识的社会文明时代"[④]。杨多贵从现代化的系统学认识角度阐述了现代化的内涵，他认为"现代化是指在'自然、社会、经济'复杂巨系统中，朝向一组复杂的、具有时空边界约束的、具有时代内涵的相对目标集合的动态过程"[⑤]。

[①] 亨廷顿著，王冠华等译：《变化社会中的政治秩序》，生活·读书·新知三联书店1989年版，第112页。

[②] 布莱克：《日本和俄国的现代化》，商务印书馆1984年版，第18页。

[③] 韦伯斯特著，陈一筠译：《发展社会学》，华夏出版社1987年版，第21～29页。

[④] 尹焕三：《关于现代化内涵机理的新诠释》，载《岭南学刊》2001年第6期。

[⑤] 杨多贵：《现代化内涵——指标与目标的新探讨》，载《学术探索》2001年第4期。

综上可见，随着社会的发展，人们对现代化的内涵进行了不断的探索，对其内涵的界定也越来越科学完善，虽然目前尚无一个较为明确的定论，但是综合上述可以看出，现代化的内涵应该至少包括以下几点：

1. 现代化是一场深刻的变革

现代化是一个内容丰富，多层次、多方面的社会变革或革命过程，是以现代科学技术、思想文化、社会制度等为先导，不断发展、前进的，具有理性化、法制化、制度化和民主化的特征。从发展的观点看，现代化是人类社会历史发展的必然产物，是人类文明进步的趋势。在现代化建设过程中，必将打破传统模式，但是随着现代化的不断推进，其创造的成就也将远远超过传统模式，正如机器生产代替手工劳动、民主代替专制。现代化的不断进步带来的将是物质文明和精神文明的进一步繁荣。

2. 现代化是一个系统的发展

现代化不是空中楼阁，现代化的基础是建立在其本身的某些特殊属性上的，所以不同的国家、民族、组织，其现代化的发展方向也是不一样的，任何现代化的发展都一定是基于已有的规则制度之上的发展，也就是我们通常说的发展的连贯性。

3. 现代化是一个复杂的过程

"现代化的内容丰富，建设情况复杂，不能把这个复杂的建设过程简单地归纳为某一领域、某一范围和某一方面。"[①] 现代化建设涉及各个方面的协同发展，正如我们所知道的那样，经济基础决定上层建筑，上层建

---

① 李竹青，杜莹：《试论现代化的内涵与特点》，载《黑龙江民族丛刊》2004年第2期。

筑反作用于经济基础，那么社会经济的现代化一定也会伴随着思想文化、法律制度等一同现代化，同样思想文化、法律制度的现代化也必然会进一步推动社会经济的现代化。由此可见现代化是一个系统内各部分相互促进、相互匹配的复杂过程。

4. 现代化既是一个目标，也是一个动态的过程

现代化推进物质文明和精神文明的不断发展，使社会经济从自给自足的小农经济发展为日益发达的商品经济，并使经济领域工业化、政治领域民主化、社会发展城市化、价值观念理论化，因此，现代化就是经济、政治、社会发展的方向和目标。同时，现代化的发展是建立在现有基础上的，当一个阶段的现代化目标实现以后，将形成新的现有基础，新的现有基础也必将催生出新的现代化发展目标，所以，现代化也必将是一个动态发展的变化过程。

（三）大学治理现代化理论的提出

党的十九届五中全会指出，当前我国高等教育已经由大众化阶段迈入普及化阶段。高等教育从精英化到大众化，再到普及化阶段，标志着我国的高等教育发展到了一个全新的阶段。截至2012年，全国共有普通高等学校2 442所（含独立学院303所），各类高等教育在学总规模3 325万人，高等教育毛入学率30%，普通高等学校校均规模9 675人。[1]截至2019年，全国共有普通高等学校2 688所（含独立学院257所），各类高等教育在

---

[1] 中华人民共和国教育部：《2012年全国教育事业发展统计公报》，载中华人民共和国教育部网站，2013年8月16日，http://www.moe.gov.cn/srcsite/A03/s180/moe_633/201308/t20130816_155798.html。

学总规模4 002万人，高等教育毛入学率51.6%，普通高等学校校均规模11 260人。① 随着高等教育规模的不断扩张，高等教育组织的复杂化、结构的多样化、水平的差异化、民主诉求的多元化也在不断加深。

同时，除了高等教育自身的发展变化，我国高等教育面临的外部环境也在发生巨大变化。首先，从全球来看，当今世界正处在百年未有之大变局的剧烈震荡之中，使得世界正在形成新的政治、经济、社会、文化生态，世界多极格局在大国博弈中日渐显现，国际体系在各种制度、体制、机制的不断蜕变中正呈现新的面貌，高等教育国际交流合作的广度和深度也前所未有；从国内来看，我们正处在"两个一百年"奋斗目标的历史交汇期，这也是我国转变发展方式、优化经济结构、转换增长动力的攻关期，国家大力推进"双一流"建设，实施科教兴国战略，对高等教育提出了新的时代要求。其次，随着高等教育规模的扩大，高等教育的利益相关方的数量显著增加、涉及面也越来越广。较早以前，我国高等院校少、招生人数规模有限，很多人对高等教育的了解很少或者是根本不了解，社会大众对高等教育的评价也相对较少，然而随着高等教育的不断普及，读大学对社会大众而言已经成为一件寻常的事情，大学规模的不断扩大，也让越来越多的人与大学产生关联，高等教育的利益相关方越来越多，整个社会有更多的人能够参加、了解高等教育，也更容易从各个方面发现高等教育存在的问题，社会各界对高等教育的期望和意见建议也更多元化。最后，市场经

---

① 中华人民共和国教育部：《2019年全国教育事业发展统计公报》，载中华人民共和国教育部网站，2020年5月20日，http://www.moe.gov.cn/jyb_sjzl/sjzl_fztjgb/202005/t20200520_456751.html。

济体制的不断丰富和完善为我国高等教育事业的发展带来了新的机遇和挑战，市场机制作为调节经济的基础，对资源配置发挥着基础作用，这就要求相关的高等教育体制要与之相适应。从中华人民共和国成立起至1979年前的计划经济时代，我国高校的经费来源是单一的，基本全部依靠财政的支持。改革开放后，随着市场经济体制的建立，高等教育经费逐渐建成"以财政拨款为主，其他多种渠道筹集教育经费为辅"的体制，应该说，当前我国高校的经费来源渠道非常多，除了传统的靠财政的支持外，还有学生学费、社会捐赠、产业收入等各种筹资集资方式，随着筹资集资的数量不断增加，有的高校总体办学经费中的财政经费占比只有20%左右，并且，市场经济还直接关系高校毕业生的就业情况。

这些情况都表明我国高等教育的自身发展和其所处的外部环境发生了重大变化，随着这种变化的不断加剧，我们的高等教育事业如果还停留在传统的"管理"模式下发展，就显然已经不符合时代发展潮流了。这些现实情况要求我们要从高等教育管理向高等教育治理转变，要由一元管理转向多元治理，由单向管理转向互动治理，由行政管理转向服务治理。2019年中共中央、国务院印发了《中国教育现代化2035》，中共中央办公厅、国务院办公厅印发了《加快推进教育现代化实施方案（2018—2022年）》，提出了教育现代化的目标，明确了要大力推进教育理念、体系、制度、内容、方法、治理现代化，推进教育治理体系和治理能力现代化的战略任务，为大学治理现代化指明了发展方向和实现路径。

二、大学治理体系现代化

（一）大学治理体系的概念

在大学治理的过程中，大学治理体系是大学治理实现的基础。大学治理体系有广义和狭义之分，其中广义的大学治理体系是指由政府主导，社会各方参与的大学治理体系，很多学者将其称作高等教育治理体系以示区别。狭义的大学治理体系指的是由高校主导、由校内外各利益主体参与的大学治理体系，我们通常所说的大学治理体系一般都是狭义层面的大学治理体系。关于大学治理体系的概念，章兢从构成要素的角度进行了定义："大学治理体系实际上就是一整套治理大学的制度体系，就是各种体制机制、规章制度，就是各种紧密相连、相互协调的制度形成的一个治理框架。从治理对象来说，就是要对规范大学内外部各种关系的体制机制和规章制度进行全面的、系统的设计和安排；从体系本身而言，就是要促使各种体制机制和规章制度相辅相成、相互协调，构成一个整体。大学治理体系要对治理主体（政府、社会、学校/教师、学生、管理人员）、治理领域（人才培养、科学研究、社会服务）、治理方式（管制、调控）、治理功能（协同）、治理过程（连贯性）进行全面的界定和规范。"[①] 陈金圣从系统层面将大学治理体系定义为："利益相关方有效参与大学重大事务决策的制度体系，包括大学治理结构——'谁参与'（治理主体）、'参与什么'（权责划分）和'参与多少'（权力比重），大学治理过程——'如何治理'（方式方法、

---

① 章兢：《大学治理体系与治理能力现代化建设的内涵与切入点》，载《中国高等教育》2014年第20期。

第三章　大学制度体系建设与治理现代化

手段与程序），以及大学治理文化——'在什么样的文化背景下开展治理行动'等多层面的体制、机制和制度安排。"[①] 赵国峰从大学运行框架上对大学治理体系进行了界定，他认为："大学治理体系，指的是大学治理的过程中所依据的基本制度框架，和在上述框架下所形成的治理参与者之间所形成的稳定的规范和程序。"[②] 甘晖从权力分配的角度对大学治理体系进行了界定："大学内部层面的治理体系是指在一所大学内部的横向和纵向两个方面，在理性化思维的指导下，由大学领导者、管理者、教职工及学生作用于大学办学及管理活动时充分体现标准化、制度化、科学化和民主化等现代社会特征的权力结构安排及权力实施方式安排。"[③] 张衡则从大学的独特性上对大学治理体系进行了定义，他将大学治理体系定义为："以大学'善治'为目标，以大学精神彰显、活力激发、绩效提升为导向，以民主参与、协商共治为理念，以制度体系为保障的大学秩序体系。"[④]

综合以上，各类定义具有一定的启示意义，我们可以看出大学治理体系是一个多方面因素综合作用的复杂体系，其中既包括了大学治理所需要的规章制度、体制机制等，又包括在治理框架下各类治理主体之间的相互作用。本书将大学治理体系定义为：以实现大学的"善治"为目的，构建

[①] 陈金圣：《重塑大学治理体系：大学治理能力现代化的实现路径》，载《教育发展研究》2014年第9期。

[②] 赵国峰：《大学治理体系与治理能力——基于我国大学治理现代化的思考》，载《陕西行政学院学报》2016年第3期。

[③] 甘晖：《基于大学治理能力现代化的大学治理体系构建》，载《高等教育研究》2015年第7期。

[④] 张衡，眭依凡：《大学内部治理体系：现实诉求与构建思路》，载《高校教育管理》2019年第3期。

的一整套治理大学的规范和程序,是各种体制机制、规章制度组成的一套完整的治理框架,和在上述框架下治理主体之间所形成的稳定权力关系。

(二)大学治理体系现代化的内涵

我国正处于由高等教育大国向高等教育强国转变、积极建设世界一流大学的关键时期,高等教育综合改革不断推进治理体系和治理能力的现代化,取得了良好的效果,但一些体制障碍和机制束缚依然存在。大学治理体系现代化建设,就是要以制度治校、以制度管理人财物而不是靠领导个人管理人财物,就是要全面梳理当前大学内部的各种体制机制、规章制度,既要保证体制机制、规章制度的合理性和时效性,又要保证其相互之间的匹配和兼容。大学治理体系由横向体系与纵向体系构成,大学治理体系的现代化就包括横向治理体系的现代化与纵向治理的现代化。

1. 横向治理体系现代化

横向体系主要是横向治理权力分配,解决权力分配以及权力之间的制衡问题。通常认为我国现代大学的横向治理体系应该是"党委领导、校长负责、教授治学和民主监督"[1],目前也有学者在此基础上提出了"党委领导、校长负责、教授治学、民主监督和社会参与"的治理体系,本书更倾向于后一种观点,因为大学不是,也不应该是一个封闭的结构,社会服务是大学的重要职能之一,同样,社会参与也理应成为大学治理的一部分。

党委领导与校长负责方面。我国大学要依据《中国共产党章程》《中

---

[1] 程勉中:《现代大学治理与管理制度创新》,载《南京工业大学学报(社会科学版)》2005年第1期。

华人民共和国高等教育法》《中国共产党普通高等学校基层组织工作条例》《关于坚持和完善普通高等学校党委领导下的校长负责制的实施意见》等法规文件，结合本校实际，对党委领导下的校长负责制进行顶层设计，把党的领导贯穿办学治校始终。以政治建设为统领，坚持党管办学方向、管改革发展、管干部、管人才，充分发挥党委领导核心作用，通过大学章程，规范学校党委、学校党委常委会、校务会的议事规则、决策程序，不断推进领导班子科学决策、民主决策、依法决策、高效决策。明确支持校长独立负责地行使职权的制度规范，明确校长作为学校法定代表人和主要行政负责人，全面负责教学、科研和其他管理工作的职权范围。

教授治学方面。要坚持遵循大学的学术组织特性，回归大学的本质，强化学术的地位，激发大学发展的内生动力。根据《高等学校学术委员会规程》和教育部办公厅下发的《关于学习宣传、贯彻落实〈高等学校学术委员会规程〉的通知》，认真修订、完善学校的学术委员会章程，组建学术委员会。健全以学术委员会为核心的学术管理体系与组织架构，完善学术委员会运行机制，理顺学术事务与行政事务的关系，营造宽松的学术环境，保障学术权力能够依照大学章程在学校学术事务中充分发挥其应有的重要作用。

民主监督方面。要充分保障教职工和学生的权利，更要积极发挥教职工和学生在学校管理中的作用，运用信息公开网站、新媒体等多种手段，不断丰富党务、校务公开范围和方式。完善师生参与学校治理的制度体系，充分发挥教代会、学（研）代会的重要作用，积极发挥教职工和学生在学校管理中的作用。鼓励师生对学校教育教学、管理工作和教育行政部门的工作提出意见和建议,实现教职工和学生对学校教育教学及管理活动的参与,建立学校共治体系。第一,要畅通师生参与学校管理的途径,保障师生在学校各种政策制定中有发言建议权,尤其是要吸纳教授进入学校的各级决策机构,保证决策的科学有效。第二,要完善各类民主参与制度,明确教代会、学代会等组织的责权边界和运行程序,依法依规维护和保障代表权利的行使,发挥其在大学治理中的积极作用。第三,要建立健全监督机制,推行校务公开,确保广大师生对学校重大政策和重要事务的知悉权和监督权。[①]

社会参与方面。教育与经济社会发展紧密相连,教育利益相关者不断增多,大学应树立多元共治理念,平衡校内与校外、学校与社会之间的关系,考量利益相关者的不同诉求,将地方政府、行业协会、高校联盟、合作企业、校友、家长等社会各利益相关主体都积极纳入治理系统之中,优化治理结构,积极发挥共建、共享、共治的优势,实现资源的共享和互通。一方面大学要增强服务意识,主动融入社会,通过人才培养、科研服务、文化传承创新等职能贡献社会,引领、推动社会发展;另一方面也要紧跟社会发展潮流和趋势,积极应对市场和社会的变化,及时调整自身的办学理念和发展定位,主动寻找和利用社会资源拓展发展空间,改善办学条件。

2. 纵向治理体系现代化

纵向体系主要是纵向权力分配,包括学校——院系治理体系和组织——个体治理体系两类。在学校——院系治理体系现代化方面,应构建

[①] 沈刘峡,周忠林,郝培文,旺德,南国君:《基于高等教育内涵式发展的现代大学治理体系构建》,载《国家教育行政学院学报》2018年第8期。

以院系为主体的治理结构。在组织——个体治理体系现代化方面,应构建尊重个性特点并有助于维护个人自由的治理结构。

学校——院系治理体系现代化方面。在传统的管理体系下,大学的管理强调学校的绝对领导权,学校对学院进行领导和管理,作为决策机构负责做出学校的绝大部分决策,院系则是执行机构,负责对学校决策的执行,很少有决策权力。传统管理体系束缚了院系的积极性,与现代大学的庞大规模和现代社会信息化、法治化、民主化的治理理念不符。在学校——院系治理体系现代化建设过程中,越来越多的学校意识到院系在大学治理中的主体地位,国内大量知名大学先后开展校院两级管理体制改革,推进决策权力的下移,从而释放学院在学校治理、学院治理中的积极作用。决策权力从学校到学院的下移,一方面有利于提高决策的效率,使决策能够及时、准确地跟上社会发展的节奏;另一方面也有利于通过民主管理激发院系的活力。学校—院系治理体系的现代化,要进一步明确院系办学的主体地位,积极推进管理重心下移和学术权力的下放,赋予院系在学科专业设置、课程教学改革等方面的决定权和一定的经费使用、人事聘用权,使其能够按照学科和专业发展的逻辑进行改革和治理。学校的主要职能则更倾向于服务保障,主要作用就是为院系提供政策指导、统筹协调等服务保障工作,根据学校的总体发展规划和建设目标对院系的发展进行指引。

组织—个体治理体系方面。传统管理体系更加强调集体利益而忽视个人诉求,组织利益高于个体利益,所有的个体都应该围绕集体目标和集体利益的最大化而努力。随着经济社会的发展和民主意识的增强,尊重个体利益和个人诉求的民主政治建设取得重大进展,民主化的治理思路也逐渐形成。组织—个体治理体系的现代化就是要坚持民主化，程勉中指出："民主是时代进步的标志，也是大学发展的基础，大学作为社会发展的先导，建立现代大学制度进程中实行民主管理的重要性不容忽视。"①组织—个体治理体系的民主化，首先就是要重视个体表达的意见，在决策中要多方倾听个体声音，多听取不同的意见，在广泛征求广大师生员工，特别是利益直接相关的师生员工的意见的基础上进行决策，这样不但可以激发个体参与学校治理的积极性，还将促进决策在执行层面得到更多的配合与支持。其次就是要尊重个体利益，在集体利益与个体利益的冲突中不能只强调集体利益而无视或者轻视个体利益，要重视为个体提供发展机会，既有利于个体的充分发展，又有利于权力监督。

三、大学治理能力现代化

（一）大学治理能力的概念

目前，学界关于大学治理能力的研究相对于大学治理体系而言要少很多，很少有学者单独对大学治理能力的概念进行界定。一方面很多学者通常将大学治理体系与大学治理能力放在一起，作为大学治理这一个概念来研究；另一方面大学治理能力相较于大学治理体系而言更加抽象，其内涵和外延也更难界定。"在国外治理能力的概念来源于'可治理性'，英文表达是governability，即治理能力以及找到指导公共行为之实验条件的能力，

---

① 程勉中：《现代大学治理与管理制度创新》，载《南京工业大学学报（社会科学版）》2005年第1期。

促使我们关注行为体之间的协商经验以及将其倡议进行梳理。"①在今天的中国语境中,党的十八届三中全会提出推进国家治理体系和治理能力现代化,治理能力成为一个政治性概念,这也为其提供了合法性保障。从治理体系和治理能力的关系而言,习近平总书记指出:"国家治理体系和治理能力是一个国家的制度和制度执行能力的集中体现,两者相辅相成。"②由此进一步来看,我们可以理解为治理体系和治理能力两者是相互配合、相互促进的,良好的治理体系是治理能力提升的基础,而治理能力的提升又能促进治理体系效能的发挥。从主体层面而言,甘晖认为:"治理能力是各个治理主体共同作用于治理对象时表现出的行为素质,蕴含在治理主体自身及治理体系之中。"③也就是说,治理活动是治理主体实施的活动,治理活动的效果取决于治理主体的素质,同时,治理活动往往不是由单一主体来实施的,治理的主体是多元化的,治理活动也是由多元化的主体合作实施。因此,主体之间的合作规则、机制对于治理活动的效果同样产生重要影响,甚至决定性影响,因为各主体之间的合作规则和机制直接影响各主体的素质发挥和合作效果。

综合以上,本书将大学治理能力界定为:大学治理能力是大学治理主体为了实现"善治"的目的,运用大学体制机制和规章制度来共同推动大学各项事务有序运作,所体现出的一种统筹协调能力。这种能力在

---

① 让·皮埃尔·戈丹著,钟震宇译:《何谓治理》,社会科学文献出版社2010年版,第35页。

② 《习近平强调:推进国家治理体系和治理能力现代化》,载中央政府门户网站,2014年2月17日,http://www.gov.cn/ldhd/2014-02/17/content_2610754.htm。

③ 甘晖:《基于大学治理能力现代化的大学治理体系构建》,载《高等教育研究》2015年第7期。

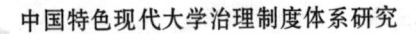

很大程度上取决于大学治理体系这一关键性载体,即大学体制机制和规章制度,同时,也取决于大学治理中治理主体的综合素质和大学治理整体的环境影响。

(二)大学治理能力现代化的内涵

大学治理能力是国家治理能力的重要组成部分,与国家公共治理有相近的地方,同时,大学作为高等教育机构,大学治理也具有自身的鲜明特色。大学治理能力的现代化并不意味着与传统的决裂,大学治理能力的现代化过程就是更好发挥现代大学人才培养、科学研究、社会服务、文化传承创新和国际交流合作职能的过程,须要同大学治理体系的现代化相匹配才能发挥效果。大学治理能力的现代化是由内部一系列"能力因子"逐渐形成合力的过程。具体来说,高等教育治理能力的现代化应该包括以下五个"能力因子"的现代化:

1. 理念更新能力现代化

治理能力的提高首先来源于治理理念的更新,大学治理理念是人们对大学治理活动所持有的基本看法和对大学治理规律的理性认识,或者说是人们对大学治理的基本问题所做出的一种富有逻辑的价值判断。大学治理理念具有两个层面的意义。一是大学治理固有的义理和秩序,这是大学治理理念的本体部分,也是"大学治理"在人脑中留下的最概括、最稳定的形象,具有客体上的价值存在意义。它包括大学治理的本质、大学治理的依据、大学治理的特征等。二是治理主体对大学治理的认识和觉悟,具有主体方面的价值判断意义,包括实现大学治理必须依赖的人民性理念,以及大学治理的德治、法治、善治、心治等理念。[①] 治理理念的更新致力于破解发展难题,增强发展动力,厚植发展优势,是现代大学内涵式发展和"双一流"建设的必然选择和应有之意,更是大学治理能力现代化的前提条件和基本思路。提升大学治理能力要坚持更新治理理念,只有这样才能把握发展的脉络精髓。

2.制度执行能力现代化

《决定》指出:"制度的生命力在于执行。各级党委和政府以及各级领导干部要切实强化制度意识,带头维护制度权威,做制度执行的表率,带动全党全社会自觉尊崇制度、严格执行制度、坚决维护制度。"[②] 制度是治理的前提,其性质决定了治理的方式,制度的执行就是治理的过程,制度执行力体现了治理能力,制度执行越有力,治理能力越有效,越能充分发挥制度体系的功能,彰显制度优越性。大学要坚持提高制度的执行能力,要坚持强化制度意识,提高运用制度履行职责的能力和水平,加强制度执行的监督,把办学治校的各项制度和治理体系执行到位,将决策部署贯彻到底,只有这样才能充分激发大学制度的效能优势,推动大学治理现代化。

3.资源整合能力现代化

大学的发展离不开办学资源,有了资源,大学该如何配置就成为重大治理课题,资源涉及人、财、物等多个方面。办学资源在过去一度紧张,

---

① 杨光钦:《大学治理理念及领导方式的系统集成改革》,载《中国高教研究》2020年第6期。

② 《习近平谈治国理政》第三卷,外文出版社2020年版,第128页。

随着国家对于高等教育投入力度的不断加大，高等教育资源不足的情况有所改善，但也在不同程度上出现了资源配置不当和资源浪费现象。在人力资源方面，总体编制受限，一些高校生师比例、教师与行政人员比例不当，导致人浮于事，不能充分调动工作人员积极性；在财力资源方面，一些高校内部结构不合理，资源配置存在"小而全"的思想和"撒胡椒面"的现象，导致院系之间、学科之间缺乏竞争活力，资金利用率低；在物力资源方面，破旧校区、教室、实验室、图书馆等闲置的现象普遍，一些高校发展资源不足和资源闲置矛盾突出。可以说，资源配置问题深刻地影响高校的发展，因此，提高资源整合能力，提升资源利用效益，激发人员活力应是高校提升治理能力关注的方向。

4. 监管反馈能力现代化

治理的过程不仅仅包括制度的执行，对于执行的结果进行有效追踪和反馈同样是治理不可或缺的组成部分。受传统管理思维的影响，在我国大学治理过程中，通常比较重视制度执行的过程，强调制度的落细落实，但是对于制度执行结果的评价和反馈却是比较薄弱的。这种情况的出现，一方面从大学治理体系来看，是因为能够承担制度执行监管和反馈的组织机构缺失或者初创不久，难以对于治理过程进行真正有效的监管和反馈；另一方面从大学治理的观念层面来看，制度执行监管和反馈的作用还没被充分认识到，无论是大学管理者还是大学治理的参与者的认识都有待于进一步提升。大学治理能力中监管反馈能力的提升有利于对现行制度和治理体系进行科学的评估和及时的调整，提高大学治理的效果。

5. 冲突调节能力现代化

大学治理的过程是一个动态的过程，在动态的调整过程中必然会产生冲突，包括制度冲突、利益主体冲突等。其中制度冲突既有大学内部制度与外部制度之间的冲突，又有大学内部制度之间的冲突，以及现实情况发生重大改变后，旧制度与现实情况之间的冲突；利益主体之间的冲突包括校外利益主体之间的冲突、校内利益主体与校外利益主体之间的冲突，以及校内利益主体之间的冲突。制度或者利益的冲突将影响学校有序运转，这就需要学校及时介入，对冲突进行调节和缓冲，进而维护学校正常运转，平衡各方利益。"西方发达国家学校治理模式通过重新配置学校权利主体的资源，进而平衡其利益需求，提升学校教育质量。这种治理机制赋予了价值的教育选择权、教师的专业自主权和学校的自治权，来发挥各个权利主体的作用，进而规范学校治理。"[1]英美国家在面对制度或利益冲突时，通常采用的是法律和市场并行的手段进行调节，这对我国高校处理冲突具有重要借鉴意义。

总之，大学治理能力现代化的构成维度不是单一的，而是一个由上述诸多能力协同发力的过程，大学治理能力现代化的关键就是要将这些治理能力转化成常态化的治理行为，从而实现大学治理的"帕累托最优"。同时，大学治理体系和治理能力是结构和功能的关系，推进大学治理能力现代化，可以通过构建现代大学治理体系来进行，现代大学治理体系的建设应以实现大学治理能力现代化为目标和方向。

---

[1] 杨琼：《治理与制衡：学校法人论》，教育科学出版社2011年版，第113页。

四、推进大学治理现代化的必要性

（一）国家治理体系的重要内容

高等教育治理体系是国家治理体系的重要组成部分。大学承担着立德树人的根本任务，为国家经济社会发展提供智力支持、人才保证等，在现代化建设中具有先导性、全局性作用。正如习近平总书记在全国高校思想政治工作会议上指出，实现中华民族伟大复兴，教育的地位和作用不可忽视。我们对高等教育的需要比以往任何时候都更加迫切，对科学知识和卓越人才的渴求比以往任何时候都更加强烈。因此，要实现"中国之治"的现代化，必须率先实现教育现代化。

（二）实现教育现代化的重大任务

《中国教育现代化2035》聚焦教育发展的突出问题和薄弱环节，立足当前，着眼长远，重点部署了面向教育现代化的十大战略任务，明确提出要"推进教育治理体系和治理能力现代化"。教育治理体系和治理能力现代化是教育现代化的重要一环，要实现教育现代化，教育治理要率先现代化。

十是推进教育治理体系和治理能力现代化。提高教育法治化水平，构建完备的教育法律法规体系，健全学校办学法律支持体系。健全教育法律实施和监管机制。提升政府管理服务水平，提升政府综合运用法律、标准、信息服务等现代治理手段的能力和水平。健全教育督导体制机制，提高教育督导的权威性和实效性。提高学校自主管理能力，完善学校治理结构，继续加强高等学校章程建设。鼓励民办学校按照非营利性和营利性两种组织属性开展现代学校制度改革创新。推动社会参与教育治理常态化，建立健全社会参与学校管理和教育评价监管机制。

——《中国教育现代化2035》

（三）"双一流"建设的根本保障

2017年1月以来，教育部、财政部、国家发展改革委先后印发《统筹推进世界一流大学和一流学科建设实施办法（暂行）》（教研〔2017〕2号）、《关于公布世界一流大学和一流学科建设高校及建设学科名单的通知》（教研函〔2017〕2号）、《关于高等学校加快"双一流"建设的指导意见》（教研〔2018〕5号）和《关于深入推进世界一流大学和一流学科建设的若干意见》（教研〔2022〕1号）等文件，对"双一流"建设相关工作做出部署。

以制度建设保障高校整体提升。坚持和完善党委领导下的校长负责制，健全完善各项规章制度，贯彻落实大学章程，规范高校内部治理体系，推进管理重心下移，强化依法治校。

——《关于高等学校加快"双一流"建设的指导意见》

完善学校内部治理结构，深化人事制度、人才评价改革，充分激发建设高校内生动力和办学活力，加快推进治理体系和治理能力现代化。

——《关于深入推进世界一流大学和一流学科建设的若干意见》

"一流"的大学，意味着人才培养、科学研究、社会服务、文化传承创新和国际交流合作等方面综合实力的全面提升，必须有与之匹配的大学治理体系为保障。纵观北京大学、清华大学、复旦大学等众多知名高校的"双一流"建设方案及新一轮建设方案，推进治理体系治理能力现代化成为高校的思想共识和行动方略。

表3-1 相关高校"双一流"建设方案中关于治理现代化的表述

高校	相关内容
北京大学	推进人事制度体系改革，形成一套公开、公平、公正的有竞争力的人事管理体系。构建决策权、执行权、监督权相互制约和协调的现代大学治理体系，实现学校治理能力的现代化。深化学术体系改革，建立和完善合理有效的资源配置体系（第一轮）
清华大学	建立和完善制度建设体制机制。全面推进依法治校、依纪依规管党治党……有计划、有重点地全面推进规章制度的立改废工作，使我校在2020年基本形成科学完备、务实管用的制度体系。确立统筹规划、多元起草、层级授权以及审查备案等制度建设工作机制（第一轮）
中国人民大学	加快中国特色现代大学制度建设，完善学校内部治理结构，形成以章程为统领的完善、规范、统一的制度体系，加快构建充满活力、富有效率、更加开放、有利于学校科学发展的体制机制，推进学校治理体系、治理能力现代化（第一轮）
中国政法大学	完善学校内部治理结构，加快推进治理体系和治理能力现代化。以深化新时代教育评价改革为抓手，有效构筑法治化管理、智能化运行、精细化服务的治理机制，实现一流大学治理体系和治理能力现代化（第二轮）
上海交通大学	完善制度建设，提升大学治理能力。加快推进学校治理体系和治理能力现代化，坚持党委领导下的校长负责制这个根本制度，健全以学术委员会为核心的学术管理体系与组织架构，改进师生医务员工广泛参与的民主管理和监督机制，进一步完善"党委领导、校长负责、教授治学、民主管理"的治理格局，释放办学活力，增强发展动力（第二轮）
武汉大学	完善内部治理结构。学校全面贯彻党的教育方针，坚持扎根中国大地办社会主义大学，不断推进具有武大特点、中国特色现代大学制度体系的完善，提高学校运行效能（第二轮）

（四）高质量发展的内在需求

2020年10月29日中国共产党第十九届中央委员会第五次全体会议通过《中共中央关于制定国民经济和社会发展第十四个五年规划和二〇三五年远景目标的建议》，提出要"建设高质量教育体系"。

建设高质量教育体系。全面贯彻党的教育方针，坚持立德树人，增强学生文明素养、社会责任意识、实践本领，培养德智体美劳全面发展的社会主义建设者和接班人。

——《中共中央关于制定国民经济和社会发展第十四个五年规划和二〇三五年远景目标的建议》

高等教育高质量发展是一种特色要求高、质量程度优、满足需求能力强的高等教育发展导向，就其本身而言，既可以理解为高等教育内涵式发展的"升级版"，也可以理解为一个高于内涵式发展的高等教育发展方式、发展阶段、发展取向。[1]要实现学校的高质量发展，必须以治理的现代化协调各方关系，激发内生动力。

（五）解决现实问题的迫切要求

中国高等教育虽然取得了长足的进步和显著的成绩，但仍存在一些问题，与国家发展需要和人民群众期盼相比仍存在较大差距，如内生动力不足、权力主体之间的冲突矛盾、治理水平不高、管理队伍专业水平不高等问题。

第二节　以制度体系建设推进大学治理现代化

一、制度是破题之钥、治理之基

制度是治理现代化的基础，而治理能力是在制度体系之上，治理主体是否利用、是否能够利用、能否有效利用制度的能力，以及能否在实践中

---

[1] 钟晓敏：《新时代高等教育高质量发展论析》，载《中国高教研究》2020年第5期。

创新运用制度的能力。①

党的十九届四中全会提出要把制度的优势转化为治理的效能。我们可以由此明确，国家治理的现代化需要以制度的优化为支撑，必须将党的领导和国家的权力转化为适应社会各方面发展的制度，并在实践过程中不断去完善健全，使其更加合理化、科学化、体系化。

大学制度体系建设既是世界一流大学建设的基本内容，也是实现世界一流大学建设目标的根本保障，是推进大学治理现代化的基础。在很大程度上，中国内地的大学与世界一流大学之间的巨大差距，主要不是学术生产力和学术声誉，也不是经费投入与办学条件，而是制度。②

制度体系在推进大学治理现代化的过程中发挥何种作用呢？

（一）提供法律依据

依法办学是现代大学制度的首要内涵，是社会主义法治国家办教育的头等要求，大学要在法律的框架和要求下合理合法办学，要在大学章程规范下依法办学。

章程是高等学校依法自主办学、实施管理和履行公共职能的基本准则。高等学校应当以章程为依据，制定内部管理制度及规范性文件、实施办学和管理活动、开展社会合作。

——《高等学校章程制度制定暂行办法》第一章第三条

---

① 赵洲洋：《国家治理现代化视域下制度建设的逻辑和框架》，载《重庆社会科学》2020第10期。

② 陈彬：《良法与善治：中国大学治理现代化探究》，华中师范大学出版社2018年版，第62页。

自《国家中长期教育改革与发展纲要（2010—2010）》实施以来，我国大学章程建设发展迅速，至 2015 年底，我国公立大学"一校一章程"的建设目标基本完成。近年来，根据高等教育内外形势的变化，部分高校着手对大学章程进行修订。

大学章程就是一所大学办学治校一切活动的内部"宪法"。大学章程必须从本质上规定大学活动的根本属性、确定大学存在的价值、规范大学运行的制度体系并设置大学的组织治理结构。好的大学章程既体现党和国家对学校的基本要求，遵循高等教育发展规律，又能满足学校自身改革发展的需要，成为学校治理活动开展、机构设置、相关制度制定实施的依据。

同时，大学治理的合法性、合规性是需要由大学章程赋予和确认的。一言以蔽之，大学章程是大学治理的"法律"依据。强调以大学章程来治理学校，有利于大学管理者树立依法思维、依法管理、依规办事的治校、治教理念。

（二）明确各方权责

大学章程是大学治理内外关系的准则。大学章程外接国家的教育和法律法规，内连学校的规章制度，可以约束政府对高等教育的管理和高校的自我管理行为。通过大学章程的制定，明确政府是高等教育的宏观调控者，高校则是人才培养、科学研究和社会服务的办学者。

由此，大学在对外关系上，着重于怎样落实办学的自主权，促使政府和教育主管部门转变管理方式和管理思维，界定管理权限和职责；同时，大学章程还可发挥大学与外部组织之间的桥梁和纽带作用，将大学与外部社会组织之间的关系通过大学章程予以定位,并将大学与社会组织之间的互动方式程序化、制度化。在对内关系上,通过大学章程可以确立在政治权力领导下,学术权力与行政权力相对独立、适度融合、和谐运行的横向管理体制以及以学校、院、系为轴心的纵向管理体制。大学章程从本质上起到了对校内政治权力、行政权力、学术权力、民主权力的规范约束,既有利于用好用足每项权力,规划各种权力范围,又有利于大学治理的高效和科学。

(三)规范治理行为

大学章程是大学内部制度建设的纲领性文件,对大学内部治理制度的建设起到指导和规范作用。而以大学章程为核心的制度体系是保证大学办学功能实现的根基,让各项工作沿着正常轨道有条不紊地运行。这些制度从宏观、中观、微观不同层面规定了大学办学过程中内部人、事、物与活动的相关工作原则、要求、标准、程序和方法等,将办学过程中可能出现的情况和问题纳入基本的规范之中,使办学治校各项工作有据可依、有章可循。

在纷繁复杂、形势多变的内外环境下,大学发展存在不适应、不协调等问题,对相关制度进行梳理、修订、完善,有利于及时纠正偏差,提高大学治理制度的合法性、完整性、逻辑性和权威性。

(四)优化资源配置

资源配置是一个经济学术语。狭义上说是以经济资源组合使用的最优方式,获得最好的投入产出比,以缓解资源稀缺的紧张状态和满足人们的消费需求。①

所谓大学内部资源配置，它所限定的是在大学内部，意即大学通过不同方式从政府、市场和社会获得人、财、物等既定资源，然后在大学内部不同机构、不同学科之间进行分配的活动。②大学内部资源配置也属于经济活动，大学内部能进行配置的资源也是非常有限的，所以必须实现资源配置的最大效益。既要实现资源办大事以充分发挥学校优势，又要公平公正以保障各方面协调发展，就有赖于制度的确立和规范。

高校资源配置的"历史主义""关系主义""行政主义"等偏差凭管理者的智慧和决策很难很好地处理，而需要强有力的制度来纠正，以使大学资源配置的整体逻辑符合教育规律，带来更高的配置绩效。因为制度体系的确立，有上位法的专门规范，具体细则的出台也是校内相关利益主体博弈的结果，同时因为制度的稳定性、延续性，不会因管理者的变动而随意调整。也就是说制度体系的建立能有效规避资源配置决策的风险。

（五）涵养良好风气

1. 推动形成良好的民主管理氛围

好的制度体系能保障民主参与的权利，为学校内部的民主管理提供保障，从而推动大学按照教育规律、办学规律改革和完善管理体制，扭转大学内部管理行政化的倾向。《高等教育法》第四十三条规定："高等学校

---

① 马庆钰：《国家治理视角下社会资源配置的优化》，载《云南行政学院学报》2020年第5期。

② 蔡连玉，眭依凡：《大学内部资源配置及其制度选择研究》，载《清华大学教育研究》201年第6期。

通过以教师为主体的教职工代表大会等组织形式，依法保障教职工参与民主管理和监督，维护教职工合法权益。"大学章程要求建立健全教职工代表大会、校友代表大会等多项制度体系，充分保障利益相关者的知情权和参与权，有利于激发校内各层次主体意识，发挥自身主人翁作用，从而积极参与到学校的各项管理和监督体系中。

2. 形成崇尚制度的校园文化

学校制度文化，简言之，即由学校制度所承载、表达、衍生和推动的文化，它是一所学校渗透在体系架构、规章制度、工作流程、岗位职责中的价值观念和风格特色，也是在生成和执行各类制度的过程中折射出来的价值取向和行为准则。学校制度文化是有形的制度与无形的价值的有机结合，一方面以有形的制度做载体，一方面以无形的价值在学校的诸多领域体现出来，不仅体现在制度本身，而且通过制度实施，体现在一切结构、组织、形式、过程、方法、技术、行为方式、人际关系、心理氛围之中，学校制度文化越发展完善，无形价值在上述各领域的体现与制度所承载和推动的文化越趋同。

二、制度体系建设能力是衡量大学治理现代化水平的核心标志

大学治理体系和治理能力现代化水平可以从不同维度来评价、衡量。我们认为，制度体系建设能力是其中的核心标志。制度体系建设能力是贯穿于整个制度建设过程的综合本领，包括制度解读能力、制度制定能力、制度执行能力等。

第三章 大学制度体系建设与治理现代化

图 3-1 制度体系建设能力

（一）制度解读能力是基础

制度解读是一项基础性工作，既包括对国家、行业宏观层面的制度研究分析阐释，也包括对校内出台制度的分解宣传说明。解读能力的高低决定高校能否准确把握相关制度的核心要义，也决定其能否有效地将制度落实。在具备解读能力基础上，进而提高制度制定能力、执行能力，才能具备在制度的轨道上推进各项事业的本领。总的来说，只有在学懂、弄通的基础上，才能做实。

1. 上接"天线"：把握上位法的出台背景及内容实质

一项制度的出台有其深刻的时代背景和现实环境。解读制度的目的在于准确领会精神实质、把握核心要义，从宏观角度掌握其重要的时代意义和深远的时代影响，提高对落实相关工作的紧迫感、责任感。

重要制度发布的同时通常会公布相关制定说明，或者以答记者问的形式进行解读，主管部门就制度的制定背景、意义、目标、任务等做出解释。要贯彻落实好制度，既要通学制度全文，还要精读制度说明，这有助于更快更好地全面理解制度，深刻领会新的工作要求，找准着力点，避免以制度落实制度。

2. 下接"地气"：对新出台的制度进行宣传解释及操作指导

对于新出台、新修订的制度，要及时通过相关渠道予以公布，利用不同媒体平台对制度进行宣传解释，让师生广泛知晓。相关职能部门要承担起相应的工作，对师生关注度较高的内容进行解释回应，阐明政策依据和现实要求。对于与相关业务联系紧密的制度，可以根据需要发布配套的操作指南，对制度如何落地提供操作性、针对性较强的指导。

（二）制度制定能力是核心

制度制定能力贯穿于制度出台的全过程，从酝酿研究、起草成文，再到出台实施。学校党委常委会、校务会议（校长办公会）要将上级文件传达学习、学校制度体系建设等内容作为重要议题，听取各方面工作汇报并做研究部署，对实际工作中形成的好经验、好做法予以总结提炼，通过建章立制的方式进行固化执行。

1. 加强调查研究

向前看，制定制度要有一定的远见，有预见性，确保制度在一定时期内有适用性，避免朝令夕改，使制度的严肃性、稳定性大打折扣；向后看，要厘清来龙去脉，准确把握原有制度与新制度间的关联，适时废止旧制度；向左右看，包括两方面，一是要学习借鉴兄弟高校，特别是同类高校的经验，学习好的做法，另一方面要对相关联的制度进行梳理，加强制度的统筹，确保协调统一、良性互动，避免制度之间要求不一、相互打架，导致执行困难。特别是高一层级的制度出台或者进行较大改动的时候，要注意其下一层级制度的及时调整和补充完善。

2. 充分听取意见

相关议事协调机构要充分讨论，各部门从不同业务工作角度对制度的科学性、可行性等提出完善意见，与师生密切相关的、师生关注度高的制度要通过座谈会、问卷调查等形式听取意见和建议，充分保障师生的知情权、参与权、建言权与审议权。以高度认同感凝聚思想共识，以充分的自觉性推进制度落实。不然制度就如同一纸空文，形同虚设。对于师生的意见和建议，合理的应予采纳，不予采纳的要及时做好解释说明工作。

3. 规范出台程序

落实制度制定任务至相关责任部门，由其起草拟（修）定负责的业务模块统领性制度等校级层面的规章制度，形成征求意见稿；相关责任部门在充分征求利益相关部门的意见后，提交归口管理部门；由归口管理部门组织审核、论证后反馈责任部门；根据审核、论证意见，提交相关议事决策机构研究审议；责任部门形成上会稿，提交学校决策机构审议；经学校决策机构批准，由学校制定文件发布，正式施行。

4. 严格文本规范

学校要出台规章制度制定管理办法，也就是学校的"立法法"，来规范制度体系建设活动，健全规章制度，提高制度体系建设质量，发挥制度的引领和推动作用。规范编号和名称，学校规章制度的名称，一般称为"章程""办法""规定""规则""规程""细则"等，可根据具体情况，标注为"暂行"或"试行"，有效期为两年。规范内容，应当包括制定的依据和宗旨、适用范围、遵循原则、权利和责任、具体规范、施行日期、解释主体等。新制定、修改的规章制度，发生需要废止现行全部或部分规章制度的情形，应在文本中写明。规范体例，可以分章、节、条、款、项、目。明确不同层次制度的功能定位，规定统一的命名规则及通用的制定程序。

5. 实施动态调整

制度体系的建设是与时俱进、动态开放的，整个过程包括"立改废释"等。建立校内规范性文件定期清理机制，按照法制统一的原则进行及时修订和清理，编制现行有效文件清单。监督范围包括规章制度制定的程序是否规范、执行是否严格、实施效果如何等方面。对于发现与现行法律、法规相抵触的或与当前学校实际不相符合的规章要及时予以废止或修订，对于发现内容有重复的要予以合并或重新起草，对不能适应学校发展需要的要及时修订。同时，还应该按照"保留适应的、废止过时的、修订残缺的、制定空白的"的原则定期对学校规章制度进行清理和汇编工作，以适应新形势、新情况的需要。

（三）制度执行能力是关键

1. 成立专门机构

提高建章立制的科学化、规范化水平，加强制度体系建设，需要高校成立专门的组织机构，配备法治工作人员负责这项工作，工作人员一般应具备法学专业背景或法律实务工作经验。建立健全法律顾问制度，由法治工作机构人员、学校相关专家、外聘执业律师组成法律顾问队伍，对相关制度进行合法性审查，给出专业的法律意见。通过具有较高专业化水准的法务机构的全面、深度参与，防范和化解风险，提高学校制度体系建设的专业化质量。

2. 强化监督反馈

建立与制度体系相适应的常态化、动态化的监督检查机制，并贯彻到制度执行的各个环节。将制度与年中督查、年底考核、专项工作等相结合，既注重集中检查，又注重经常性督查，发现问题及时督促纠正和整改，推动各项制度进一步落到实处。

突出督查重点，特别是要将师生关注度高、反映强烈的重点领域和关键环节作为重点关注和检查内容。要紧紧围绕"人、财、物、权"四个重点，对主要对象、重点领域、关键环节的制度执行情况进行监督检查，特别是要对单位主要负责人在"三重一大"事项，对职能部门和重要岗位的重要人员执行制度情况，招生、就业、基建等制度执行情况进行监督检查。要发挥网络媒体和群众的监督作用，广泛搭建监督平台，使制度执行得到多渠道的监督。

建立健全制度执行的责任、考评、问责等机制，完善保障制度执行的程序性规定和违反制度的惩戒性规定，对制度执行进行责任分解，明确责任部门和具体责任人。探索制度执行的激励机制建设，把能否维护、落实制度作为评先评优、晋级升职的重要依据，把是否尊重制度、是否按制度办事、是否依靠制度管理、是否善于制度创新作为评价干部的标准，与干部的提拔任用挂钩。

3. 发挥领导干部的带头作用

习近平总书记指出："各级党委和政府以及各级领导干部要切实强化

制度意识，带头维护制度权威，做制度执行的表率。"[①]领导干部是实现高校治理现代化的"关键少数"。制度体系建设要有序推进并且服务于学校治理的现代化，变成思想共识、行动指南，发挥实效，关键在于领导干部能否发挥示范带头作用，思想上深刻认识，行动上做好表率，将制度的运用执行能力转换为出谋划策、干事创业的能力，转化为推动学校事业发展的工作实绩。

当好"领头雁"。增强制度意识，带头维护制度权威，以身作则尊崇制度，做制度执行的表率，对制度做选择、搞变通、打折扣的现象坚决反对。带头深入学习领会习近平总书记关于国家制度和治理体系、治理能力重要论述，教育部党组对高校制度建设的重要部署和要求，坚持学原文、悟原理，在学懂弄通做实上下功夫，悟透制度精神、熟知制度内容，牢固树立按制度办事的观念，坚持制度面前人人平等、制度执行没有例外、制度落实不留空白，真正把各项制度转化为思想自觉、行动自觉。

织密"制度网"。要健全本单位的制度体系，成为学校制度体系的延伸和拓展。在学校制度的基础上，加强部门规章制度和工作细则等的制定完善，体现出制度制定的科学性、合理性。

架起"高压线"。让制度长出牙齿，成为碰不得的"高压线"，以维护制度的权威性。对领导干部尤其是主要负责人破坏制度、干扰制度的行为严肃追究责任，形成制度面前人人平等、制度面前没有特权、制度约束没有例外的氛围；对不敢明目张胆地"闯红灯"但却存在变通执行、选择

[①] 《习近平谈治国理政》第三卷，外文出版社 2020 年版，第 128 页。

执行以及打擦边球的行为要严肃追究。

三、以制度体系建设推进"五大"治理

加强高校内部治理能力建设对于实施教育强国战略、办好人民满意的高等教育具有重要意义。高校要始终坚持社会主义办学方向，全面贯彻党的教育方针，落实"立德树人"根本任务，完善内部治理结构，提升内部治理能力，以制度体系建设为基础，在从严治理、民主治理、依法治理、科学治理、高效治理上下功夫，形成共享共治、多元互动的良好治理格局，促进学校事业高质量发展。

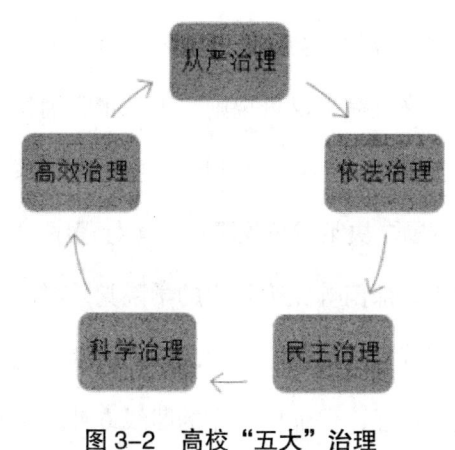

图 3-2　高校"五大"治理

（一）加强党的领导制度建设，推进从严治理

要扎根中国大地办好中国特色社会主义大学，构建具有中国特色的现代大学治理体系，必须始终坚持党的领导。党有效领导一切的关键是要坚持和完善党的领导制度体系，加强高校党的领导制度体系建设，把党对学校的全面领导体现在办学治校各方面、各环节。

1. 坚持和完善党委领导下的校长负责制相关制度

《关于坚持和完善普通高等学校党委领导下的校长负责制的实施意见》再次明确这项制度在我国高校管理体制中的根本性、决定性和指导性地位，高校必须毫不动摇、长期坚持并不断完善。

高校要在大学章程中将党委领导下的校长负责制予以明确，将这一制度的精神实质充分融进相关内容，确立党委领导下的校长负责制在学校运行管理中的核心地位。

制定实施"三重一大"决策制度实施办法，明确决策范围、决策机构及分工、决策程序和实施等，相关事项由常委会或校务会议（校长办公会）集体研究决策，制定出台常委会、校务会"三重一大"决策清单，进一步细化明确决策事项。修改完善议事规则，进一步明确相关会议的事权与责任。根据上位法要求和学校实际，及时修订党委会、常委会、校务会议（校长办公会）的议事范围、决策或审议事项、运行程序、参会人员等。

指导督促各学院、部门等完善相应的学院党政联席会制度、部务会制度、主任办公室制度等，落实民主集中制，确保基层党组织充分发挥政治核心作用，履行政治责任，保证监督党的路线方针政策及上级党组织决定的贯彻执行，把握好教学科研管理等重大事项中的政治原则、政治立场、政治方向。

2. 完善落实立德树人根本任务的相关制度

习近平总书记指出："高校的立身之本在于立德树人。"[①] 因此要将

---

① 习近平：高校立身之本在于立德树人，载新华网网站，2016 年 12 月 9 日，http://www.xinhuanet.com/mrdx/2016-12/09/c_135892530.htm。

立德树人根本任务融入教育教学、改革发展的全过程。学校学科建设、人才培养、科学研究、服务保障等各领域的管理体系都要围绕立德树人这个目标来统筹设计、科学谋划。

从战略和全局的高度，严格落实意识形态工作责任制，增强政治意识与阵地意识，出台自办刊物、课堂讲座论坛等意识形态阵地的管理办法，完善师德师风建设相关制度。

强化新时代思想政治工作，加强理想信念教育，实施"三全育人"综合改革，探索构建学校"十大育人"体系。不断完善教材建设管理、课程思政建设等制度。

3. 建立和完善高校全面从严治党制度体系

要将制度建设贯穿于党的建设各方面。一是要建立并坚持党的政治建设制度，确保学校始终成为坚持"两个维护"、坚定"四个自信"的坚强阵地，坚定正确的办学方向不动摇，如制定校院两级理论学习中心组制度、学校党委书记、党委班子其他成员落实全面从严治党主体责任清单等。二是要进一步规范和完善党内政治生活的各项制度，严格遵循新时代党的建设总要求和新时代党的组织路线，以坚持民主集中制、严明党的纪律等为主要内容的党内政治生活基本规范，以加强和规范党内政治生活的有力举措和实际成效推动全面从严治党各项任务落实。三是要加强党风廉政建设相关制度建设，强化纪律建设和宗旨意识，深入开展经常性纪律教育，使教育常态化制度化，健全作风建设常态化机制，着重纠正形式主义、官僚主义，坚决与一切弱化党的纯洁性、先进性的思想和行为做斗争。四是要完善干部选拔任用和监督管理考核制度，构建适合高校特点的素质培养、知事识人、选拔任用、从严管理、正向激励的干部工作体系，把高校干部选拔中的政治标准和专业化要求转换为可操作的制度安排，制定干部培训中长期规划和激励干部新时代新担当新作为的实施办法，选拔出忠诚于党的教育事业、具有办学治校、管党治党专业化水平，敢于担当作为、开拓创新的干部，切实促进高校治理体系的完善和治理能力的提升。五是要强化高校内部问责机制，明确领导责任、主体责任、监督责任和直接责任的划分，强化守土有责、守土担责、守土尽责的政治担当，扭住责任制这个"牛鼻子"，抓住领导班子这个关键主体，不折不扣落实全面从严治党责任。

（二）维护大学章程权威，确保依法治理

推进大学章程的学习宣传和贯彻实施，在学校网站显著位置公布大学章程，将大学章程纳入教职工入职、学生入学培训内容。健全大学章程的解释和修订程序，使章程的稳定性和适用性有机统一。遵循高等教育规律和法律保留原则，积极主动利用大学章程修订完善推进制度创新，做到重大改革于法有据、于大学章程有据。

"良法"是"善治"的前提，中国特色现代大学制度建设必须突出大学章程在学校制度体系中的统领地位，制定符合本校实际、具备本校特色的大学章程，发挥大学章程在学校治理中"根本法"的作用。以大学章程为统领，完善教学、科研、学生、人事等学校管理制度，建立健全办事程序、内部组织规则、议事规则等。进一步提高学校制度建设质量，制度制定要遵循民主、公开原则，符合理性和常识。涉及师生重大利益的制度制定，要充分听取广大师生意见，体现和保障广大师生的合理诉求和合理权益。①加强大学章程建设，是中国特色现代化大学制度建设的重要标志，大学章程是学校改革发展、实现依法治校的基本依据。

关于制度体系建设与依法治校，将在下一节具体阐述。

（三）加强民主制度建设，推动民主治理

高校在制度建设管理工作中，必须真正确立以师生为本和以师生为主体的思想，摒弃将师生作为被管理者的观念，从以自我为中心的"管理本位"转变为以师生为主体的"服务本位"。②教育以学生为主体，以教师为主导，学校一切工作的出发点和落脚点都应主张师生的根本利益，学校内部制度建设更要彰显师生的主体地位，情为师生所系，规为师生所尊，事为师生所谋，有效推进民主治理。

1. 探索完善在党的领导下实施"教授治学"的管理体制

高校肩负着传授文明、生产知识、创新科学的时代重任，内含着相对独立的学术规律。这一特性决定了党对高校的领导既要体现在令行禁止、规范统一的集体层面，也要体现在说服感召、激发活力的个体层面。具体地说，就是要充分尊重学术共同体所蕴含的"同行评价"的传统，发挥好教授群体的作用，挖掘"教授治学"的创新潜力。一是要明确"教授治学"的内涵应主要聚焦于学术事务，并由此体现对学术权力的尊重；而这种学术权力也应与总揽全局的党委权力和具体管理的行政权力相互协调、各司

---

① 韩进：《完善中国特色现代大学制度体系 全面提升学校依法治校水平》，载《国家教育行政学院学》2019年第1期。

② 杨胜才，胡亚军：《论法治视角下高校内部制度建设》，载《高等教育研究》2019年第1期。

其职。二是"教授治学"的途径是各级各类学术权力机构。健全以学术委员会为核心的学术管理体系与组织机构，充分发挥学术委员会在学科建设、学术发展、学术评价和学风建设等方面的重要作用。三是"教授治学"的内容是在坚持由学校党委划界守底、把握方向的基础上，按照学术委员会章程等制度进行学术事务管理，充分发挥学术组织的专门性功能，发掘和提高教授治学的专业化水平，提升学术事务的科学性和有效性。

2. 探索完善党领导师生员工有效参与"民主管理"的制度

强化调查研究机制，面向师生充分做好需求调研、畅通意见渠道，指导建立学校改革发展重大决策专家咨询建议制度，使决策制定有师生基础和科学依据。建立和完善党务公开和校务公开制度，及时向师生员工、群众团体、民主党派、离退休老同志等通报学校重大决策及实施情况。充分发挥教代会的民主管理和民主监督作用，对事关学校改革发展的重大决策，特别是和广大教职工切身利益相关的内容，需提交教代会讨论审议，保障教代会行使源头参与职能。建立二级教代会制度，逐步完善院系层面的民主制度建设。通过教代会、学代会，做好做实提案工作，进一步畅通师生员工参与学校民主管理、为学校改革发展建言献策的路径。牢固树立"以生为本"的管理服务理念，保障和凸显学生的主体地位，切实保障学生参与学校事务的权利。不断完善学生会、研究生会章程和学代会、研代会代表大会制度。

（四）优化管理服务制度，加强科学治理

管理服务各方面工作是学校事业发展的坚实基础，是人才培养、师资队伍建设、学科发展、科学研究、社会服务等工作的必要支撑。高水平大学建设离不开高质量的管理和服务，在中国特色社会主义进入新时代以及"双一流"建设深入推进的背景下，高校内部管理服务应该有更高追求。建立一套服务保障规章制度体系已成为高校办学的必然趋势。

1. 深化"放管服"改革的题中之义

2017年，教育部印发《关于深化高等教育领域简政放权放管结合优化服务改革的若干意见》，明确提出要加强制度建设："加强自我约束和管理，抓紧修订完善校内各项管理制度，使制度体系层次合理、简洁明确、协调一致，使高校发展做到治理有方、管理到位、风清气正。"[①]

高校"放管服"改革，需要从上至下持续推进，着眼健全学科专业设置机制、改革人员及岗位管理制度、完善教师职称评审和薪酬分配制度、加强经费使用管理、推进内部治理体系建设、强化监管优化服务等方面，破除束缚学校改革发展的体制机制障碍，激发广大教学科研人员教书育人、干事创业的积极性和主动性，培养符合社会主义现代化建设需要的各类创新人才。

2. 教育评价体系改革必然要求

2020年10月，中共中央、国务院印发了《深化新时代教育评价改革总体方案》，明确了党委和政府教育工作、学校、教师、学生、用人评价五个方面的重点任务，提出"各级各类学校立德树人落实机制更加完善，

---

① 教育部等五部门关于深化高等教育领域简政放权放管结合优化服务改革的若干意见，载教育部网站，2017年4月6日，http://www.moe.gov.cn/srcsite/A02/s7049/201704/t20170405_301912.html。

引导教师潜心育人的评价制度更加健全,促进学生全面发展的评价办法更加多元,社会选人用人方式更加科学"等改革目标。教育评价改革是一项世界性、历史性、实践性难题,涉及多重因素、不同主体,被称为教育综合改革"关键一役"和"最硬一仗"。"破五唯"是评价改革的关键任务和重中之重,直接关系到学校育人观、社会用人观。教育部门和高校要根据《深化新时代教育评价改革总体方案》,结合工作实际,不断改进针对不同主体的评价办法,以制度形式将适应新形势新要求的评价体系固化下来,确保形成长效机制。

（五）以数字化赋能制度体系建设,实现高效治理

2018年4月,教育部印发《教育信息化2.0行动计划》,提出要"探索信息时代教育治理新模式",开展"教育治理能力优化行动"。2022年1月,国务院印发《"十四五"数字经济发展规划》,提出深入推进智慧教育。2022年1月,全国教育工作会议提出实施国家教育数字化战略行动。高校要积极落实国家教育数字化战略行动,以"良制"为基础,达到"善治",迈向"智治"。

制度体系建设数字化,一方面是要将学校制度体系智能化、智慧化;另一方面是要以信息化、数字化形式推进制度落实,提升管理服务水平。

1. 实现制度体系的数字化管理

整合校内信息资源库,打破数据壁垒,打通信息孤岛,实现数据互通、资源共享。学校所有规章制度和相关上位法等要录入其中,及时更新,确保各制度的时效性,推动制度管理数字化和共享化。搭建一站式检索平台,以打通各大信息库,将相关联的制度、法律法规等一并检索,让师生更方

便快捷地查询相关制度，进一步帮助他们理解、研究、执行制度。实现制度审批流程网上办，有效保存修改痕迹和审批程序，作为电子档案保存备查。设置意见反馈通道，师生对于某项制度运行过程中出现的问题或者对于制度修订的意见可以通过该渠道进行反馈，便于制度主责单位及时掌握制度运行效果。随着5G、大数据等新一代信息技术的应用，制度体系的数据管理将实现功能的进一步深化和拓展。

2. 推动管理服务全领域、全要素、全流程、全业务的数字化

顺应数字化发展在教育领域的趋势，必须积极有为，在加速新型基础设施建设的基础上，以数字思维引领的价值转型，充分应用数字化技术，改变工作思路、革新工作流程，建立数字化治理体系和机制，实现教育治理的全方位系统性重塑。要健全完善高校教育教学管理数据开放机制，以适应未来更多的可能和变化，既要动态更新又要注重数据安全，完善教育数据标准规范，促进数据分级分层有效共享。积极融入国家高等教育智慧教育平台建设，从教学内容、学习资源、教学过程等方面进行数据采集、分析和应用，实现教学过程的数字化，创新教育形式，满足个性化需求，实现教与学的良好互动。在制度体系健全规范的前提下，优化办事程序，推动流程再造。建好网上办事大厅，实现师生服务统一申请、集中办理、统一反馈和全流程监督，分步实施数据的共享开放，做到事项清单标准化、办事指南规范化和业务办理协同化，实现"一张表管理"和"一站式服务"，切实让师生少跑腿、数据多跑路，增强师生获得感。通过宣传引导、加强培训等方式，推进学生、教师以及教育管理人员的数字能力建设，增强数字化意识，培养数字化思维。

第三节　大学制度体系建设与依法治校

依法治校、推进大学治理体系和治理能力水平现代化是高等学校贯彻落实坚持全面依法治国基本方略的具体举措。党的十八大以来，党中央对全面依法治国做出一系列重大决策。党的十八届四中全会审议通过《中共中央关于全面推进依法治国若干重大问题的决定》，对全面推进依法治国做出全面的战略部署，提出建设中国特色社会主义法治体系、全面推进依法治国、建设社会主义法治国家的总目标。党的十九大提出了依法治国是党领导人民治理国家的基本方式，全面依法治国是国家治理的一场深刻革命，是中国特色社会主义的本质要求和重要保障。依法治国是实现国家治理体系和治理能力现代化的必然要求，事关我们党执政兴国，事关人民幸福安康，事关党和国家长治久安。2020年11月，中央全面依法治国工作会议召开，习近平总书记强调："坚定不移走中国特色社会主义法治道路，在法治轨道上推进国家治理体系和治理能力现代化，为全面建设社会主义现代化国家、实现中华民族伟大复兴的中国梦提供有力法治保障。"[1]2020年11月，全国高校法治工作会议召开，会议强调："加强法治工作，推进依法治校，是高校落实全面依法治国基本方略的根本任务，是提高我国高等教育发展水平、增强国家核心竞争力的现实需要，是应对高等教育领域主要矛盾变化、推动高校改革发展的内在要求，是高校有效防范和处置法

---

[1] 中华人民共和国中央人民政府：《习近平在中央全面依法治国工作会议上发表重要讲话》，载中央政府门户网站，2020年11月17日，http://www.gov.cn/xinwen/2020-11/17/content_5562085.htm。

律风险、提高治理能力的基本方式。要进一步深化认识，准确把握高校法治工作的特点与规律，处理好法治工作与学校全局的关系、与立德树人的关系、与深化改革的关系以及与鼓励创新的关系。要把法治工作作为衡量高校办学治校水平的重要指标。"[1]依法治教是全面依法治国系统工程的重要组成部分，依法治校是依法治教的重要内容。依法治校对于推进全面依法治国、加快推进教育现代化、建设教育强国、办好人民满意的教育具有重要意义。

一、何为依法治校

"法者，治之端也。"2012 年 12 月，教育部颁布《全面推进依法治校实施纲要》，明确要"在各级各类学校深入贯彻科学发展观，全面落实依法治国要求，大力推进依法治校，建设现代学校制度"[2]。2020 年 7 月，教育部颁布《教育部关于进一步加强高等学校法治工作的意见》，指出："学校要健全领导机制、加大工作力度，以法治思维和法治方式引领、推动、保障学校改革与发展，努力在法治中国建设中发挥引领示范作用。"[3]这给大学实现依法治理指明了方向。依法治校即建立中国特色社会主义法

---

[1] 中华人民共和国教育部.《全面加强法治工作 推进高等学校治理体系和治理能力现代化——全国高校法治工作会议在南京召开》，载教育部网站，2020 年 11 月 6 日，http://www.moe.gov.cn/jyb_xwfb/gzdt_gzdt/moe_1485/202011/t20201106_498556.html。

[2] 中华人民共和国教育部：《全面推进依法治校实施纲要》，载教育部网站，2020 年 12 月 3 日，http://www.moe.gov.cn/srcsite/A02/s5913/s5933/201212/t20121203_146831.html。

[3] 中华人民共和国教育部：《教育部关于进一步加强高等学校法治工作的意见》，载教育部网站，2020 年 7 月 20 日，http://www.moe.gov.cn/srcsite/A02/s5913/s5933/202007/t20200727_475236.html。

治大学,是法治精神、法治思维、法治方式与治理效果的统一,这也是中国大学治理现代化的内在价值追求。

(一)依法治校的时代价值

新时代赋予依法治校新使命,大学的发展理念、方式与环境正在发生深刻的变化,迫切需要全面依法治校,积极推进现代大学制度建设和治理能力提升。

1. 全面推进依法治校是深入贯彻习近平总书记关于教育的重要论述的内在要求

党的十八大以来,习近平总书记站在治国理政的高度,坚持将教育事业摆在优先发展的战略地位,高度重视高等教育在现代化建设中的地位和作用,不仅深刻论述了新时期我国高等教育改革和发展的重大理论问题,而且针对高等教育工作提出了一系列新理念、新思想、新战略。全面推进依法治校,就是要通过制度化,把这些新理念、新思想、新战略用制度的方式固定下来,逐步建成完善中国特色社会主义大学制度体系,实现社会主义办学方针的制度化、法治化。在新的时代背景下全面推进依法治校,作为我国高校始终坚持社会主义办学方向和坚决贯彻党的教育方针的根本保证,是新形势下深入贯彻习近平总书记关于教育的重要论述的内在要求。大学只有始终坚持党委领导下的依法治校才能确保正确的办学方向和维护广大师生员工的根本利益。

2. 全面依法治校是教育系统贯彻全面依法治国方略的必然逻辑

全面推进依法治校是教育系统贯彻全面依法治国方略的必然要求和生

动实践，党的十八大以来，以习近平同志为核心的党中央从党和国家长治久安的战略高度来定位法治、布局法治、厉行法治，把全面依法治国提到"四个全面"战略布局的新高度，以前所未有的决心和力度推进，取得了重大理论创新、实践创新、制度创新成果。[①]全面依法治国战略部署，勾画出了法治中国建设的路线图，是各行各业必须坚持的基本遵循。教育具有基础性、先导性和全局性，必须率先贯彻、深入实施。高校是高素质人才的聚集地、先进思想的发源地、科学管理理念的产生地、先进文化传承的创新地，是教育领域落实依法治国方略的重要基础，理应成为贯彻全面依法治国方略的排头兵。需更加注重发挥法治在学校治理中的重要作用，深入贯彻落实习近平法治思想，将法治精神融入教育教学全过程，贯彻到立德树人各环节，落实到学术科研、后勤服务各领域，全面推进依法治校，进一步提升学校治理水平，将依法治国方略落实到大学治理的各方面。

3. 全面推进依法治校是深化高等教育"放管服"改革的迫切需要

2017年4月，教育部等五部委联合印发了《关于深化高等教育领域简政放权放管结合优化服务改革的若干意见》（简称《意见》），《意见》指出："高校要坚持正确办学方向和教育法律规定的基本制度，依法依章程行使自主权，强化章程在学校依法自主办学、实施管理和履行公共职能方面的基础作用。"[②]当前，我国政府教育管理职能的转变及行政审批制

[①] 陈宝生：《全面推进依法治教 为加快教育现代化、建设教育强国提供坚实保障——在全国教育法治工作会议上的讲话》，载《中国教育报》2018年2月25日。

[②] 教育部等五部门：《教育部等五部门关于深化高等教育领域简政放权放管结合优化服务改革的若干意见》，载教育部网站，2017年4月6日，http://www.moe.gov.cn/srcsite/A02/s7049/201704/t20170405_301912.html。

度改革还未完全到位,教育管理人员依法治校的意识还不够强,高校治理结构中学术与行政之间的权力关系也还没有真正理顺。[①] 高教领域的"放管服"改革,就是要解决政府应该做什么、不应该做什么,是向政府法定职责的回归,通过简政放权的"减法"和优质服务的"加法",构建高校与政府、社会之间及高校内部的新型关系,推进高校治理体系和治理能力的现代化。在这种背景下,政府通过全面推进依法治校,增强法治思维,厘清政府与高校的权责边界,依法破解高校深化改革的瓶颈;社会通过全面参与依法治校,依法依规参与高校治理,凝聚发展合力;高校通过全面实施依法治校,规范权力关系,提升自治能力,激发改革活力,固化改革成果。在法治轨道上深入推进高等教育领域"放管服"改革,为中央关于"双一流"建设的战略决策创造一个更加稳定、公平和充满活力的外部环境,为我国高等教育事业的发展注入活力。

4. 全面推进依法治校是促进学校高质量发展的重要保障

党的十九届五中全会明确了"建设高质量教育体系"的目标导向,这是中国特色社会主义进入新时代,高等教育发展方式必须变革的时代要求,也是我国高等教育自身健康发展的内在要求。进入高质量发展阶段,高校在快速发展的同时也出现了一些问题。要妥善解决这些问题除了抓紧当下的阶段性专项治理,加大人、财、物的投入外,最根本的手段还要靠建章立制加强执法,用法治化的思维和手段,才能够实现长治久安。因此,无论是解决当前这些发展中的问题,还是奠定未来发展的基础,实现可持续

---

① 周佑勇、曹萍、孙海、许海波、赵大为:《依法治校与现代大学制度建设》,载《国家教育行政学院学报》2017年第10期。

发展，都必须坚持依法治校。大学要从过去的管理模式下的主要依靠政府相关政策驱动，逐步转向治理模式下的通过依法治理激发自身活力的内部驱动。只有通过依法治校激发创新动力发展的活力，营造良好的内外发展环境，才能提高办学治校育人效率；通过高效的管理真正把各种要素配置好、把效益发挥好，调动广大教职工教学的积极性和学生学习的主动性，才能真正实现高质量发展。

5. 全面推进依法治校是保障学校和师生各方合法权益的重要举措

依法治校的主体不仅包括政府和高校的管理者，更重要的是广大教师、学生和社会参与者。全面依法治校，就是要牢固树立"制度面前人人平等，制度约束没有例外"的意识，营造公正、透明、可预期的法治环境，实现大学治理规范化、高效化；营造"全面深化改革，人人都是参与者"的氛围，增强师生主人翁意识，突出广大师生治理主体地位，保障广大师生合法权益，让广大师生共享学校改革发展成果。只有运用法治思维和法治方式指导各项办学治校活动，全面推进依法治校，才能更好地适应教育改革发展的新形势，更好地维护学校教师、学生各方的合法权益，提高教育管理的法治化水平，保障我国高等教育事业的健康发展。

（二）依法治校的特点

依法治校作为中国特色社会主义大学治理现代化的基本方略，应该具备以下基本特征：

1. 依法办学

依法办学是指大学要始终坚持以习近平新时代中国特色社会主义思

想为指导，全面贯彻落实党的教育方针，毫不动摇坚持社会主义办学方向，严格遵守国家法律法规的相关规定行使权力和履行义务，在法律法规允许的范围内自主办学。具体而言，应该包括三层含义：一是依法设立，即大学的设立应当严格遵守《中华人民共和国高等教育法》等法律法规，按照规定成立。二是依法行使自主办学权，一方面是指大学在法律允许的范围内自主办学有权不受政府干预，这是大学自主办学的根本保障；另一方面是指大学的自主办学权要依法行使，在专业设置、招生、学位授予等方面应当遵守相关规定，防止权力滥用。三是依法履行义务，大学作为高等教育机构肩负人才培养、科学研究、社会服务、文化传承创新和国际交流合作等职责，应当按照职责要求履行其义务。同时，大学作为事业单位，有维护师生合法权益的责任，当师生权益受到损害时学校还应当积极履行相关义务。

2. 依章治校

依章治校是依法治校的具体化，即大学应当严格根据本校制定的规章制度处理学校相关事务。大学的规章制度是大学在上位法的指导下，根据本校的办学宗旨、治理理念以及相关具体情况等，按照一定程序制定的行为规范。因此，大学的规章制度相较于国家的相关法律法规而言具有更强的适用性和操作性，对管理者及师生的行为约束也更加精准化、精细化。是否依章治校，可视为法治大学与人治大学的根本区别。依章治校包括三层含义：一是依法立章，即大学的规章制度应当遵守上位法的规定制定，其中大学章程在大学制度体系中又处于基础法地位，其他相关规章制度的制定还应当与大学章程的规定相符合。二是依章行事，即严格按照规章制度规定处理相关事务。三是违章必究,即对于违反相关规章制度损害学校、师生利益的行为,应当按照规定追究责任,对其中违反国家法律法规的行为,还应当通过法律途径追究行为人法律责任。

3. 依法执教

大学作为高等教育机构,其根本使命是立德树人,其最重要之日常业务是教学活动。依法执教,即大学应当努力提高教师依法执教的意识和能力,加强教学活动监督,教师应当严格按照法律规定开展教学活动。教师队伍素质直接决定大学办学能力和水平,建设高素质教师队伍是办好中国特色世界一流大学的基础性工作。大学教师应当按照《中华人民共和国国家教师法》《中华人民共和国高等教育法》等相关法律法规规定,取得相应教学资格;认真履行聘约,教育教学权是教师的基本权利,也是必须完成的一项义务;严守教育教学纪律,"对学生进行宪法所确定的基本原则的教育和爱国主义,民族团结的教育,法制教育以及思想品德、文化、科学技术教育"[①]。也就是说,教师课堂教学要坚持正面教育为主,向学生传递的信息要有利于学生的思想品德发展,有利于学生的健康成长,有利于学生的素质提高。依法执教是依法治校的底线,大学教育要坚持底线思维和红线意识,深刻领会习近平总书记对教师队伍的殷切嘱托,科学把握新时代教师队伍建设要求,打造一支政治素质过硬、业务能力精湛、育人水平高超的高素质教师队伍,努力培养德智体美劳全面发展的社会主义建设者和接班人。

---

① 《中华人民共和国教师法》第八条(三)规定。

4. 民主参与

治理理念强调的是多元主体的共同治理，民主参与是大学依法治理的应有之义。民主参与带来了大学治理模式的重大变革，推动大学从管理走向治理，从善制走向善治。民主参与要求参与者在参与过程中了解和善于运用手中的权力参与治理，依法依规参与治理。无论是师生还是相关社会团体或者个人参与校内事务，都应该按照法定的权利范围和正当程序，合法、合理地表达自己的主张或者利益诉求。学校则应当畅通师生、社会团体及个人参与学校管理的途径，完善各类代表大会制度，依法依规维护和保障师生代表权利的行使，发挥其在大学治理中的积极作用。

5. 依法监管

大学作为一个文化机构，虽然拥有的公权力比较少，但是占有的社会资源多，其教育功能的发挥对国家和社会的发展极其重要。大学是人才聚集的场所，大学教师作为有学问的群体，社会对其各方面的要求更严，大学生是社会发展的人才储备队伍，社会对其各方面的期望也更高。这是大学不同于其他机构而成为公众监督对象的重要原因。大学要加强信息公开，接受师生和社会监督，让权力在阳光下运行，把权力关进制度的笼子。推行校务公开，建立健全监督机制，确保广大师生对学校重大政策和重要事务的知悉权和监督权。同时，依法监督还应当避免过度监督，当前，一些媒体为了吸引流量，打着监督的名义，炒作大学负面新闻，这种过度监督扰乱了大学的正常运行。因此，依法监督一方面要大学依法接受监督，同时也要社会各方依法规范监督行为，共同维护大学的正常运转。

二、完善制度体系推进依法治校

依法治校首先必须有"法"可依,因此制度建设是依法治校的基础。在中国特色社会主义法治大学的建设中,应该充分发挥制度体系在大学治理中的重要作用,促进大学法治水平的稳步提高。

（一）制度体系与依法治校的关系

1. 制度体系完善是依法治校的前提

大学制度体系是大学内部各项重要事务、重要机构依照一定程序而订立的各个利益相关者行为处事的规则,是保障大学运转有序的一系列制度安排。从新制度主义的角度来看,制度体系在治理过程中具有两方面的基础性功能:一方面,制度体系为治理活动的参与者提供了稳定的和可预期的行为模式,降低了治理过程中的交易成本。由于大学内部涉及的校务种类繁多、层级复杂,如果没有完善的制度安排及其实施机制以便让各个利益主体形成稳定预期,就难以对其行为产生以自律为基础、以他律为保障的规约机制,就会增加交易成本,降低运行效率,影响办学质量与效益;[1]另一方面,制度体系明确治理的目标和方向,培育治理活动中的文化氛围,促进治理绩效的提升。一项好的制度不应大而空,而应细而实,具有可遵守和可操作性,做到规定明确化、表述具体化。大学应当不断完善各项制度,注重制度的整体性,通过立、改、废、释等多种途径,健全大学制度体系,不仅要注重制定新的制度、完善已有的制度、废止不适用的制度,更要注

---

[1] 陈彬:《良法与善治:中国大学治理现代化探究》,华中师范大学出版社2018年版,第71页。

重不同制度之间的协调与配合，让制度的整体功能和实际效能得以充分发挥，使制度能够管得住事务，跟得上发展、经得起检验。及时总结实践中的好经验好做法，成熟的经验和做法可以上升为制度，对症下药、有的放矢，哪个环节薄弱就重点加强哪个环节，哪个方面容易出问题、出偏差，就重点改进和完善，要一个问题一个问题解决。从而使大学的所有事务都有法可依、有章可循，推进大学治理朝着治理目标前进，达到预期治理效果。

2. 制度全面生效是依法治校的关键

"天下之事，不难于立法，而难于法之必行。"习近平总书记在中央政治局第十七次集体学习时强调，制度的生命力在于执行。我国大学法治化进程已经从制度制定迈向制度的全面实施，从"有法可依"阶段走向"有法必依"的阶段。然而，从目前的实际情况来看，很多高校的制度没有得到较好的实施，仍然存在人治代替法治的问题，特别是很多学校的大学章程在办学治校的过程中并没有得到很好的贯彻落实，在制度落实过程中，往往出现执行走样，甚至梗阻，执行缺乏常态，经常出现时紧时松、时严时宽等现象，许多矛盾问题就是由此发生的。可以说，有制度不执行，比没有制度的危害还要大。制度一经形成，就要严格遵守，坚持制度面前人人平等、执行制度没有例外。这就是要坚持制度的尺子量长短，从严遵守和执行制度，不能因人而异、因人而废。大学要建立以制度激励约束、以制度管人管事管权、以制度执行落实、以制度检验成效的良性机制，真正做到制度执行起来"实用、管用、好用"，使制度成为硬约束而不是"橡皮筋"，谨防"牛栏关猫"，以此来督促依法治校各项工作落到实处、取得实效。

3. 制度文化养成是依法治校的核心

制度不是躯壳化的条例文本，而是一种意蕴深刻的文化现象，不同的大学制度，传承了不同的文化传统，承载了不同的文化属性和文化价值，体现了不同的文化品位。可以说，中国特色社会主义依法治校本身就是大学制度文化的革新与重建过程，而这种内化于心、外化于行的制度文化则是依法治校的重要前提。大学没有良好的制度文化，师生就难以形成制度意识，就不能自觉遵守和维护制度，再多再好的制度也很难发挥效用。在建设中国特色社会主义法治大学、实现依法治校的过程中，要践行"以师生为中心"的法治大学理念，秉持"制度面前人人平等"和"制度约束没有例外"的原则，坚持领导干部带头重视制度、执行制度，以实际行动维护制度权威，坚决做到"执法必严、违法必究"，用不折不扣的执行树立制度威信、发挥制度威力，营造卓越的大学制度文化。

（二）完善中国特色现代大学制度推进依法治校的路径

1. 以党的领导为根本，强化依法治校能力

党的十九大报告提出，加强对法治中国建设的统一领导，必须把党的领导贯彻落实到依法治国全过程和各方面。中国特色社会主义进入新时代，高等教育到了更加注重内涵发展的新阶段，高校的办学自主权进一步落实，内部治理法治化、权力运行规范化的要求更为凸显，广大师生对民主、法治、公平、正义的要求日益增长，参与学校治理和保障自身权益的愿望更加强烈，对依法治校工作提出了新的更高要求。2016年底中共中央办公厅、国务院办公厅印发的《党政主要负责人履行推进法治建设第一责任人职责

规定》和 2020 年教育部印发的《教育部关于进一步加强高等学校法治工作的意见》，明确了高校党政主要负责人推进法治工作第一责任人的职责，为落实推进依法治校工作进一步明确了方向。

高校要深入学习贯彻落实习近平新时代中国特色社会主义思想，特别是习近平法治思想和习近平总书记关于教育的重要论述，深刻认识新时代带来的新形势新变化和提出的新任务新要求。在中国特色社会主义大学制度体系建设的过程中，要坚持以习近平新时代中国特色社会主义思想为指导，深入贯彻党的教育方针，把党的领导作为根本制度，把依法治校作为办学基本理念，把法治作为管理基本方式，健全领导机制和工作机制，紧紧围绕"双一流"建设目标，全面推进依法治校，以法治思维与法治方式深化综合改革，为推动高等学校内涵式发展提供坚实法治保障。"党委领导下的校长负责制符合我国国情和高等教育发展规律，是中国特色现代大学制度的核心内容，是党对高校领导的根本制度。"[1]高校要从实际出发，在中国特色社会主义法治体系和社会主义法治国家的范围内，发挥政治优势，坚持和完善党委领导下的校长负责制，遵循法治规律，与时俱进提升理念观念、创新体制机制，全面深化依法治校实践，切实加强高等学校法治工作，在法治中国建设中发挥引领性和示范性作用。

2. 以大学章程为核心，健全依法治校制度体系

从法律的位阶理论视角来看，"法律制度是一个有层次的体系，下级规范的权威来自上级规范，层层上溯，最后止于最高级的'基础法律或根

---

[1] 盛若蔚：《中组部、教育部负责人解读实施意见：坚持和完善党对高校领导的根本制度》，载中国共产党新闻网 2014 年 10 月 17 日。

本法律'——宪法"[①]。参考法律体系，大学章程应该是依法治校的"宪法"，在现代大学制度体系中处于核心地位。加强大学章程建设，是中国特色现代化大学制度建设的重要标志，大学章程是学校改革发展、实现依法治校的重要依据，是建立现代学校制度的基础和核心。著名教育家夸美纽斯说过："制度使学校像钟表的自动装置一样，是学校一切工作的'灵魂'。哪里制度稳定，哪里便一切稳定；哪里制度动摇，哪里便一切动摇；哪里制度松垮，哪里便一切松垮并陷入混乱状态。"[②]大学制度建设就是在国家法律法规的框架下，建设一个以大学章程为统领的制度体系来引领大学发展。通过大学章程建设，提升学校对校内制度建设的统筹规划，提高制度建设质量。

完善现代大学制度体系，其首要任务是抓好制度的顶层设计，以核准的大学章程为统领，健全各项基本制度，完善各项具体制度，清理不合时宜的现行制度，构建内部制度体系，保障大学章程的规定得到充分贯彻与实施，并将其有效转化为推动学校治理体系与治理能力现代化建设的现实手段。立足高校实际，完善以大学章程为核心的现代大学制度体系主要包括以下方面：一是推动大学章程的落地落实。大学章程是办学治校的根本纲领和制定制度的基本依据，在大学内部制度体系中处于"母法"地位。大力推进大学章程学习宣传和贯彻实施，将大学章程纳入教职工入职、学生入学培训内容。要健全大学章程程解释、修订的程序，使大学章程的稳

---

① 张强，梅扬：《论法律位阶的概念及其划分标准——兼论〈立法法〉第87-91条的修正》，载《东华大学学报（社会科学版）》2015年第4期。

② 任钟印：《夸美纽斯教育论著选》，人民教育出版社1990年版，第243页。

定性和适用性有机统一。二是构建大学制度体系。明确学校制度体系架构，提高制度建设质量，推动形成以大学章程为核心，与基础制度、重要规范性文件、执行性文件等相匹配的，规范统一、分类科学、层次清晰、运行高效的学校制度体系。

3. 以规范"立法"为关键，提高依法治校水平

"良法"是"善治"的前提，全面推进依法治校要坚持立法先行，聚焦立法，依法立法，以良法促发展保善治。南开大学法学院教授侯欣一认为："立法法是管法的法，是有关国家顶层制度设计的法，国家顶层制度设计好了，国家运转才会好，每一个人的利益才能得到切实保障。"[①] 为了提高立法质量，维护国家法制统一，国家制定了《中华人民共和国立法法》。当前，面对高校制度建设中主体不明确、内容不合理、程序不规范、执行不到位等问题，高校也亟须出台规范制度制定的制度。这就要求，高校必须以《宪法》为核心，制定和完善自身的"立法法"，规范制定、修改和废止规章制度的活动。健全自主权运行的自我监督机制和规范性文件制定发布机制，防止权力滥用。明确规范性文件起草、审查、发布的程序。文件的起草和审查机构分离，学校重要规范性文件发布前还要严格进行合法性审查，确保各项规章制度从程序上规范、从内容上审查、从时间上清理、从职责上落实、从人员上普及、从执行上落地。

要完善"立法"工作机制和程序，遵循正当程序原则。"教育行政机关和高校在处理师生权益时必须遵循合法程序，慎用自由量裁权，防止公

---

① 杨子岩、叶晓楠等：《用良法管住"任性"的权力（两会聚焦）》，载人民网海外版，2015年3月12日，http://lianghui.people.com.cn/2015cppcc/n/2015/0312/c393682-26678648.html。

权的恣意专断。"[①]高校应完善党委全委会、党委常委会、校务会、学术委员会、理事会、教代会、学代会、研代会等机构的议事规则，坚持民主集中制，严格按照议事决策程序来讨论决定重要事项，明确制度建设边界。在制定制度的过程中应当广泛听取师生的意见。同时，制度建设必须依托实体机构来进行统筹管理。高校应当根据本校实际情况，设立诸如法律事务、政策法规等机构对制度进行系统研究、科学规划，也可以通过学校"立法法"明确制度建设的归口管理部门，避免"九龙治水，各自为政"的现象发生。通过专门法制机构或购买法律服务的方式，对制度进行合法性审查，确保出台的制度合法合规，保证制度的各项规定能够落地生根，切实将制度转化为推动学校发展的有效保障。建立校内规则制度定期清理机制，按照法制统一的原则对本校规范性文件进行及时修订和清理，编制现行有效文件清单。推动校内规范性文件管理信息化，提高管理效率，方便师生查阅。

4. 以权益保障为中心，加强法治保障能力

习近平总书记指出，要依法保障全体公民享有广泛的权利，保障公民的人身权、财产权、基本政治权利等各项权利不受侵犯，保证公民的经济、文化、社会等各方面权利得到落实，努力维护最广大人民根本利益，保障人民群众对美好生活的向往和追求。习近平总书记的重要论述，将人权法治保障确立为治国理政的重要内涵，充分体现了以人民为中心的发展思想。法治大学建设要坚持以保障师生权益为出发点和落脚点，建立健全高等学

[①] 侯书栋，吴克禄：《高校学生管理中的正当程序》，载《高等教育研究》2005年第5期。

校师生权益保护救济机制和法律风险防控机制。在依据制度做出不利于师生的决定时，应向师生说明依据和理由，认真听取师生的陈述与申辩，并为师生提供相应的救济途径；在对外发生法律关系时，要加强风险防范，依法维护学校合法权益。

具体而言就是，要加强校内权益救济制度建设，完善教师、学生处分和申诉的规则与程序，探索师生处分或申诉的听证制度，确保处分或申诉决定公平公正。探索由法治工作机构统筹或参与处理教师申诉和学生申诉的途径，改变由做出处分决定的部门同时主导申诉的做法，提高教师、学生申诉制度的独立性、公正性和有效性。对教职工做出开除处分或解聘处理，对学生做出开除学籍处分等涉及师生重大利益的处理、处分决定，应当提交校务会或者校长授权的专门会议研究决定，并应当事先进行合法性审查。建立校内救济与行政救济、司法救济有效衔接机制，保障教师、学生依法提起申诉、复议和诉讼的权利。健全法律风险防范机制，加强对高等学校对外签署的合同的审核，妥善应对涉及学校的仲裁、复议或诉讼等，预防法律风险，维护学校合法权益。积极推进学校无形资产保护、教学科研活动、合作办学、人事管理、学校安全、资产经营与处置、基建工程、后勤管理与服务等方面涉法事务管理，提高法律服务质量和法治保障水平。

5. 以法治宣传为抓手，营造崇尚法治氛围

增强法治意识，这是依法治校的必然要求，唯有提高师生的法治意识，才能让师生自觉遵守与执行规章制度。因此，必须加大法治宣传力度，弘扬宪法精神，切实增强师生的法治意识，使他们知法、懂法、守法，让习近平法治思想深入人心。同时，高校管理人员要规范工作程序，自觉纠正

不当行为，才能做到依法治校。2012年中组部、中宣部、司法部、全国普法办印发《关于进一步加强领导干部学法用法工作的意见》，对加强领导干部学法用法，提升法治意识提出了要求，明确了领导干部学法用法的指导思想、工作目标和主要任务。2013年6月教育部、司法部、中央综治办、共青团中央、全国普法办印发《关于进一步加强青少年学生法制教育的若干意见》和2016年6月教育部、司法部、全国普法办关于印发《青少年法治教育大纲》的通知，对于学生及青少年法治教育工作提出要求，明确青少年法治教育要充分发挥学校主导作用，与家庭、社会密切配合，拓宽教育途径，创新教育方法，实现全员、全程、全方位育人，也明确了高等教育阶段的普法目标。

高校应贯彻落实"加大全民普法力度"的要求，制定学校普法规划，推进国家普法规划和教育系统普法规划的贯彻实施。加强法治宣传教育，开展多渠道、多方式、多形式的法治宣传教育活动。建立学校领导干部、全体教师学法制度，健全党委中心组理论学习、教师和管理干部业务培训、学生形势与政策课堂教育等多层次、全覆盖的法治教育机制。组织开展各类普法活动，营造自由平等、公平正义、民主法治的校园环境，建设社会主义法治文化。打造具有较高的法律素养和切实落实教育法律法规的校园氛围，使所有教职工都能以法治思维和法治方式参与到管理和教育教学活动之中。

（三）依法治校视域下大学制度体系建设的原则

高校依法治校应遵循以下四个原则：

1. 法律优先原则

法律优先原则强调的是法律的位阶体系，法律优先原则是指："上一位阶的法律规范的效力高于下一位阶的法律规范，各层次的法律规范之间保持和谐统一。"[①]法律优先具体包括两方面内容："第一，在上一位阶的法律规范已有规定的情况下，下一位阶的法律规范不得与上一位阶的法律规范抵触；第二，上一位阶法律规范没有规定，下一位阶法律规范做了规定的，一旦上一位阶法律规范就该事项做出规定，下一位阶法律规范就必须服从上一位阶法律规范。"[②]法律优先原则核心在法律体系内部的统一与和谐。根据法律优先原则，高校依法治校所制定的制度必须与国家法律法规和上级部门的规章制度保持一致，不能与上位法的规定相抵触，否则无效，同时，大学的各项制度也有纵向的层级之分，下一阶层的制度应该同上一阶层的制度保持一致，否则无效。遵循法律优先原则，有助于构建完备、协调的高校制度体系，使其在内容上和谐一致，形式上完整统一，层次上排列有序。

2. 法律保留原则

法律保留原则是基于民主原则、法治原则和基本权利保护原则而产生的。"法律保留，在《立法法》中称为国家专属立法权，指在多层次立法的国家中，有些立法事项的立法权只属于法律，法律以外的其他规范，一律不得行使，其目的在于保证人民群众对国家最重大问题的最后决策

[①] 曾祥华：《法律优先与法律保留》，载《中国法学》2005 年第 3 期。

[②] 应松年：《行政法学新论》，中国方正出版社 1999 年版，第 45–46 页。

权,保障国家法制的统一和公民的权利。"①也就是说,大学治理中的某些重要事项在法律保留原则下,法律无授权,大学内部制度就不能进行相应规定。根据该原则以及《中华人民共和国立法法》第八条所体现的法律保留制度的精神,公民的基本权利只有法律才能限制与剥夺。大学依法治校工作中应贯彻法律保留原则,在涉及高校师生根本利益的处理上,如开除学籍,不颁发毕业证书、学位证书,升级,升学,考试等情形,只能以法律的形式做出规定,其他规范性文件,包括部门规章、地方立法和大学内部规章制度都无权规定。

3. 正当程序原则

正当程序原则是近代行政法上的重要原则,其含义为行政机关做出影响行政相对人权益的行政行为,必须遵循正当法律程序,包括事先告知相对人,向相对人说明行为的根据、理由,听取相对人的陈述、申辩,事后为相对人提供相应的救济途径等。正当程序原则体现了行政程序的基本价值追求——程序正义,也就是说行政权力的运行必须符合最低的程序公正标准。"正当程序原则的具体要求至少应包括以下几个方面:第一,避免偏私原则,即要求行政主体在行政程序进行过程中应当在参与者各方之间保持一种超然和不偏不倚的态度和地位,不得受各种利益或偏私的影响。第二,参与原则是指受行政权力运行结果影响的利害关系人有权参与行政权力的运行过程,表达自己的意见,并对行政权力运行结果的形成发挥有效作用。第三,行政公开即行政的公开化,是指行政主体在行使行政权力

---

① 应松年:《〈立法法〉关于法律保留原则的规定》,载《行政法学研究》2000年第3期。

的过程中，应当依法将行政权力运行的依据、过程和结果向行政相对人和社会公众公开，以使其知悉并有效参与和监督行政权力的运行。"[1]正当程序原则作为一项基本法律原则有利于防止行政权力滥用，保障了实体公正的实现，也体现了对人权的保障和民主精神。2017年，教育部颁布《普通高等学校学生管理规定》，从诸多方面对高校与学生之间的关系进行了重新梳理，尤其是对学生申诉的程序性方面进行了一定程度的流程再造，回应了多年来在教育司法实践中积累的理念。因此，高校依法治校所制定的规则制度应该确保其确定性、严密性、实用性和可操作性。在实施依法治校工作过程中必须遵守正当程序原则，要加强程序意识，尊重被管理者的知情权、申辩权，并应履行告知义务，不仅要遵守"法定程序"这一底线，更应进一步符合"正当程序"的需求。

4. 权利救济原则

"无救济即无权利，有权利必有救济"，这是法治社会的至理名言和金科玉律。权利救济是指在权利人的实体权利遭受侵害的时候，由有关机关或个人在法律所允许的范围内采取一定的补救措施消除侵害，使得权利人获得一定的补偿或者赔偿，以保护权利人的合法权益。权利救济原则是依法行政的一项保障性原则，其要求主要有两点：一是当行政机关在做出可能对相对人的权益产生不利影响的行政决定时，应当依法告知相对人获得权利救济的途径、方式和期限；二是当相对人认为行政机关实施行政行为侵害其合法权益时，应当有权依法申请行政复议、提起行政诉讼或者要

---

[1] 周佑勇：《行政法的正当程序原则》，载《中国社会科学》2004年第4期。

求国家赔偿。当公民的某一权利在受到侵害之后，只有可以诉诸司法裁判机构获得有效的司法救济，该权利的存在才能具有法律上的意义。因此，在依法治校的过程中，学校不仅应将师生的一系列基本权利确立在各项制度中，也必须同时为这些权利提供相应的救济手段，只有这样权利才能获得保障。

第四章 "双一流"背景下大学制度体系建设的探索与实践
——以中南财经政法大学为例

第一节 "双一流"背景下大学制度体系建设的机遇与挑战

面对新时代高等教育改革发展和"双一流"建设的新要求、新挑战，中国特色现代大学制度体系还存在不成熟、不完善的地方，制度架构设计、立改废释、管理运行等方面还存在短板和弱项，制度执行力和治理效能有待进一步提高。

一、外部机遇与挑战

（一）党的十九大、十九届四中全会、十九届五中全会带来的机遇与挑战

1. 党的十九大

习近平总书记在党的十九大报告中指出：十八大以来的五年，中国特

色社会主义制度更加完善，国家治理体系和治理能力现代化水平明显提高，但是，全面依法治国任务依然繁重，国家治理体系和治理能力有待加强。综合分析国际国内形势和我国发展条件，从二〇二〇年到本世纪中叶可以分两个阶段来安排。第一个阶段，从二〇二〇年到二〇三五年，在全面建成小康社会的基础上，再奋斗十五年，基本实现社会主义现代化。法治国家、法治政府、法治社会基本建成，各方面制度更加完善，国家治理体系和治理能力现代化基本实现。第二个阶段，从二〇三五年到本世纪中叶，在基本实现现代化的基础上，再奋斗十五年，把我国建成富强民主文明和谐美丽的社会主义现代化强国。实现国家治理体系和治理能力现代化，成为综合国力和国际影响力领先的国家。

不难看出，国家对治理体系和治理能力现代化的远期规划十分清晰，先通过15年左右的时间稳步推进，初步建成；再通过15年左右的时间，逐步完善，全面实现。大学制度体系作为国家治理体系的重要组成部分，应该坚定不移地配合落实党中央的规划目标。同时，高校作为培养国之栋梁的重要机构，更应该走在改革和发展的前列，制度体系建设应计划在30年内，甚至20年内全面完成，为其他领域的制度建设提供借鉴与参考，为实现国家治理体系和治理能力现代化提供智力支持。

2. 党的十九届四中全会

根据党的十九届四中全会通过的《中共中央关于坚持和完善中国特色社会主义制度、推进国家治理体系和治理能力现代化若干重大问题的决定》对大学制度体系建设提出的更高要求，大学应理顺内外两个关系，即外部政府和大学之间的关系，内部职能部门和学院之间的关系。

从 2014 年国家教育体制改革领导小组办公室印发《关于进一步落实和扩大高校办学自主权完善高校内部治理结构的意见》，到 2021 年初教育部等六部门印发了《关于加强新时代高校教师队伍建设改革的指导意见》，深入落实中共中央、国务院《关于全面深化新时代教师队伍建设改革的意见》和《深化新时代教育评价改革总体方案》，推进加强新时代高校教师队伍建设改革，均对大学自主办学和优化内部治理提出了指导意见。各级政府深入推进"管办评"分离，教育领域简政放权改革初见成效，行政审批制度改革力度不断加大，中央和地方各级政府责任进一步明确，学校办学自主权得到进一步扩大和落实，社会参与作用逐步得到发挥，政事分开、权责明确、统筹协调、规范有序的教育管理体制框架正在逐步形成，形成了大学制度体系建设的沃土。

大学内部近年来也在大力推动校院二级管理体制改革，将更多的管理权责下放至教学单位。以中南财经政法大学为例，学校充分发挥学术委员会在学术评议、审议和决策咨询中的重要作用。以增强学院办学活力和内生动力为目标，推进校院两级管理体制改革。完善师生参与学校治理的制度体系，充分发挥教代会、学（研）代会等在学校治理中的重要作用，具体内容将在下一节中重点阐述。

3. 党的十九届五中全会

党的十九届五中全会通过的《中共中央关于制定国民经济和社会发展第十四个五年规划和二〇三五年远景目标的建议（讨论稿）》（本节下文简称《建议》）强调将提升国家治理效能作为"十四五"时期的发展主要目标，既是响应落实党的十九大报告提出的"第一个阶段，用 15 年的时间基本实现国家治理体系和治理能力现代化",也是顺应十九届四中全会审议通过的《决定》关于国家治理体系和治理能力现代化的一系列要求。同时,《建议》对今后五年提升国家治理效能提出的原则性要求也对大学制度体系建设有着很强的借鉴意义。根据《建议》提出的要求,提升大学制度体系建设要健全大学法治,校党委行政作用更好发挥,行政效率和公信力应显著提升,基层治理水平,特别是职能部门和教学单位的治理水平也应显著提升。同时,学校安全体系机制应不断健全,突发事件应急能力显著增强,发展安全保障更加有力。

《建议》提出,加快转变政府职能。建设职责明确、依法行政的政府治理体系。深化简政放权、放管结合、优化服务改革,全面实行政府权责清单制度。健全重大政策事前评估和事后评价制度,畅通参与政策制定的渠道,提高决策科学化、民主化、法治化水平。推进政务服务标准化、规范化、便利化,深化政务公开。大学作为国家事业单位,也应参照《建议》对政府职能转变的要求进行体制建设。以中南财经政法大学为例,近年来,学校致力于健全高效的制度执行机制,通过科学决策、有效执行、精细管理和优质服务,促进制度优势转化为治理效能。首先是要规范程序提高效率,推进科学决策,进一步厘清不同治理主体的权力边界。其次是要理职明责完善机制,提升执行能力。

《建议》提出,建设高质量教育体系。明确"提高高等教育质量,分类建设一流大学和一流学科,加快培养理工农医类专业紧缺人才"的主攻方向,要求"加强创新型、应用型、技能型人才培养";"支持发展高水平研究型大学,加强基础研究人才培养",重申"推进产学研深度融合",

为增强综合国力、增进民生福祉注入新的动力活力。[①] 大学制度体系建设也应聚焦国家战略需要，将整体目标更有针对性地向提升自主创新能力等方向倾斜，尽快突破关键核心技术，释放大学基础研究、科技创新潜力，积极投身创新驱动发展战略，促使产学研各方从协同创新、深度融合到一体化，在组建全链条、网络化、开放式联盟上迈开新步，推进科研院所、大学、企业科研力量优化配置和资源共享，全面增强高等教育体系服务"五位一体"总体布局能力，实现高等教育内涵式发展。[②]

（二）"双一流"建设方案带来的机遇与挑战

1. "双一流"建设总体方案

2015年12月，为解决"211工程""985工程"身份固化、竞争缺失、重复交叉等问题，加强资源整合，创新实施方式，统筹推进国家一流大学和一流学科建设，提升我国高等教育综合实力和国际竞争力，国务院印发《统筹推进世界一流大学和一流学科建设总体方案》（本节下文简称《总体方案》），标志着我国高等教育进入新的"篇章"。

《总体方案》指出，"双一流"建设的四大基本原则之一是：坚持以改革为动力。深化高校综合改革，加快中国特色现代大学制度建设，着力破除体制机制障碍，加快构建充满活力、富有效率、更加开放、有利于学校科学发展的体制机制，当好教育改革排头兵。《总体方案》将改革列为"双一流"建设的基本原则之一，无疑对大学制度体系建设提供

[①] 陈宝生：《建设高质量教育体系》，载《光明日报》2020年11月10日。

[②] 张力：《锚定全民素质明显提高 建设高质量教育体系》，载《中国教育报》2020年12月28日。

第四章 "双一流"背景下大学制度体系建设的探索与实践

了坚实的理论依据。而中国大学的综合改革,重要落脚点就是加快中国特色现代大学制度建设。《总体方案》除了提到加快中国特色现代大学制度建设外,还重申了要着力破除体制机制障碍。《总体方案》还提出"双一流"建设的改革任务有:完善内部治理结构。建立健全大学章程落实机制,加快形成以大学章程为统领的完善、规范、统一的制度体系。加强学术组织建设,健全以学术委员会为核心的学术管理体系与组织架构,充分发挥其在学科建设、学术评价、学术发展和学风建设等方面的重要作用。完善民主管理和监督机制,扩大有序参与,加强议事协商,充分发挥教职工代表大会、共青团、学生会等在民主决策机制中的作用,积极探索师生代表参与学校决策的机制。[①]

建设目标和改革任务都提出要加快完善大学治理体系和治理结构。特别是在改革任务中明确指出,要健全大学章程落实机制,形成以大学章程为统领的完善、规范、统一的制度体系。在这一制度体系中,大学章程具有"龙头"统领作用,上承国家法律法规,符合改革大方向,下启学校各种规章制度,作为"总纲领",是大学面向社会依法自主办学的根本准则。通过制定大学章程,确立学校的办学理念、发展定位和战略,完善内部治理结构和运行机制,明晰学校、学院以及师生的责任、权利与义务等。大学章程要"落地",配套制度要跟上。全面梳理、健全完善教学管理、人才培养、学科建设、学生管理等方面的制度,通过一系列建章立制,形成

---

① 中华人民共和国教育部:《国务院关于印发统筹推进世界一流大学和一流学科建设总体方案的通知》,载教育部网站,2015年10月24日,//www.moe.gov.cn/jyb_xxgk/moe_1777/moe_1778/201511/t20151105_217823.html。

相互衔接、较为完备的制度体系。

同时，要加强学术组织建设，健全以学术委员会为核心的学术管理体系与组织架构。近年来，各高校均在探索学术委员会相关制度。北京大学于2018年6月审议通过《北京大学学术委员会章程》，进一步完善学术委员会制度，促进学术进步。根据文件规定，学术委员会是最高学术机构，统筹行使学术事务的决策、审议、评定和咨询等职权。其分为校学术委员会、学部学术委员会、学院（系、所、中心）学术委员会，分别是所在单位的最高学术机构。

清华大学学术委员会分为校院两级，院级学术委员会委员由民主选举产生，校级学术委员会委员则由院级学术委员会主任担任或由院系推荐。教师引进、评聘等工作均由院级学术委员会以无记名投票方式表决，校级学术委员会则分为规划组、科研组、学风组和学术交流组。除专职的秘书处外，学术委员会委员90%为没有行政职务的专职教授，少数具有行政职务的委员主要是为了配合学术工作，如研究生院相关工作人员等。各高校学术委员会的成立或完善标志着我国大学学术组织发展初显成效，但是学术组织深度参与学科建设、学术评价、学术发展和学风建设仍需进一步提高，参与大学内部治理能力仍需进一步加强。而且部分大学学术组织依旧薄弱，有的虽然根据章程和有关规定成立了学术组织，但实际并未参与大学的学术管理，流于表面，也是亟待解决的问题。

2. "双一流"建设实施办法

2017年1月，教育部、财政部、国家发展改革委为贯彻落实党中央、国务院关于建设世界一流大学和一流学科的重大战略决策部署，制定了《统筹推进世界一流大学和一流学科建设实施办法（暂行）》（本节以下简称《实施办法》）。

"211 工程""985 工程"建设时期长期存在的身份固化问题，在"双一流"建设时期得到了解决，而《实施办法》则对解决这一问题指出了路径。《实施办法》第六条规定：第六条 每五年一个建设周期，2016 年开始新一轮建设。建设高校实行总量控制、开放竞争、动态调整。《实施办法》第七条规定：一流大学建设高校应是经过长期重点建设、具有先进办学理念、办学实力强、社会认可度较高的高校，须拥有一定数量国内领先、国际前列的高水平学科，在改革创新和现代大学制度建设中成效显著。[①]

《实施办法》对一流大学的制度建设提出了更高的要求。作为我国诸多大学中的"佼佼者"，一流大学的改革创新和制度建设更应该体现其优越性，从建设时效到建设实效均应起到示范引领的作用。不局限于完善大学章程，完善党委领导下的校长负责制，完善教职工大学、学术委员会制度等基本要求，更应该用较短的时间探索完善包括人事制度、教师评价、招生考试、人才培养、科学研究、安全稳定、后勤保障等各个维度的制度体系，不断提升大学治理体系和治理能力现代化，不断完善决策机制，在制度体系建设领域走在国家最前列。

3. "双一流"建设的指导意见

2018 年 8 月，为贯彻落实党的十九大精神，加快"双一流"建设，根

---

① 中华人民共和国教育部：《教育部 财政部 国家发展改革委关于印发〈统筹推进世界一流大学和一流学科建设实施办法（暂行）〉的通知》，载教育部网站，2017 年 1 月 24 日，http://www.moe.gov.cn/srcsite/A22/moe_843/201701/t20170125_295701.html。

据国务院印发的《统筹推进世界一流大学和一流学科建设总体方案》和教育部、财政部、国家发展改革委联合印发的《统筹推进世界一流大学和一流学科建设实施办法（暂行）》，教育部、财政部、国家发展改革委制定了《关于高等学校加快"双一流"建设的指导意见》（本节下文简称《指导意见》）。

针对大学制度体系建设，《指导意见》较以往相关文件细化了四个方面的内容。一是强调推进管理重心下移。大学内部管理重心下移应借鉴近年来各级政府"放管服"改革，改变以往职能部门管理职责，加强教学单位管理责任。二是保障教学、学术委员会在人才培养和学术事务中有效发挥作用。让各大学教学指导委员会、学术委员会等组织真正发挥作用，参与到大学的各项决策中，为大学发展特别是一流大学和一流学科建设提供智力支持。三是进一步完善社会支持和参与学校发展的组织形式和制度平台。随着近年来校友文化的兴起，各大学校友会、理事会快速发展，社会各界通过各种形式对大学发展进行支持。但是，社会对学校发展的参与程度仍需进一步加强，各大学理事会的发展与校友会的发展仍存在一定差距，不少大学理事会制度不够完善，落实有待提高。四是利用新技术，构建数字校园支撑体系，提升教育教学管理能力。近年来，随着基础科学的大力发展，社会各界信息化的普及，大学信息化建设也十分迅速。但因基础薄弱，不同地区发展存在差异等原因，信息化建设仍然是各大学，特别是一流大学亟待完善的重要环节。

（三）教育评价改革带来的机遇与挑战

为深入贯彻落实习近平总书记关于教育的重要论述和全国教育大会精

第四章 "双一流"背景下大学制度体系建设的探索与实践

神,完善立德树人体制机制,扭转不科学的教育评价导向,坚决克服唯分数、唯升学、唯文凭、唯论文、唯帽子的顽瘴痼疾,提高教育治理能力和水平,加快推进教育现代化、建设教育强国、办好人民满意的教育,2020年10月,中共中央、国务院印发《深化新时代教育评价改革总体方案》(本节下文简称《评价改革方案》)。《评价改革方案》直面高等教育"最硬核"矛盾,提出改进高等学校评价,推进高校分类评价,引导不同类型高校科学定位,办出特色和水平。

近年来,随着全国各大学完善制度体系、推进内部治理现代化,共识度高、容易改的问题都得到了一定程度的解决,举步维艰的基本都是改革中的"硬骨头"。其中,最"硬"的莫过于根深蒂固的教育评价,几乎所有教育改革工作,改到一定程度就举步维艰,"拦路虎"基本都是教育评价。"教育评价不改就没法改"成为高等教育综合改革、大学制度体系建设的症结。

根据《评价改革方案》的分类评价建议,我国各类大学的制度体系建设应首先明确大学自身定位,适时调整建设目标,立足国家战略,强化分类指导,注重质量监测,根据学校类型建设不同的大学制度体系。大学制度建设应全面配合评价改革重点:(1)本科教学方面,应重视思政教育、教授授课质量、社会实践、用人单位反馈等维度;(2)学科方面,应重视人才培养、学科贡献等维度,纠正以往只重视论文数量、奖项数量、学术头衔等错误举措,强调教师成果归属署名单位制度,引导良性的人才引进体制;(3)一流大学、应用型大学、师范大学分类评价,因类施教,构建适应不同类型不同办学层次的制度;(4)经费方面,向教育教学和基础研究倾斜；（5）国际交流方面，注重提高各方面质量。

二、内部机遇与挑战

在"双一流"建设过程中，高校内部的条件、制度、文化等也对大学制度体系的形成产生影响。

（一）条件之于大学制度体系的建设

条件是大学发展的基础动力，也是影响大学制度发展的基本因素。条件分为外部条件和内部条件，外部条件主要是国家及上级主管部门的政策影响、政府的支持力度、高校所处的地理位置等。"双一流"在内的一系列重点建设项目给予了大学更多的资金支持，倾斜了更多教育资源。随着资源配置愈加合理化、高校自身更加独立化，内外部的条件对于大学的发展影响力随之减弱，但条件对于大学及其制度建设发展仍举足轻重，本部分重点就内部条件对大学制度建设的机遇与挑战加以论述。

1. 条件给大学制度体系建设带来的机遇

创造空间，谋划发展。回顾审视中国重点大学的发展历程，中华人民共和国成立后重点大学的建设是以计划经济模式下的人为设计的方案，即重点大学均为被指定对象。从1984年的国家"七五"重点投资项目、1995年的"211工程"、1998年的"985工程"项目，都折射出经济活动的计划性，然而一流大学的建设并非简单的工程项目，是在政治生态、学术生态、经济生态相互作用下水到渠成的产物。中国全方位的改革和经济社会的发展转型为一流大学的建设提供了土壤，高等教育综合改革为"双一流"政策的出台提供了动力，世界一流大学能够在新环境中得以孕育和成长。

第四章 "双一流"背景下大学制度体系建设的探索与实践

自"双一流"政策出台以来,各高校都制定了适应各自条件的建设方案,明确整体发展目标。其中均在重点改革领域中提及制度改革和完善学校内部各项制度规范相关内容。由此可见,高校都已达成相同的认识——"双一流"高校的建设要以制度的不断改革和完善来推进与保障。各高校在不推进治理能力现代化、优化内部治理结构的过程中势必构建体系完整、系统规范、规则合理、运行有效的制度体系,推动各项工作有章可循、有规必依,为高校的"双一流"建设之路奠定坚实的制度基础,营造良好的生态氛围。

优化配置,打造特色。面对总量有限的资源,高校要实现各方面均衡发展,"好钢用在刀刃上",将有限经费高效利用,投入重点发展学科和发展领域,打造办学特色。进行成本管理,优化资源配置,既是实现大学战略发展规划的有效途径,也是完善制度体系、提升管理水平的有力体现。大学的内部治理结构、制度体系也正是实现教育资源配置的合理化,科学利用有限的资源达成发展目标。

2. 条件对大学制度体系建设带来的挑战

发展失衡,产生矛盾。学校能够获取的资源有限,无法同时满足校内多方需求,特别是在物质和精神需求量都迅速增长的时代中,学校的管理层只能将有限的资源合理配置,满足最迫切的需求,解决最关键的问题。若大学基础设施落后,硬件设备老化,那么教学活动势必无法高质量完成;若大学教学资源不足,师资力量缺乏,那么教学任务同样无法如期开展。学校此时无疑会将大量资金和资源投入其中,进行学校设施的建设、设备的更新及教学资源的补充,那么在教学科研和人才队伍建设领域的投入自然会减少。

另外，由于我国高校发展长期受计划经济模式的影响，大学的治理处于政府行政管理的框架之中，成本意识较为欠缺，缺乏市场经营的理念和知识，存在程度不同的资源浪费和资源配置不合理现象。不少大学在办学的过程中出现决策体系、执行体系、监督体系工作不畅、关系不顺的症状，更有甚者不顾及原有的资源基础和学科特色盲目升格，着眼于外部资源的获取而不考虑内部资源的优化等问题。现代大学发展要求管理者必须改变内部治理模式和资源配置方式，完善新的制度体系和运行机制，以有效的资源配置为抓手推动大学的发展和战略目标的实施。

趋同发展，丧失优势。在当前科技迅猛发展，竞争日趋激烈的环境中，大学必须总结自身办学经验，借鉴世界一流大学办学做法，结合经济社会发展中的实际需求，形成自己的办学特色和发展途径，这是大学发展的必经之路，也是当下高校竞争形势下的必然选择。但实际情况是一些高校为了获取"双一流"等项目所提供的优质资源和丰厚资金支持，毫不顾及学校自身实力和办学特点，不约而同地将"国内一流""世界闻名"的标签贴在自身身上作为发展目标。这反映出办学者对自我定位的不准确和自我认知的不明晰，没有盘清"家底"又如何能走上新征程？如此趋同发展不仅使大学丧失其最主要、最关键的个性化、多元化的竞争力，也使得自身的发展动力逐渐衰竭，进而影响到生源质量和办学水平，自身积累的独特优势也将一步步消耗殆尽。

（二）制度之于大学制度体系的建设

制度是大学发展的保障，是构成大学制度体系的一梁一柱。外在的制

第四章 "双一流"背景下大学制度体系建设的探索与实践

度有国家层面的教育制度系统、教育部的各项条文,内部制度按照层级划分则有:核心制度、基本制度、重要制度和执行制度,分别对应大学章程、重大决策与议事协调制度、职能规范与保障运行制度、职责细化与执行落实制度;按照功能划分有:大学章程规划制度、教学科研管理制度、激励制度。

1. 制度对大学制度体系建设带来的机遇

健全体系,实现现代化。党的十八届三中全会中首次提出制度体系的建设目标为"系统完备、科学规范、运行有效"。高校在坚持和完善党委领导下的校长负责制的前提和背景下,牢牢抓住治理能力和治理体系现代化的关键点,积极探索和完善现代大学制度的实现形式。

首先是作为核心制度的大学章程,在制定和修订大学章程的过程中,学校会对其办学理念和特色,学校的战略目标和发展途径进行重新审视,也便于进一步厘清学校的治理结构、管理体系、学生及教职员工的权利和义务等关系,通过建章立制加强顶层设计,切实推动学校各方制度体系建设。

其次是重大决策与议事协调制度,构建科学合理的议事及决策机制,保障管理的科学性、效率性、民主性。通过完善党委常委会、党委全委会、纪委全委会、校务会、教职工代表大会、学生代表大会等权力运行机构和决策制度,明确党委在政治上的领导性,发挥校长在行政事务中的主导作用,使贯彻执行党委领导下的校长负责制有效化、规范化。同时使决策权、执行权、监督权彼此分立,保证了党内监督和民主监督的有效结合。

再次是以体系构建为抓手,实行各类规章制度的"废改立",完善各类管理与服务的重要制度。要按照业务归属和职能主体划分明晰的制度板块，坚持党建领航，加强思政引领，打通业务流程，完善科研教学，开放对外交流，畅通民主监督，落实服务保障。

最后是各类制度落地落细的部门内部制度，是职能规范与保障运行制度落实到各个科室岗位的具体表现。不仅包括单位对完成各项工作的流程规范，还包括具体操作层面的细则，使各项制度上下贯通对应、前后有效衔接。需要注意的是，制度并非一成不变，当上位法发生调整时，一脉贯通的顶层制度、基本制度和工作细则均需要及时对应调整，顺应时需、保证时效，防止出现上下不对称的矛盾情况。

以人为本，破解管理难题。在高校制度实行中存在不少行为过程和预期目标不适应、不匹配之处。究其原因是制度根据上级文件或从其他学校生搬硬套，没有良好的实践性，不符合大学发展的实际。制度保障的是学校教职员工和学生群体，所以在设计上要秉持以人为本的原则，结合学校实际，有效落实落地。

维持大学正常运作的除了教师还有党政管理人员、教辅人员、技术人员等，要因人而异建立科学合理的制度，除了利用制度对人的约束作用、对人员行为规范外，还需要发挥制度的激励作用，充分调动教职员工的积极性，增进他们对学校的认同感、所在单位的归属感、从事工作的使命感，提高教学水平增强科研成果，为学校的发展带来蓬勃的生命力。当前，制度的激励作用表现形式有二：表象的物质激励和内在的精神激励。在制度体系的建设过程中要具备奖励措施，让有突出贡献的教职员工获得与其贡献相匹配的物质奖励。同时，在议事制度和基本规章制度的制定上要充分尊重不同人群的意见，保障其合法权益。通过制度体系建设促进治理结构中的行政权力和学术权力各行其是，给予教师群体最大的学术自主权利，充分重视行政人员的需要和价值，构建纵向畅通、横向协调的制度体系，调动广大师生的主观能动性，使其充分发挥潜能价值，打破学术科研管理中的壁垒，推进学校不断发展。

2.制度对大学制度体系建设带来的挑战

层级之间矛盾的调节。制度的存在根植于大学行政体制中，这一体系最大的特点就是金字塔式上下分明的层级关系。由于大学行政体制中单向度的结构，上级是决策者，下级是执行者——这样的角色划分和层级节制的指挥是提高组织效率重要所在。在上下一体的行政环境中，所有人员虽各有分工，却都运用相似的方法达成同一种目标，是纯粹的行政组织。在大学组织内部，基层的学术组织都有其独特的学科背景和知识环境，首先强加以相同的任务目标近乎无效，其次达成目标的方法和途径也无法统一。如果依照行政管理模式让学术组织和个人都强制性完成上级任务目标，无疑会抹杀掉每一个基层团体和个人的学术创造力和自主能动性。缺乏自主决策能力的基层学术人员无法处理棘手的教学任务和科研难题。

规则刚性的遵从。因为行政组织间强调规章制度，上下级间须保持绝对服从，个人与组织的行为容易模式化、套路化，导致思维僵化、行为保守，掉入形式主义的陷阱之中。对形式和规则如此谨小慎微容易达到一种极端：过度关注对规则的无条件服从，甚至对达成目的都不再关注的机械行为。这样的潜在行为将直接使学术群体或个人的学术上进就此丧失，给学校创造学术成就带来阻碍和危害。张永桃在《行政管理学》中指出：当忽视了人的行为因素、缺少民主性质，容易导致行政权力的膨胀，鼓励成员固守具体的规章制度而有可能转移组织的主要目标等。[①]

我国目前实行的院系结构是按照学科特点和活动方式进行分类的，虽具有较强的学术性质，本质上仍是一种行政管理组织而非学术组织，科层制依旧贯穿其中。虽从管理视角看有益资源分配和日常管理，可科层制的管理要求对规则的无条件服从很难不对学术活动产生影响。另外，上层管理人员与基层学术人员的知识背景不尽相同，上级的命令与指示可能成为阻碍基层自主行动的桎梏。

（三）文化之于大学制度体系的建设

大学文化是在学校办学历程中逐渐凝练的精神观念，是大学历史、大学精神得以传承的载体。作为大学核心竞争力之一，大学文化已成为大学建设的重要组成部分。文化与制度存在异质性，文化是长期积累的抽象的观念，学校中的任何群体都无法轻易改变；制度是可以在短期内调整修改的具体操作，人可以主动变革创新制度，从功能上看两者都可以对人进行行为规范和道德约束，逐渐形成期望的价值观念。两者的关系上，大学制度和制度体系是大学文化在行为规范功能上的一种表现形式；通过制度的不断调整，制度体系的更新，可以逐渐引导文化发生改变。

1. 文化给大学制度体系建设带来的机遇

在学校日常的教学科研管理活动中，学校制度通过刚性的约束、强制性的规范引导形成期望的行为及价值观念，世界上的一流大学之所以有优

[①] 张永桃：《行政管理学》，南京大学出版社1989年版，第89页。

良的校园文化传统,也得益于其稳定、科学、和谐的校园制度体系;相反一些院校校风不正、学风不清,也正是因为没有建立起一套行之有效的学校制度体系。科学合理的制度体系有助于塑造良好的学校文化氛围,不切合学校实际的制度体系只会破坏原有的优良文化。可以说,学校文化状况折射出学校制度体系建设的性质与优劣。①

强调平等包容,营造大学文化。在当代文化中,作为传承人类文明的高等学校,平等和包容是其基本的价值取向,也是构成现代大学精神的重要组成部分,可以营造优秀校园文化的价值内涵。习近平主席在联合国教科文组织的演讲中曾说:人类文明是多彩的、平等的、包容的。人类文明因平等才有交流互鉴的前提,人类文明因包容才有交流互鉴的动力。② 平等是人与人之间的人格平等和相互尊重,权利特别是学术权利的平等和发展机会的平等,是构建现代大学制度的核心价值要求。包容早自儒家思想体系建立起就为人们所发扬传承,是建立大学先决价值理念基础。蔡元培先生任北京大学校长时提出"兼容并包、思想自由"的办学理念,就是对现代大学开放包容文化取向的最佳写照。平等和包容不仅是现代大学文化的精神内核,也是中国特色社会主义制度对大学的价值要求,更是为构建高校现代制度体系提供了重要的价值维度。

塑造大学精神,培养高质量人才。"一所好的大学,在于有自己独特的灵魂,这就是独立的思考、自由的表达。千人一面、千篇一律,不可能

---

① 吉标:《制度建设:学校文化建设的必取之径》,载《中国教育学刊》2007年第2期。
② 《习近平在联合国教科文组织总部的演讲(全文)》,载新华网,2014年3月28日,http://www.xinhuanet.com/world/2014-03/28/c_119982831.htm。

出世界一流大学。"①大学文化的发展渗透进学校系统的各个方面,并通过大学精神的形式表现出来。当代的中国大学精神是社会主义文化的彰显,既包含中国特色社会主义文化中的普适性成分,又具有自身所属独有的特色,既有兼容并包的多元性,也有历史积淀的独特性。通过大学精神的塑造,形成学校的核心价值观,让师生在日常的科研活动中逐渐理解和领悟学校的办学理念,让学校的目标成为师生共同的理想与目标,并为此目标竭尽心力,不懈努力奋斗。大学在制定政策,完善制度体系时,要探索被广大师生认同的,建立在制度之上的大学文化。

大学文化反映的是一所学校的校风、教风、学风。大学应总结在长期办学过程中传承的历史文化精髓,提升核心凝聚力,增进师生员工对学校的认同感、归属感。如果师生员工都热爱学校,能以主人翁的姿态投入学校各项工作中,学校的各项政策得以顺利实施,学校的目标得以成功实现,学校的发展得以稳步推进,学校的社会地位、社会声誉及影响力必将日渐增长,又能再次增加个人心中的文化自豪感。通过大学文化的打造衍生出优良的学生文化、特色的教师文化、有人文情怀的管理文化等。

大学的基本功能是培养人才、立德树人,当代中国大学的任务是为中国特色社会主义培养建设者和接班人。首先是对学生要树立理想信念,以校园文化、大学精神为引导树立正确的世界观、人生观、价值观,在此基础上结合个人的特性进行专业知识的传授,完成专业技能的培养,注重教学的创新性和开放性,培养学生的综合素质。无论是科研成果还是人才培

---

① 赵承:《温家宝总理:一所好的大学在于有自己独特的灵魂》,载《光明日报》2010年2月2日。

养最终都服务于社会,不能简单地将人才输出市场、服务社会,要以文化核心为引领,将学生培养成为精神文明的引领者和物质文明的创造者。

2.文化对大学制度体系建设带来的挑战

"人治"现象的存在。"依法治校"是大学精神的重要内涵,是教育事业深化改革的重要内容,有利于推进教育行政部门进一步转变职能,严格依法办事。与法治相对应的是"人治",即凭借个人的意志而非法律等外力来进行治理。受传统文化影响,"人治"的观念自中国大学诞生起就一直存在,高校的办学质量往往取决于大学领导素养和决策能力,而不是依赖于法治精神和大学章程制度。2012年教育部印发《全面推进依法治校实施纲要》,要求各级学校大力推进依法治校,建设现代学校制度。但现代社会的"法治"精神和中国延续千年的"人治"观念仍存在张力,两者的博弈并没有因为从中央到地方形成较为完备的法律体系和高校内部的大学章程制度的推行而彻底终结,"人治"仍然客观存在,"人治"凌驾于"法治"之上仍偶有发生,高校管理法治化进程的推进方兴未艾。

民主氛围的缺失。我国传统社会是一个高度集权化社会,在这种等级规则的长期作用下形成了组织等级文化。在高校内部相对集权的管理体制下,校园中的平等和民主的空气还有待充裕。科层制度使人群被等级制划分,行政组织和学术组织均受行政单向度的管理,民主参与和监督机制不完善、监督机构难以发挥预期效用也是"人治"能够存活于现代大学土壤中的诱因。

(四)环境之于大学制度体系的建设

环境在大学及制度体系建设方面影响巨大,一定程度上改变与制约着发展。外界环境对大学的制度运行机制具有关联性。制度环境与运行机制相匹配时,环境能够推动各项机制运作,反之则阻碍机制的运转。若将大学外部的治理结构看作大学举办者对办学者的经营管理与绩效进行监督和控制的一整套制度安排,以解决对大学办学者的约束和激励的问题,那么大学内部治理改革就是如何走出由政府这个唯一权力中心对大学的控制,走向政府、市场、社会、大学各安其位,大学自主办学发展的途径。[①] 外部制度环境的变化必然引起内部治理结构和制度做出及时性、适应性调整和改革。

1. 环境对大学制度体系建设带来的机遇

政治环境。改革开放前,中国高等教育环境体现出明显的政治化,党和国家高度重视对大学的领导,通过相应的制度体系实现了对大学的直接领导。改革开放后,政府不断下放权力,社会自我管理权利不断增强,《高等教育管理职责暂行规定》《中国教育改革和发展纲要》等纲领性指导文件不断出台、《中华人民共和国高等教育法》的颁布,以法律形式明确了大学法人主体地位和办学自主权,大学逐渐脱离对政府、对教育行政部门的依附。在新时期,需要从管理思路与制度构建的维度不断适应环境变化。

坚持党的领导,完善党委领导下的校长负责制。加强大学制度体系建设,必须坚定不移地实行党委领导下的校长负责制,大学党委是大学领导核心,以校长为首的行政系统应坚决贯彻落实党委的决策。明确党委和行政之间领导与被领导的关系,使大学成为坚持党的领导的坚强阵地。

---

① 马廷奇:《大学转型:以制度建设为中心》,社会科学文献出版社2007年版,第198页。

加强民主管理制度建设。民主管理是现代大学制度的重要组成部分,加强学校民主制度建设,要以健全各类学术机构,强化教职工代表大会制度和学生代表大会制度、鼓励广大师生参与学校管理为抓手,立足国情、校情,发挥其在民主决策、民主监督中的作用,形成积极向上、自由民主的良好氛围。

学术环境。上文提及,在新中国成立初期至改革开放前,为保证党的领导,高校成为党的行政组织中的一部分,丧失了行政主导权,社会主体地位和学术组织应有的学术自治和学术自由权利有所缺失,也同样无法构建起以学术为中心、以发展学术科研为导向的遵循学术内在发展规律的制度体系。新时期宽松自由的学术环境的改变促使制度体系发生改变。当政府下放办学自主权,学校内部学术逐渐开始摆脱对行政的依附。

塑造教授治学的优良环境。教育之本在于立德树人,大学的基本功能之一是人才培养,教育教学一直是大学工作的重中之重。完善大学制度体系建设就是要构建学术权力与行政权力协同制衡的格局,利用制度体系建设使教授不受行政干扰地从事教育教学和学术科研活动,使教授治理学术成为大学基本制度。通过建立和完善学术委员会、教授委员会等制度确定学术委员会是学校党委、行政领导下有关学术审议、决策的最高权力机构,明确教授们学术权力地位。鼓励广大教师参与到各方面的工作中,广泛听取他们的意见,并将其作为制定工作目标、推进工作流程的重要依据。

营造学术自由的良好氛围。学术自由不仅是构建现代大学制度体系的重要价值维度,也是实现大学治理体系、治理能力现代化的必要制度保障。学术性是大学最根本的性质,百年来的发展都不曾改变。要健全教学科研相关的管理制度，强化教学工作地位，规范学风、教风，加强学术规范建设。在如今市场机制、需求本位盛行的情况下，更应提升教学水平和人才培养水准，把握科研成果质量，规范学术行为。通过建章立制树立制度防线，维护学术道德，杜绝学术失范现象。

2. 环境对大学制度体系建设带来的挑战

学术权力式微。"去行政化"作为老生常谈的议题，表现出政治权力的权威性和行政权力的强势性，处于弱势地位的学术权力使得日常的学术事务常受政治权力和行政权力的干预和挤压。

学术自由是现代大学制度的一大特征，作为学术主体的专家教授们因在学校中享有盛誉获得尊重。教师的教学工作本身受到行政层级制管理的干预，同时也受到外界市场体制下竞争逻辑的干扰，当行政管理事务独立化、行政人员专业化后，又剥离了教师身份中参与行政事务的因素，以至于教师难以参与到学校的决议决策程序中。即便是能参与其中，也只是充当咨询顾问的角色，意见采纳的掌控权还是把握在行政人员手中。虽然一部分尚有话语权的行政人员是来自教师群体的教授们，但因耗用时间成本与精力成本在行政工作中，他们的一线教学工作时间受限，行政事务的规则和利益不同于学术事务，他们的行为准则和处理方式已逐渐脱离一线学术群体。大部分行政管理人员又难以接触学生，鲜有从事教学工作的经历。长此以往，行政权力泛化，学术权力式微。

另外，高校的教职工代表大会、学生会等组织成立之初的目的是使广大师生参与到学校各项制度的决策过程中来，以确认广大师生的主体地位，适应深化改革和不断发展的进程，同时确保决策的权威性和科学性。在实际操作过程中，师生虽是学校的主体，却同样是弱势群体，鲜有机会参与到学校建设发展这般重大问题的讨论中，教代会、学生会这类组织机构自身功用不足、难以发挥效用，师生们的意见反映渠道仍需畅通。

学术自由的扭曲。学术自由对于现代大学的重要价值不言而喻，中国的高校在践行学术自由的理念和实施学术自主管理的制度中却存在问题，发展为学术"官僚主义"和学术"西化主义"。学术"官僚主义"是指学术受到非学术的外界因素干扰，学术组织趋向行政化，发展成为大学内部官僚体制的组成部分，学术权威成为官僚体制中的上级领导，学术资源不再以学术发展和实际需要的分配逻辑进行合理划分，而是成为学术权威们以权力谋取的利益资源。

学术"官僚主义"本质是行政化在高校中的一种体现，高校本质是文化组织，它发挥着传播知识、学术研究、教育人才、服务社会的功能，同社会中存在的经济组织和政治组织有着本质上的区别。由于官本位思想的存在和行政权力的控制，学术组织遭异化演变为行政组织。虽然国家通过法律形式明确了高校的学术自主权，但是在实施中学术组织的自主权没有相应的制度保障。即使是一个性质相对上较为纯粹的学术组织，在学校的组织结构中也非独立存在，而是从属或挂靠某一行政组织机构。学术组织的领导者在身份上具有学术领导和行政领导的双重性。学术组织的经费调拨也是由上级的行政组织掌控。由此可见，大量的行政因素渗入学术组织的日常运转中，学术组织的学术性发生转变，产生了行政化的倾向，不利于学术组织的目标实现。

学术"西化主义"则是过度迷信西方所谓的学术自由，假借学术自由之幌，以传播学术知识之名散布西方的"普世价值"，更有甚者意图破坏社会主义核心价值观，试图使公立高校放弃公立高校学术活动的社会主义政治属性。随着世界一体化进程不断加速，西方文化和价值体系越来越多地被国人所认识和习得。学习并吸收西方文化的精髓并内化于中国特色社会主义制度中有利于国家的教育事业发展，但一些别有用心的学者却以学术自由的名义对西方的学术观点和价值体系持绝对推崇的态度，丝毫不加以考虑这些学术观点和价值观中国化的问题，全然不顾这些学术观点和价值观对国家可能带来的负面影响，在教学场景、科研场景中对其大肆宣扬。我们必须对这种妖魔化的学术自由保持高度的警惕。

学术"官僚主义"和学术"西化主义"都不利于公立高校学术活动的有序开展，行政因素在学术组织和学术活动中的参与度是高校在治理和制度建设中必须应对的挑战。

（五）效益之于大学制度体系的建设

效益是推进大学及制度体系发展的内生动力，也是推动学校发展的具体表象。效益即为大学办学功效，是指大学在人、财、物等方面的资源投入与大学在人才培养、科学研究、社会服务、文化传承与创新的产出比[①]，包含学校的社会声誉、毕业生就业前景、教职工待遇等。随着中国经济社会不断发展，以往简单的大学与政府的关系已经被替换为大学与市场、大学与社会、大学与政府的多重关系网络。由政府拨款的单一资金流入渠道已不复存在，取而代之的是大学自负盈亏的现实情况。增加产出效

---

① 郭平：《我国公办大学内部治理结构研究》，西南大学2012年博士论文。

益，实现可持续发展是大学制度体系中的重要任务。

1.效益对大学制度体系建设带来的机遇

提高办学质量和办学效益是大学管理者永恒的课题。改革开放以来，大学不再是以往的象牙塔，外部经受市场经济调整、产业结构调整、多元文化和价值冲击，学校之间也在相互竞争，进行一场长时间的资源争夺战。如何在争夺战中抢得先机，如何能实现结构转型、可持续发展？需要拓宽资源获取渠道，并对有限资源进行合理配置，提升核心竞争力，获得更大效益。

政府在逐步简政放权，高校自主办学权力增大，自筹经费、自负盈亏的任务也逐步加重。随着效益和效率观的引进，经济体制改革领域的一些有效的制度成果被借鉴到教育领域，使学校的运行机制、制度体系发生相应变革。第一，大学的管理理念不仅需要"治理"，还需要"经营"，依靠学费收缴、智库运营、校办产业、校企合作、社会服务的形式吸纳资金；通过校友会、基金会等组织向校友、民间组织、企业争取赞助和捐赠，多渠道进行融资，增加办学经费。

第二，在知识逐渐成为可交易的商品后，中国大学自身更是成为一种经济来源，办学资源的获得部分取决于大学在市场上的行为表现，市场需求影响着大学方方面面的决策。中国高等教育市场逐渐形成和发育，并衍生出内部和外部两个市场。内部市场主要指大学内部市场元素间交换关系的总和，包括学校市场、教师市场和学生市场。外部市场主要指大学外部各市场因素与大学之间的交换关系的总和，包括消费者市场（学生及其家长）、劳动力市场（用人单位）、资金市场、科学技术知识市场。

用市场观念审视大学中的各种行为：作为消费者的学生通过支付学费的方式来购买高等教育服务，在接受大学教育的塑造后被投放到劳动力市场供用人单位选择；大学教师为了获取工资向大学提供其业务能力和智力产出；大学的招生就业、教学科研、声誉和地位等在市场竞争机制中定位和演变；科学技术知识成为商品在市场上买卖和交换等。所以大学应关注社会需求和市场反应，兼顾短期效益与长期效益，提供高水平教育，产出社会需求量大、关注度高的科研成果，打造优质的品牌形象，营造良好社会声誉，最大限度满足社会中不同消费者的多元需求，兼顾教师、职工、学生群体的效益，才能促进学校整体效益的最大化，由此助推大学制度体系的改革提升。

2. 效益对大学制度体系建设带来的挑战

高校办学的功利化。在政府倡导和市场"看不见的手"的推动下，经济因素成为影响高校办学的重要因素之一，在促进整体办学水平提高的同时，市场规律和商品逻辑的"功利"取向也在冲击着高校办学的"公利"取向，表现为严重的市场化、产业化倾向。高校是提供公共高等教育服务的事业单位，非营利性是其重要特征之一，但由于高校间的竞争迫切需要资金支持发展以及政策差额拨款的有限性和不平均性，公立高校需要另寻渠道获得资金支援。尽管在这过程中高校仍保持着非营利性，但是高校正在逐渐企业化。

在高校内部，研究方向和学术成果的逐渐实用主义化。市场需要的应用性理工类研究更加热门，人文社科这样短时间内难以有效益的研究遭冷落。学术的商品化也使得学校鼓励教师在进行项目申请上更偏重于能尽快转化为经济效益的实用性课题研究。"大学给予社会的，不能只是社会所要求的，更应该是社会所真正需要的。"[①] 防止公立高校过度功利化、市场化，确保高校的正确办学方向，实现高校的价值定位，是高校内部治理相关制度建设面对的难题。

"效率至上"原则的使用。效益和效率二者紧密相关，高效率能带来更高的效益产出。制度的功能从历史地位看，出现效率观是管理学史上的极大进步，是管理走向现代化、科学化的标志。层级制度最初也适用于工商管理等企业，而后才移植到大学内部。大学虽然是行政性质与学术性质的组织复合体，但从本质上还是学术性更胜一筹，从内部的行政部门到组织团体无一例外都是为学术进步而服务。层级制度诞生于行政逻辑中，以行政级别对行政权力和资源进行划分，强调的是上级对下级的命令、下级对上级的服从，这与学术逻辑存在异质性，与学术进步存在矛盾分歧。以效率性的指标来衡量大学的管理是以偏概全，长此以往会使学校的人文性受到影响。所以如何在大学这个集行政属性与文化属性于一体的组织内部灵活使用效率观，是对大学管理机制和制度的挑战。

第二节 中国特色世界一流大学的制度体系建设

自2010年《国家中长期教育改革和发展规划纲要（2010—2020年）》提出"建设现代学校制度"以来，教育主管部门、各高校都对完善中国特色现代大学制度进行了很多探索。完善的制度体系也是完善中国特色社会

[①] 丰硕：《中国公立高校内部治理研究体系》，吉林大学2016年博士论文。

主义制度的需要，符合高等教育发展规律，为建设世界一流大学提供了强大发展动力。

从高等教育发展规律看，当前我国高等教育发展形势正在面临深刻变革。随着我国社会主义初级阶段的基本矛盾的变化，高等教育发展环境、发展规模、发展方式、教育职能等都发生了不同程度的变化。高等教育从规模扩张式向以提高质量和促进公平为主要特征的内涵发展式转变，呈现出国际化、社会化、大众化、信息化等阶段性特点，对中国特色现代大学制度建设也提出了多样化、精细化和复杂化的要求。完善中国特色现代大学制度体系是推进大学治理体系和治理能力现代化，把握高等教育演化逻辑和发展规律的客观需要和重要抓手。

一、中国特色世界一流大学制度体系的特性

无论是国内还是国外学者，在研究探讨现代大学制度时，普遍认为现代大学制度体系包括宏观层面和微观层面两个方面。宏观层面上是指高校在政府管理指导下，依法自主办学，全面落实办学主体和法人实体所具有的权利和责任协调、统一的管理制度，涉及大学与政府的关系、大学与社会的关系以及大学与大学的关系等，如大学管理体制、社会参与体制等。微观层面上是指大学内部各种权力之间的秩序和规范，直接表现为高校内部的各种制度及其构成的制度体系。多数学者为了聚焦对中国特色现代大学制度体系建设的研究，增强对高校的指导，更倾向于将宏观层面的高等教育体系视为现代大学制度的外部环境因素考量，将研究的重点聚焦在微观层面的制度体系中。中国特色世界一流大学制度体系作为扎根中国大地

第四章 "双一流"背景下大学制度体系建设的探索与实践

的现代大学制度,是现代大学制度、中国特色和世界一流的结合,融合了现代大学制度的历史与现实、问题与对策、宏观与微观。

(一)宏观层面的大学制度体系特性

1. 现代大学制度是制度体系的重要基础

中国特色世界一流大学制度体系建立在现代大学制度基础之上,其制度体系的精神内核反映了现代大学制度的精神和深刻的教育哲学。现代大学制度是现代社会的产物,是大学在保持学术自由、应对环境变化、满足社会需要等过程中,与众多利益相关者产生内外关系或矛盾后,逐步形成的制度安排以及面向未来的趋势,经过长期的发展,形成的区别于之前的大学制度。[1]

西方现代大学制度的探索和实践在中国之前。学者们比较公认的观点是,西方现代大学制度的起源是1810年洪堡创建柏林大学时,主张的"学术和教学自由"以及"教学和学术研究相统一"等观点。这些观点提倡了学术、教学、学习的自由,被称为现代大学的灵魂;他们还提出了大学另一项重要职能——科学研究。这区别于传统的中世纪大学,已不再把传播知识作为唯一目标,而是把对新知识的探索也作为办学目标,因而成为现代大学制度的发轫。随后欧美国家通过学术自由和大学自治建构起现代大学制度的基础,使得现代大学不断创新发展。另一个具有标志性的时间是19世纪60年代,美国总统林肯签署了旨在促进美国农

---

[1] 张应强,蒋华林:《关于中国特色现代大学制度的理论认识》,载《教育研究》2013年第11期。

业技术教育发展的《莫里尔法案》，创建了一批赠地学院，努力改变大学传授经典学术科目和宗教课程，轻视实用农业技术教育的局面。大学逐步发展出了社会服务的职能。

现代大学制度之所以被当今世界各类大学作为管理法式，正是由于其不断适应社会发展，汲取了高等教育发展的精华，并为学校发展提供强大动力。纵观国外现代大学制度体系，不难看出一些共同特点，这些也构成了现代大学制度的普遍性特征。

一是制度体系的主体多元性。在日益复杂化的外部环境和多样性的利益共同体驱使下，大学制度体系主体日益多元化，内部权力结构也日益多元化。外部政府权力、社会影响，学校内部行政权力、学术权力和民主权力等积极参与其中，有效推动大学管理民主化和决策科学化，减少不同利益群体间的直接冲突，减少大学内耗。

二是制度体系的权力平衡。现代大学制度体系日益注重权力之间的制衡，逐渐从集权式管理向分权式制衡转变。在制度设计上统筹协调各种权力，相互配合共同发挥作用，保证大学治理的高效。

三是强调自主办学和学术自由等。大学制度体系受到政府改革的广泛影响。随着新公共管理运动的兴起，"政府有限论"的管理变革使得政府对大学管理转向宏观、间接的管理，大学办学自主性越来越大，为社会和市场参与大学管理提供了空间。同时，学术自由的传统和精神也是一脉相承，学术权力是大学治理中的重要力量。

2. 中国特色是制度体系的鲜明特征

美国学者伯顿·克拉克在《高等教育新论——多学科的研究》一书中

第四章 "双一流"背景下大学制度体系建设的探索与实践

提出："大学的含义和目的可以说是因时而异，因地而异，它依靠改变自己的形式和职能以适应当时当地的社会政治环境。"[①] 中国特色是当前我国现代大学制度体系的鲜明特征，"中国特色"体现在制度体系建立在当前经济基础和社会发展的客观现实，根据我国高等教育方针政策，解决中国大学发展中的问题，追求现代大学制度的普遍性与中国国情的特殊性相统一。从大学与政府、社会及内部关系看，完善中国特色大学制度体系的研究方向主要包括：一是政府转变职能，保障大学自主办学；二是坚持党委领导下的校长负责制，完善内部治理结构；三是加强大学治理中的社会参与等。这些问题与中国特色现代大学制度体系的形成过程密切相关，又昭示着完善制度体系的方向趋势。

习近平总书记在北京大学师生座谈会上的讲话中指出："办好中国的世界一流大学，必须有中国特色。没有特色，跟在他人后面亦步亦趋，依样画葫芦，是不可能办成功的。"[②] 中国特色现代大学制度继承现代大学制度的内涵，融合中国特色，揭示了党、政府、社会与大学自身的各种关系。"中国特色"赋予了中国特色现代大学制度必须坚持实事求是的现实性特征。这就要求中国特色现代大学制度在建设中要坚持立足中国大地、坚持立足优秀传统、坚持立足实践探索。

一是坚持社会主义办学方向。新时代党的教育方针要坚持马克思主义

---

① 伯顿·克拉克：《高等教育新论——多学科的研究》，浙江教育出版社2022年版，第22页。

② 习近平在北京大学考察时强调 青年要自觉践行社会主义核心价值观 与祖国和人民同行 努力创造精彩人生，载《人民日报》2014年5月5日。

指导地位，扎根中国大地，为巩固和发展中国特色社会主义制度服务，为改革开放和社会主义现代化建设服务。高校要紧扣立德树人根本任务，培养一代又一代拥护中国共产党领导和社会主义制度、立志为中国特色社会主义事业奋斗终生的有用人才。而当前，在实现中华民族伟大复兴的征程中，我们对高素质人才的需求比任何时候都更强烈，国内外大局也比任何时候都更加复杂。因此更需要坚定社会主义办学方向，不断提高党建和思政工作水平，正确把握高等教育的发展方向。

二是坚持党委领导下的校长负责制。多年的实践证明，党委领导下的校长负责制符合中国国情和高等教育发展规律，是中国共产党对国家举办的高等学校领导的根本制度，充分体现了现代大学制度中"中国特色"的核心内涵。这一制度在贯彻民主集中制，坚持党委领导核心地位的同时，保证了校长作为高校法定代表人依法行使职权，在具体实践中也在健全党委统一领导、党政分工合作、协调运行的工作机制，是学校各项事业平稳有序发展的"定星盘"。

三是政府统筹与大学自治相结合。中国高等教育管理有其历史沿革和改革发展背景。与西方国家在经历一次次公共管理变革后，政府在高等教育发展中定位和职能的反复变化、高校拥有前所未有的自主权有所不同，我国政府相对稳定地扮演着高等教育资源提供者和调控者的角色。这与我国所处的国际环境有关，也与我国高等教育同中华人民共和国共同从积贫积弱发展起来有关，更与高等教育所赋予的政治功能和社会功能有关。当然，随着我国政府职能的转变，高校办学的自主权也在逐渐加强。政府和高校之间正在逐步寻找最佳平衡点。

3. 一流的制度体系是高校改革发展的支撑保障[①]

中国特色现代大学制度建设是"双一流"建设的重要任务和根本保障。一流大学和一流学科建设是新时代中国高等教育改革发展的战略性举措，其中一项核心改革任务就是中国特色现代大学制度建设。在"双一流"建设中强调的需求导向、公平竞争、多元治理、打破身份固化，能够更加充分挖掘高校内部发展潜力，推进高校治理体制机制改革创新，与完善中国特色现代大学制度存在紧密的内在关联。

中国特色现代大学制度建设是依法治校的客观需要。加强依法治校工作是全面推进依法治国的必然要求，也是教育事业深化改革、加快发展，推进教育法治建设的重要内容。依法治校是一项系统工程，从制度建构层面看，以大学章程为核心的现代大学制度体系建设是依法治校工作的重中之重，同时以制度的形式规范各项权力之间的协调运行机制也是依法治校的重要表现形式。

中国特色现代大学制度建设是高校自身改革发展的需要。在全面深化改革的大背景下，高等教育管理改革也逐渐进入了"深水区"，留下的都是"硬骨头"。不断完善的现代大学制度建设能为大学事业发展创造良好的制度环境，通过规范市场、社会等多元主体的力量，广泛参与到大学治理中来，不断激发高校创新与活力。更重要的是，现代大学制度建设水平的提高，能够逐步解决新时代教育评价改革、教师师德师风、文化传承与创新等方面存在的问题，推动高校内部治理能力现代化，有力保障高校健

[①] 李荣生，娄世超，孙晋：《新时代高校现代大学制度建设的实践与思考》，载《边疆经济与文化》2019年第7期。

康、可持续发展。

（二）微观层面的大学制度体系特性

宏观层面的大学制度体系有着明显的国际性、历史性和现实性的特征，能看得出时代发展留下的鲜明印记。而从微观大学内部治理结构的角度看，中国特色现代大学制度体系也有很多共性特点。这为我们研究大学自身的制度体系，指导规范制度体系建设奠定了基础。

1. 制度体系的统一性

纵观国际社会中，广受人们认可的世界一流大学通常具有良好的法治传统和法治环境。从制度体系的要素上看，除了具有代表大学自身精神和传统、规范大学行为的"基本法"大学章程之外，还具有一套持续完善的法律法规体系。这一制度体系通过将大学职能制度化、具体化、明晰化，规范制度体系及程序，保证了各项工作有法可依，实现了大学治理的整体法治。

从制度体系的具体表现形式看，英国大学制度中普遍存在法令、特许状、章程、条例等文件体例，较为常见的是通过细则或规章促使大学章程中涉及的管理原则和管理内容落到实处。美国的大学制度体系更类似于制度汇编，文件体例较为多样，层级也较为清晰，常见体例是"大学章程+政策"，并据此制定学校更为详细的规定或细则。日本的大学制度体系也从高到低分为大学章程、规程、内规、细则等层级。这些拥有众多世界一流大学的发达国家在对大学制度体系的设计上都表现出了统一性，即以大学章程为核心，规章或规程为下一层级的制度，细则或指南为具体操作手

第四章 "双一流"背景下大学制度体系建设的探索与实践

段的大学制度框架,把抽象的大学精神整体把握,把各种权力运行规范协调,具体化为制度体系和实际行动。[1]

中国特色现代大学制度体系也有与世界一流大学相一致的需求。中国特色现代大学制度是一个制度体系,根本制度是大学章程,基本制度包括学术委员会制度、教职工代表大会制度、学生代表大会制度等,在根本制度和基本制度上,各高校可以根据自身实际情况制定具体层面的执行制度,包括人事、教学、管理、财务等。《国家中长期教育改革和发展规划纲要（2010—2020年）》提出高校要依法制定学校章程,并依照大学章程规定来管理学校。国务院印发的《统筹推进世界一流大学和一流学科建设总体方案》中进一步提出要建立健全大学章程落实机制,加快形成以大学章程为统领的完善、规范、统一制度体系,这也是目前中国特色现代大学制度体系建设的当务之急。我国制度体系建设的理论构建和实践探索都相对薄弱,除了北京大学、清华大学等少数学校外,多数高校尚未形成内部制度体系,对制度规范的认识还有待进一步加强。高校制度内容丰富、范围广泛,项目繁多,各种制度之间应协调一致,避免自相矛盾和前后脱节。[2]从国内外高校制度体系建设现状看,现阶段要加快构建制度层级,完善制度模块,整体上形成统一的制度体系框架,为制度的运行和规范打好基础。作为系统化的制度来说,一方面要考虑到制度的稳定,不能朝令夕改,要充分重视政府、大学主体和其他利益方的准则制定,让中国特色现代大学

---

[1] 张照旭,李玲玲：《世界一流大学制度体系：内涵、特征及启示》,载《国家教育行政学院学报》2020年第7期。

[2] 黄兴磊,文玉：《试论高校制度建立的原则》,载《党史文苑》2007年第2期。

制度满足各方需求和利益，让制度涉及的各方自觉成为制度的倡导者、维护者、实践者。另一方面要考虑制度的协调性，现代大学面临着多元化的功能和复杂化的形势，自身的问题和矛盾也是错综复杂的，只有功能强大、内部互联的制度体系才能充分解决问题，破解大学发展瓶颈。

2. 制度体系的独特性

中国特色现代大学制度在宏观层面受到历史沿革、经济和社会发展等影响，聚焦到微观层面大学内部制度体系建设上，同样也会受到高校自身发展历史、大学精神、办学理念、办学特色等方面的影响，这就使得高校内部制度体系也会存在很大的差异。比如，经过1953年院系调整之后，各种专业特色高校纷纷成立，随着大学与社会、市场等的互动，很多高校尤其是理工科高校成果转化相较于人文社科类大学就会很有优势，反映在制度体系建设中，科技转化与社会参与的制度就会相对完善。再如，中华人民共和国成立之前，中国共产党亲手创建的陕北公学、中原大学等红色革命大学，有的是为了培养革命干部，有的是为了培养解放区经济建设人才等，发展至今的后继者在办学定位、学科特色、人才培养、科学研究等方面还会有学校办学特色、历史传统的影子，相应的管理制度也会体现这些理念。

大学文化是体现大学制度体系独特性的重要影响因素，很多研究者将大学精神和文化视为不同于大学章程、规章制度等显性制度的隐性制度，并认为大学文化这一隐性制度对大学发展建设的影响更具根本性和长远性。总的来说，中国特色现代大学制度是大学文化和办学理念的载体，需要内容建设、层级建设，也需要文化建设。一方面，制度建设需要考虑文化价值，融入文化内涵，让制度更有温度，让治理更有水平；另一方面，大学文化是制度建设的润滑剂，良好的大学文化，尤其是法治文化有利于推进制度设计、执行、监督等的全过程，培育师生对法律和制度的敬畏心理，更好地吸纳利益相关者意见建议，推动决策过程公开，决策监督有效，增强决策者、执行者、制度受众等各个共同体之间相互信任、合作共赢的信任文化。但是，每个高校的大学文化发展程度不一，文化积淀不同，大学文化与制度体系之间的关系作用程度有深有浅，也会导致不同学校制度体系存在独特性。

3. 制度体系的灵活性

制度之所以能够以显性或隐性的方式固定下来，正是因为其体现了一种稳定的价值目标导向和追求，因此大学制度体系对自身师生具有普遍的刚性约束力。除了这种刚性约束力之外，制度体系还具有充分的灵活性。制度体系的统一性和独特性决定了制度体系在其所存在的特定环境下具有刚性约束，但是基于学校事务的繁杂程度和语言表达的局限，这种刚性不可能完全体现在学校制度的全部规定之中，不可能穷尽所有的制度表达。这时，在特定的情境下，遵循自身制度体系的价值目标取向，灵活变通适用制度的若干规定，就会成为一种合理的选择，也会使学校制度更具活力和张力。

制度体系的刚性约束和灵活性选择是一个循环促进、螺旋上升的状态。在常规环境下，学校制度体系与价值目标是一致的，这时制度体系的刚性约束就是首要的，是制度体系的灵活性的前提和基础，这种状态应该是一种稳定的常态，是学校稳定有序发展的基础。但在特定的环境下，学校部分制度与发展需求可能存在不一致，这时制度体系的灵活性可能会突破刚性约束力的束缚，产生不同程度的冲突。这种冲突有可能是消极冲突，为了某一群体的私利违背制度的刚性约束，随意适用制度体系的灵活性，甚至产生违纪违法的风险。比如在高校招生、基建等高风险领域，制度的灵活性要被合理限制。同时还存在积极冲突，即为了追求更大价值的公益，灵活适用学校制度。这类冲突需要由具有开拓创新精神、敢于突破固有藩篱的人加以推动。在高等教育深刻变革的背景下，高校自身全面深化综合改革，加快推进"双一流"建设，探索完善校院两级管理体制改革等举措，无不体现出制度体系刚性与张力的积极冲突。现在经常提到的鼓励新担当新作为，努力探索容错机制的尝试实践，也是在为这些人提供体制保障。[①]

4. 制度体系的实效性

回归到制度本身，中国特色现代大学制度的实现目标不是"制定制度"，科学规范的制度文本、协调有序的制度层级并不是制度建设的终点，而是要通过制度的确立和实施，更好地推动大学实现功能、促进高等教育事业发展。因此，中国特色现代大学制度体系必须紧紧围绕立德树人这一根本任务，尊重教育规律和人才成长规律，坚持以人为本，具备人文关怀，在内容上详尽具体、切实可行，便于管理主体对制度的遵守，也便于活动主体对制度建设、执行的监督。建设完备的制度执行、监督、评价、反馈体制机制，这也是一流大学制度体系应该体现出的实效性特点。国外部分一

---

① 李宜江：《学校制度原则性与灵活性的冲突及其解决》，载《教学管理》2010年第1期。

流大学有直接监督制度执行的机构，如日本东京大学的组织性利益冲突监督委员会，制定了委员会规则、合规基本规则，设有合规举报窗口等，对制度执行情况进行不定期的检查监督。我国大部分高校将监督检查权力赋予了教职工代表大会、学生代表大会等，少数学校如北京大学、上海交通大学等设置大学章程委员会等机构监督大学章程执行情况。同时，这些高校针对学校内部规章制度的制定、执行等管理行为、办学活动，受理其举报和投诉，将对大学章程、规章等制度的执行监督落到实处，及时对制度执行情况进行评估、反馈及修订，保障制度建设真正取得实效。[①]

二、中国特色世界一流大学制度体系的框架设计

中国特色世界一流大学制度体系既要有宏观层面的考量，又要有微观层面的重塑。构建制度体系框架，对制度体系进行理性设计和结构化改革、结构化平衡，要用系统论的方法理解我国高校自身特有的制度体系特性，处理好各种外部、内部权力。

[①] 张照旭，李玲玲：《世界一流大学制度体系：内涵、特征及启示》，载《国家教育行政学院学报》2020 年第 7 期。

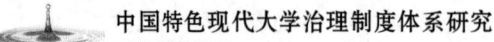

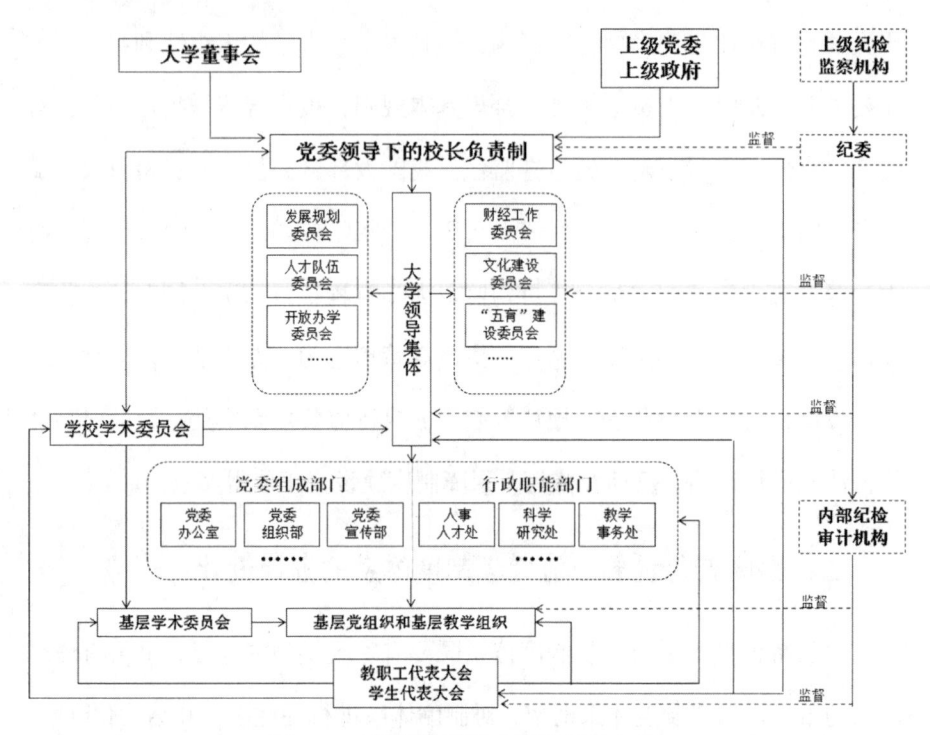

图 4-1　现代大学制度框架及运行图

（一）现代大学制度体系的主体与客体

如图 4-1 所示，现代大学制度体系的构建是一个全面整体的系统工程，从学校外部的角度看，制度体系的主体涵盖了政府、社会等，从学校内部的角度看，制度间的相互关系主要包括了高校内部不同权力间的行使形式与运行管理，不同级别制度的相互作用和层级关系，如党委权力、行政权力、学术权力、民主权力等的运行机制及相互作用，以大学章程为核心的制度体系等。

第四章 "双一流"背景下大学制度体系建设的探索与实践

1. 宏观层面的主体

（1）政府是现代大学制度体系中最重要的主体

政府与大学之间的关系平衡一直是大学发展的关键问题。而政府与大学之间的"松"与"紧"，就如同政府与市场的关系，是随着国家经济社会发展的不同阶段，政府治理的理念深入等"有的放矢"。不仅我国会面临这种情况，国外诸多大学也是如此逐步发展改革的结果。如何确定政府和大学各自的角色定位，关系着现代大学制度体系是否能够有效运行并形成切实有效的运行机制。[①] 学者们根据高等教育发展历程，将政府与大学之间的关系分为"国家控制"和"国家监督"两种模式。"国家控制"模式主要表现为政府对高等教育系统资源的纵向控制，高校是政府的附属，包括对入学机会、教学人员聘用和报酬、课程和学位要求等资源的控制。"国家监督"模式相较于"国家控制"模式所施加的影响力较弱，很多基本决策的权力保留给了高校本身。目前，我国政府与大学之间的关系正在从"国家控制"向"国家监督"变革。政府作为高等教育的重要投资者、公办教育的办学者和管理者的角色没有变，但逐渐向协调者和质量控制者转变。政府对高校的管理从直接干预的控制模式逐渐转向间接调控的互动模式。在这一改革进程中，暴露出一些常见的问题，如政府作为行政者管理、监督、评价高校，作为所有者举办高

[①] 袁春艳，任淼：《中国特色现代大学制度的运行机制分析》，载《国家教育行政学院学报》2013年第7期。

等学校，作为办学者直接管理学校[①]，在这种情况下的大学制度体系中政府干预过多，学术权力受到贬损，损害了高校的活力。同时，在高校自主办学、自身造血的能力还存在不足，自我发展、自我约束的机制尚未形成的情况下，一味强调"放权"，也会使得社会、市场力量过度介入高校办学过程中，不利于高校大学功能的实现。

（2）社会日渐成为现代大学制度体系不可忽视的力量

在当前市场经济条件下，高等教育在大众化甚至是普及化的过程中，随着政府的简政放权，需要大量的资源进入学校，高校也要从"象牙塔"中走出来，寻求社会支持。在当今的知识经济时代，大学作为创造和传播知识的主要场所，对社会的知识贡献度日趋加重，也少不了外部社会力量的支持。高校承担的服务社会功能，决定着大学办学要面向社会发展、了解社会需求、解决社会问题，不能独立于社会而存在，要努力在与社会的互动中，让社会了解学校，倾听他们对高校办学的意见建议，为大学本身营造和谐的社会环境。从国外一流大学的发展历程看，美国一流大学之所以能够异军突起、后来居上，与其紧密结合社会、市场需要，积极为社会提供服务密不可分。相较之下，英国大学强调纯粹的学术价值，更加依赖政府拨款。

但是，高校组织不同于市场化的企业，也不同于社会化的社会组织，中国特色现代大学紧紧围绕立德树人的根本任务，保持学术自由的现代大学制度内核，决定了大学不能完全服务于社会需要，因过度社会化而丧失

[①] 曹勇，曹之然：《现代大学制度视角下的我国大学外部关系研究》，载《农村经济与科技》2008 年第 3 期。

第四章 "双一流"背景下大学制度体系建设的探索与实践

大学精神。因此大学与社会之间的关系主要是围绕两个方面：一是大学与社会之间如何形成有机的互动机制；二是如何协调大学自身发展逻辑、大学精神和社会服务的关系，避免直接冲突，确保大学健康发展。[①]

当前高校不断扩大社会参与的广度和深度，在人才培养、教学科研、实习实践等领域引入较多社会资源，同时社会组织在学校内部按要求开展各类活动；大学为社会提供知识产品、精神产品、人力资源等，助推和带动社会发展，形成了大学与社会间的良好互动。这其中最能体现社会参与的就是大学董事会。我国大学董事会根据功能定位有领导决策和指导咨询两种类型。领导决策型常见于华侨等捐资成立的大学和民办院校，这些院校拥有较大的办学自主权，董事会的决策是学校的最高决策，类似于常见的美国大学董事会。指导咨询型多见于公办大学中，来自"官产学"各界代表，是通过咨询、指导、支持等影响高校办学的松散组织，对学校办学产生作用主要是审议办学方向、办学规模等重大问题，不具备强制约束力。总的来说，高校董事会是顺应中国高教形势发展而产生的，是社会力量参与和监督高校管理的组成部分，对促进高等教育改革和发展起到了积极作用，成为现代大学治理内外衔接的"缓冲器"和"助推器"。另外，随着社会参与力量的壮大，社会中介组织，如各类评估审议、标准制定等第三方机构在政府与高校、社会与高校之间也扮演着越来越多的沟通、协调、服务角色，成为推动现代大学制度高效运行的"润滑剂"。

[①] 郝瑜，孙二军：《建设中国特色现代大学制度的路径及策略探析》，载《延安大学学报（社会科学版）》2013年第3期。

2. 微观层面的主体

中国特色现代大学制度体系所强调的内部治理结构，实质上是要处理四种大学内部权力之间的关系，即以党委为代表的政治权力、以校长为代表的行政权力、以学术委员会为代表的学术权力和以教代会、学代会为代表的民主权力。所以，从微观层面看，现代大学制度体系建设就是四种权力为主的各种权力的相互作用、相互影响。

（1）党委领导下的校长负责制——处理政治权力与行政权力的关系[①]

党委领导下的校长负责制是大学制度体系中最具中国特色的制度设计，是高校坚持社会主义办学方向的重要保证。这一制度设计包含党委领导与校长负责，二者相得益彰、缺一不可。党对高校全面领导的制度是高校制度体系的根本制度，是学校所有制度的总纲。学校党委代表政治权力，统一领导学校工作，把握学校办学方向，决定学校重大问题，支持校长依法独立行使职权，是高校改革发展与稳定的领导核心，实行集体领导与个人分工负责相结合的民主集中制。党委领导既体现在对人的领导（管干部、管人才等），又体现在对事的领导（管方向、谋全局、做规划、促改革、抓大事、谋发展、保稳定等），重大事项由党委集体决策，既保证了党的路线方针政策在高校的贯彻执行，又提高了决策的科学性、民主性。学校党委需要切实履行管党治党、办学治校主体责任，提高把方向、管大局、做决策、抓班子、带队伍、保落实的能力和水平。校长负责代表行政权力，是指校长作为学校法定代表人，贯彻党的教育方针，落实党委领导，执行

---

① 王祚桥：《浅议中国特色的现代大学制度》，载《光明日报》2012年10月31日。

学校党委有关决议，负责学校教学、科研、行政管理工作。从纵向贯彻落实的角度看，在党委集体领导、校长独立负责的权力运转下，落实党委领导的党委组成部门和落实行政管理的职能部门各司其职，内部纪检、监察、审计等部门有效监督，这种政治与行政相分离的权力运转机制可以形成权力制衡，优化管理过程，反映出社会主义办学方向与尊重高校办学规律的高度统一。

贯彻好党委领导下的校长负责制关键在于处理好党委和行政的关系。一方面是要明确党委和校长各自定位，承担各自责任，处理好领导核心和法人代表的责任；另一方面要通过合理确定班子领导成员分工，健全党委统一领导、党政分工合作、协调运行的工作机制。党委要支持和保障校长开展工作，党委书记和校长定期沟通，及时交流工作情况；发扬民主，充分听取尊重班子成员意见；班子成员之间相互理解、相互支持等。通过"党委领导"和"校长负责"的支持配合，协调处理好政治权力和行政权力的关系，保证学校平稳、有序运行。

（2）学术委员会——处理行政权力和学术权力的关系

大学的学术权力来自科学真理和专业知识，尊重大学学术权力是大学的本质所决定的。教学科研人员作为知识发现和探索者，是学术权力的天然行使主体。在大学功能和事务逐渐增多的情况下，西方大学逐渐成立专门的行政管理队伍，出现了"教授治校"外的行政权力，教授则继续保留在学术方面的权力，继续保持"教授治学"。而"教授治学"既体现了大学学术性的本质，又符合中国国情的教育理念。正确处理其学术权力与行政权力之间的关系就成为不可回避的现实问题。

学术委员会是教授治学的重要载体，体现了依法治校、学术为本的理念。学术委员会作为学校最高学术机构，统筹行使教书育人、科学研究、学术道德、学位授予等方面的决策、审议、评定和咨询职权。公办高校由于接受政府拨款和管理，使得内部治理结构具有复杂性，教授治学虽然面临较多问题和挑战，但是也对高校学术委员会制度进行了各种探索，促使行政权力和学术权力相对分离、相互支撑。例如，对党政领导在其中的任职数、中青年教师所占比例等提出要求，厘清学术委员会和各专门委员会的机构设置、人员产生程序、职责权限等，加强基层学术委员会建设，完善学术治理的组织框架等。同时，充分发挥教授治学在教学、科研、学科、队伍等方面的积极作用，职能部门充分尊重、积极支持学术委员会工作，基层教学组织也尊重基层学术委员会行使职权等。通过学校党委领导，学术委员会讨论通过重大学术问题，校长负责具体实施，从而将党委领导下的校长负责制贯通于学术委员会内部管理体制中，这样既坚持了党委领导、校长负责，也体现了学术权力的主导地位，更形成了行政权力和学术权力有机耦合又相互制约协调的高校内部权力运行机制[1]。

（3）教代会、学代会——处理内部管理与广大师生民主权力的关系

民主管理是大学制度体系中的重要组成部分，是教师、学生通过制度形式有效参与学校管理的形式。民主管理体现在现代大学制度的方方面面，其与政治权力、行政权力、学术权力等并未割裂，而是相互包含、相互影响的关系。如前文提到的党委领导下的校长负责制，坚持民主集中原则，

---

[1] 刘伦，施丽红：《积极构建具有中国特色的现代大学制度》，载《中国高等教育》2016年第22期。

通过集体决策和个人负责充分体现民主要义；在教授治学中，教师群体既是学术权力的决策代表，也承担着决策执行监督的任务，其参与学校事务的管理本身也是现代大学民主管理的重要表现。因此中国特色的现代大学民主管理是在党委统一领导下，以校长为核心的行政体系、教授为核心的学术体系，全体教职员工和学生以制度化形式共同参与学校办学活动的教育管理制度。

教师代表大会制度、学生代表大会制度是广大教职员工和学生参与学校管理和民主监督的重要形式。教职工代表大会作为依法保障教职工参与民主管理和监督、维护教职工合法权益的重要组织形式，受到《中华人民共和国高等教育法》的保护。但是目前，部分高校教职工代表大会制度实现机制不明确，使得民主管理权力流于形式。针对教代会制度存在的问题，既要明确教代会职责，并将其职责制度化、具体化，还要加强两级教代会职能建设，完善提案等工作机制，健全专门委员会等常设性工作机构建设，规范运行程序和方式。随着对学生参与高校管理重要性认识的逐渐深化，高校对学生代表大会、学生会组织等进行深化改革，加强民主管理的制度建设，开展各类校领导深入学生的面对面交流活动，为学生参与民主管理提供了制度保障。除此之外，通过党外监督、董事会等多方力量，利用信息公开等方式，共同参与学校管理也是民主管理的重要手段，从而不断完善现代大学制度体系，最大限度实现学校决策和管理的科学化、民主化。

（4）议事协调机构和党政机构——制度体系建设的抓手

大学内部治理结构的四种权力之间的平衡互动构成了最重要的制度体系框架，在这一框架中，制度体系具体的制度制定、执行、监控和反馈等运转则是通过具有一定职责范围的党政机构或者议事协调机构来实现的。党政机构即是通常俗称的"机关单位",既包括了党委组成部门,也包括了行政机构。这些机构是在党的全面领导下,分别具体行使四种权力赋予它们的职责,体现了四种权力代表的意志。从制度体系建设的角度看,他们既是四种权力某一方面事务制度的具体制定单位,同时还负责执行落实、监控调整、评估反馈这些制度,是将四种权力具体化、制度化的抓手,因此在制度体系建设中起到了基础性的作用。

在现实工作中,高校还有一类不可忽略的机构——议事协调机构,其在制度体系建设中的作用也非常重要。参照《国务院行政机构设置和编制管理条例》中对"国务院议事协调机构承担跨国务院行政机构的重要业务工作的组织协调任务"的规定,在面对多部门复杂协同工作或者重大问题时,可以成立议事协调机构。相较于常设的党政机构所开展的工作,议事协调机构的工作体现出相对临时性、系统性和复杂性的特点。高校对议事协调机构的管理目前还缺少统一的标准,如对议事协调机构的界定还不够清晰,高校中对学术委员会、教代会、学代会等具有现代大学制度鲜明特点的这类决策机构是否应作为议事协调机构管理的观点还不一致;机构体系庞杂,"无序生长"严重;机构定位不清,设置随意,运行不规范等问题比较突出,致使机构作用发挥不充分,缺位、越位、错位的问题都较为常见,也导致了"文山会海"等部分形式主义、官僚主义问题的产生。在科学规范的治理框架下,议事协调机构应该作为党政机构的重要参谋、协调,甚至是合法授权下的具有一定决策职责的机构,对大学制度体系建设等起到重要的指导、决策、监督等作用。多单位共同组成的议事协调机构能够在制度制定时，更好地反映、吸纳各个制度相关单位意见，对制度涉及的利益相关方的权责进行界定，部分制度在最终审定通过前甚至需要议事协调机构审核通过，确保制度科学、民主、规范；在制度执行时，能够监督、评估执行情况，并及时进行调整；在制度终止、合并时，能够明确承责单位，延续或终止工作责任等。因此，议事协调机构建设也是高校制度体系建设的重要一环，对议事协调机构的规范化管理在制度体系建设中也必不可少。

（二）现代大学制度体系的表现形式

中国特色现代大学世界一流制度体系要从"中国特色""世界一流""现代大学"等不同角度切入，既要体现政治方向和时代环境，也要体现本质属性和质量标准。这就需要不断完善分级分层的大学制度体系，保证各类制度之间纵向贯彻落实到位，横向协同有序推进，保证制度体系的科学性、规范性，发挥制度建设的最大效能。

1. 纵向分层级

大学制度体系建设如同企业管理中的战略地图，在明确了最高层级的大学战略后，分层运行的制度体系对大学发展战略进行具体、系统、全面的分解，对最核心的制度层层落实，自上而下不断递进，最终落脚到操作层面的执行制度。而在实际运作中，各个岗位、个人、单位通过执行制度，自下而上地层层实现上一级制度，最终实现大学的发展目标。同时，各个制度的层级与制度体系中的主体之间也存在着一定的对应关系，为制定与各主体相对应的分层分类制度体系提供了基础。

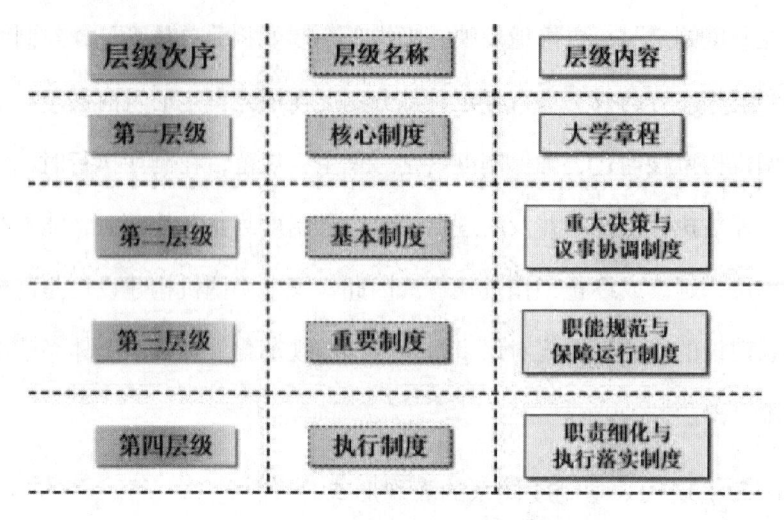

层级次序	层级名称	层级内容
第一层级	核心制度	大学章程
第二层级	基本制度	重大决策与议事协调制度
第三层级	重要制度	职能规范与保障运行制度
第四层级	执行制度	职责细化与执行落实制度

图 4-2　制度体系纵向层级图

现代大学制度体系的核心制度是大学章程。根据《中华人民共和国高等教育法》等法律法规，大学章程既体现着现代大学制度的依法治校、学术自由的精神，也体现着大学自身目标定位、办学理念、战略规划等，具有一以贯之、一脉相承的连续性和稳定性。大学章程是现代大学依法治校的重要表现和基本依据，其上承国家法律法规，下接校内规章制度，是学校的"基本大法"，以制度规范的形式对学校内部四种重要权力如何运作进行了约束，内容涵盖学校办学特色、学校职能、教职员工及学生权利等诸多方面。根据国家法律法规，大学章程一般是学校提出修改意见，由教育主管部门审定。国内外学者均对大学章程在建设科学规范的现代大学制度体系的重要性给予了充分的认可。

现代大学制度体系的基本制度是重大决策与议事协调的制度。这些制度既是落实大学章程中所规定的学校决策管理、学术教学、民主监督等重要机构职责的制度规范，又是处理前文所述的政治权力、行政权力、学术

第四章 "双一流"背景下大学制度体系建设的探索与实践

权力、民主权力的重要制度设计,更是下层级贯彻上级精神,落实办学目标,开展建章立制和管理活动所遵循的制度准则,具有高度稳定性,一般会根据党的教育方针政策的精神,以及上级主管部门的工作要求进行调整。这一层级制度涵盖了作为政治权力代表的党委全委会、党委常委会、纪律检查委员会等议事规则,作为行政权力代表的校务会议议事规则,以及协调两种权力的党委领导下的校长负责制实施细则,学术委员会、学位评定委员会等学术权力代表机构的运行和决策制度,教职工代表大会、学生代表大会等制度。这一层级制度一般是通过党委全委会、常委会,校务会,学术委员会,教代会、学代会等代表四种权力的制度体系主体确定的。

现代大学制度体系的重要制度是职能规范与保障运行制度。这一层级的制度是大学章程的配套制度以及大学内部四种权力运行保障的重要制度规范。其重要特点是将上层级的制度根据不同的职能条线进行分解,并成为相关职能条线的统领性制度。这些制度规范可以说是相关职能条线的"根本大法",具有相对稳定的特点,但也会随着上位法依据的变化而调整。如教师管理办法、学生管理制度、教学管理办法、科研管理办法、财务管理办法、学生申诉办法、信息公开管理办法等。这一层级的制度规范具有一定的统领性,一般可由党政机构提出,并经党委常委会、校务会审定通过。

现代大学制度体系的执行制度是职责细化与执行落实制度。这一层级制度是落实职能规范与保障运行的具体制度,也是制度体系中数量最多的制度。在形式上表现为职能规范与保障运行制度的具体化,多是为了学校内部治理的精细化管理或完善服务需要所制定的制度。因此上位法或实际

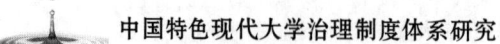

管理工作的需求有所变化,均会反映在本层级制度之中,具有很大的灵活性。多数"试行"或"修订"频率较高的制度都是这个层级的制度规范。对于本层详细的业务性制度规范,一般可由党政机构制定,经授权的议事协调机构、分管的学校领导审核通过。

2. 横向分条块

大学制度体系除了要有层级划分、明确各类制度规范的上下位、防止下位法与上位法的冲突外,各个职能条线的制度规范也需要协调统一,避免相互冲突。基础工作就是一个科学规范的制度模块条线划分,对校内各个单位及所指定的制度进行分块管理。

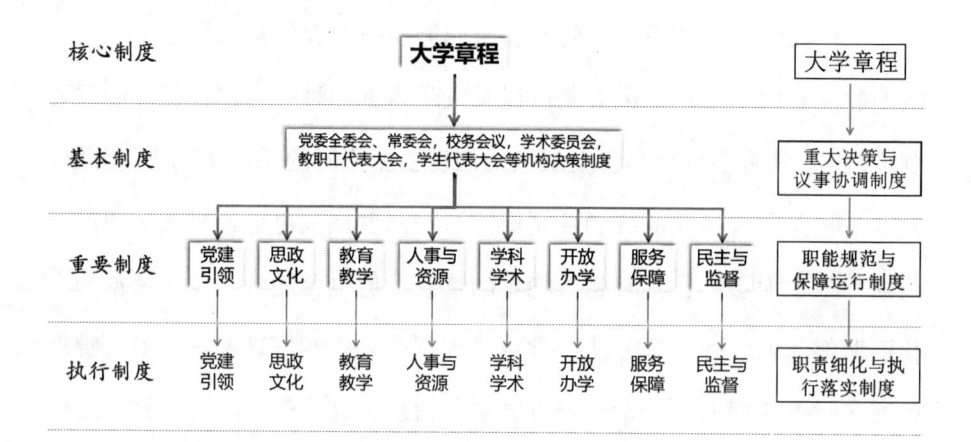

核心制度	大学章程	大学章程
基本制度	党委全委会、常委会、校务会议、学术委员会、教职工代表大会、学生代表大会等机构决策制度	重大决策与议事协调制度
重要制度	党建引领 | 思政文化 | 教育教学 | 人事与资源 | 学科学术 | 开放办学 | 服务保障 | 民主与监督	职能规范与保障运行制度
执行制度	党建引领 | 思政文化 | 教育教学 | 人事与资源 | 学科学术 | 开放办学 | 服务保障 | 民主与监督	职责细化与执行落实制度

图 4-3 制度体系横向条块图

如图 4-3 所示,核心制度和基本制度作为制度体系的上层部分,数量较少,起着顶层设计的重要作用。而第三层级重要制度和第四层级执行制度数量较多,是学校工作中经常使用的制度类型,因此对其分块管理,进而加强对具体工作的指导,防止制度间相互冲突就显得十分必要。根据大学职能和常见的职能部门划分,一般可以将其分为八种类型制度:

①体现党建引领的制度，主要包括高校党的领导、基层党组织建设、理论武装、统一战线、纪检监察等方面的重要制度和执行制度；

②体现思想政治与校园文化的制度，主要包括高校党建中十分重要的思想政治教育、学生管理、校园文化等方面的重要制度和执行制度；

③体现教育教学管理的制度，主要包括本科生、研究生等培养全过程的重要制度和执行制度；

④体现人事与资源管理的制度，主要包括高校人财物等资源分配的制度，如师资队伍建设、资产管理、财务管理、采购与招投标等方面的重要制度和执行制度；

⑤体现学科建设与学术治理的制度，主要包括学科建设、科学研究、学术治理、智库平台等方面的重要制度和执行制度；

⑥体现开放办学的制度，主要包括高校在服务社会以及国际化办学职能方面的制度，如社会合作、产学研一体化、校友工作、国际化办学、继续教育等方面的重要制度和执行制度；

⑦体现服务保障类的制度，主要包括校园建设、后勤保障、安全保卫、智慧校园、图书档案、医疗服务等方面的重要制度和执行制度；

⑧体现民主与监督的制度，主要包括工会、教代会、学代会、审计重要制度和执行制度。

规章制度的分级分块，是为了更好地明确管理和服务过程中的各种责权利关系，避免制度体系以及各种权力运行之间的矛盾。在实际操作过程中，各高校也可以根据各自的办学特点，对本校制度体系进行构建。例如清华大学制定的《清华大学制度体系架构方案》，将清华大学所有制度划分为根本制度、基本制度、具体制度三个层级，细分为教育教学、学术研究、学术支撑、内部管理和服务保障、民主监督、社会服务、国际化、党建与思想政治工作等八个条块，分解落实制度建设任务，不断完善制度体系建设[①]。北京大学制度体系建设围绕党的高校的全面领导制度展开，分为治校制度体系和办学制度体系两个维度。治校制度体系负责定基调、打基础、把方向，包括管党治党、决策机制、民主参与、督查落实、监督问责等内容；办学制度体系负责抓建设、促发展、创一流，包括立德树人、师资人事、学术治理、服务保障等内容。每项内容下包含若干重要制度，各类制度更下层级的工作就是学校、部门、院系、干部队伍等方面的制度执行力建设[②]。

三、中国特色世界一流大学制度体系的运行系统

中国特色世界一流大学制度体系建设不仅是一个体系框架构建的静态建设结果，而且是在建设全周期不断完善的动态建设过程。在这一动态建设过程中，涉及制度从酝酿制定、执行落实、监督调整、评估反馈的系统性行动。制度体系不仅为制度建设提供了载体，而且是系统运行的基础，是将各种权力和管理事务用某种规律的相互影响和相互制约的形式结合起来的有机整体。

[①] 中华人民共和国教育部：《清华大学加快构建与实施中国特色现代大学制度体系》，载教育部网站，2017年3月7日，http://www.moe.gov.cn/jyb_sjzl/s3165/201703/t20170307_298480.html。

[②] 邱水平：《中国特色现代大学治理的若干重要问题探析》，载《北京大学教育评论》2020年第1期。

第四章 "双一流"背景下大学制度体系建设的探索与实践

（一）制度体系的运转

制度建设都是为解决某一问题而制定的。这些问题来自贯彻上级部门工作的需要，也可能是在实际工作中所发现的。当然，部分问题也并非完全通过制度建设来完善，但是随着相关事务的增加，制度建设的统一性、规范性就会显现出来。因此从发现问题到制定制度，再到后来的执行、评估、监督都在考验着高校的领导能力和管理水平。

1. 制度的酝酿制定

如前所述，制度所解决的问题是从一个问题逐步发展而来的，那怎样的问题会通过制度形式来解决呢？一般来说，基于客观形势的发展或强烈的管理诉求，当现实中的某些问题与实际工作产生一定矛盾或冲突，形成明显制度需要，要求学校采取行动加以解决时，就会形成管理制度。

从操作层面看，这一制度合法化的过程可以细分为酝酿、立项、起草、审查、审定、公布、解释等规范程序。

（1）酝酿

制度建设的酝酿过程主要来自：一是对表行政法规、地方性法规或上级部门规章制度而发布的制度，如党委领导下的校长负责制实施细则等；二是根据学校工作实际而提出发布的制度，如学校"双一流"建设方案等；三是各个职能部门对表各级部门规章而需发布的制度，如机构编制管理办法等；四是解决某一类具体问题而需发布的制度，如学生奖学金评选办法等。

（2）立项

一般来说，制度酝酿的四种主要来源都具有一定的可预见性。学校相关单位要结合上级规章制度、学校工作实际等变化情况就必要性、所要解决的主要问题等开展充分论证，明确学校制度的名称、完成时间等，编制年度的制度立项计划，保证学校全年制度建设过程的合理有序，科学规范。

（3）起草

相关的某一单位或牵头多个单位根据酝酿结果和立项计划，充分调查研究、总结经验、征求意见，着手起草相关制度，也可以委托专家起草。制度名称一般称为"章程""办法""规定""规程""细则"等，制度内容应包括制定依据、宗旨，适用范围、原则、权利和责任，具体规范，施行日期，解释主体等。规章制度形式可分为章、节、条、款、项、目等。其中事关师生员工切身利益的事项，还需要通过具有广泛性和代表性的听证会、座谈会、论证会等形式在校内外广泛征求意见。

（4）审查

起草单位起草制度后，要将送审文本、起草说明、上位法依据、调研和征求意见情况提交审查部门审查。审查工作一般是由学校法律事务单位会同其他单位共同完成。制度审查主要是对其统一性、规范性和廉洁性的审查。统一性是指制度与上位法的一致性，责权利是否合法且一致，内容及流程是否科学，奖惩是否合法以及与现有制度是否衔接得当；规范性是指制度文本结构的完整性和表达的规范性等；廉洁性是指对部分"三重一大"和廉政风险防控的重点领域制度的制度廉洁性的审查。

（5）审定

制度的审定就是制度合法化的过程，是制度制定过程的重要阶段，也是有效执行制度的前提和基础。审查部门将已通过审查的制度形成草案后按有关规定向党委会或校长办公会提交制度审议议题。根据前文所制定的制度框架，不同层级的制度审定权限也要依据学校实际，归属不同的机构，如第一层级大学章程核准权限属于教育部，第二层级基本制度为重大决策与议事协调制度，由学校党委全委会或常委会审定，第三层级重要制度为职能规范与保障运行制度，由学校党委常委会或校务会议审定，第四层级执行制度由分管校领导或职能部门、直属机构获得授权后审定。部分涉及学术事务的规章制度先由学术委员会审议通过，涉及师生利益的规章制度需要由教职工代表大会或学生代表大会审议通过。这样既保证了学术权力、民主权力在制度制定过程中的作用，又坚持了民主集中制原则，还将制度审定权限体系与制度体系一一对应起来。

（6）公布

制度审定之后，需要在一定范围内公布，让相关人员知晓并在工作中予以执行，从这个角度看制度公布也是制度有效执行的重要前提。同时，制度的公布也是保障师生知情权的重要手段，学校要通过内部办公系统、官方网站、信息公开等渠道公布制度，也可以通过制度宣讲会、学习会等大力宣传，让制度真正入脑入心，提升师生员工制度建设的惠及率。

（7）解释

制度起草的主体与制度作用的客体并非对应关系，在制度执行过程中也容易产生起草主体无法预料的具体问题，使得制度本身与具体问题无法无缝对接。这就需要由制度起草主体对制度进行解释，制度的解释与制度本身具有同等效力，在制度文本中也会有对制度解释权的体现。

2. 制度的执行落实

制度的执行是制度在审定发布后，必须要经过的制度运行阶段，是为了实现制度目标而将制度付诸实践，将制度内容化为现实的活动过程。制度执行的有效性关系到制度运行的成败，是制度运行系统中最重要的环节之一。

制度制定过程的公布环节就是在为制度执行进行前期准备，同时制度发布后，执行计划、组织机构人员、做好物资准备等都是在为制度实施做准备。在制度具体实施过程中，制度执行可以通过行政手段、经济手段、思想教育手段等来实现，各种执行手段也各有优缺点。

行政手段是借助行政权力，依靠行政组织的科层制特点，采取命令、决定等方式落实制度的方法，优点是集中统一，灵活迅速，时间短见效快，容易集中力量办大事，能够保证行政权力的有效发挥。缺点也是显而易见的，比如容易忽视民主，难以调动下级的积极性和创造性，科层制的管理容易扩大沟通成本，增加沟通层级等。

经济手段是指通过利益诱导、物质奖励等经济杠杆进行间接管理的方法，具有间接性、有偿性和多样性等特点。优点是能够充分调动执行组织和个人的积极性、创造性，促进单位间的沟通协作。缺点是不具备行政手段的约束力和强制力，容易产生违规违纪风险，经济手段的边际效用也会呈现递减趋势。

思想教育手段是指通过宣传、教育引导等方法潜移默化地激发人们的积极性，进而实现制度目标，这是最经常使用的一种手段，也是高校更具优势特色的制度执行手段，包括启发教育、说服劝告、树立典型等，是一项集政治性、科学性、艺术性为一体的工作。优点是内在稳定性和超前性，一旦形成执行客体的自觉意识，就会稳定地激励引导他们的行为，也会积极预先约束其工作行为。缺点是所需要的时间较长、工作量较大。

制度执行受到制度自身设计、执行主体、执行对象和制度环境的广泛影响。在这一复杂系统中，不可避免会产生执行偏差，这也是现阶段制度体系建设过程中最常见的问题之一。制度执行偏差常见的有象征性制度执行，即重视表面功夫，未采取实质性可操作措施；附加式制度执行，即附加原制度未规定的不恰当内容，影响制度实效；片面性制度执行，即断章取义执行部分制度，有利的贯彻执行，不利的曲解舍弃，还有替代式、照搬式、观望式制度执行，等等。分析其中的原因，主要是制度本身设计科学性规范性不足，执行者与制定者的利益冲突，制度执行体制不健全、执行人员素质不高、资源不足、手段单一等。因此需要采取切实措施纠正执行偏差，加强政策研究，科学诊断制度问题，优化制度执行主体的人员、组织和资源投入，建立有效的制度执行机制，强化制度执行的监督和责任追究等。

3. 制度的监控调整

制度的监督是为了保证制度贯彻落实而对制度运行状态进行管理控制的活动。它是保证制度忠实有效执行，及时调整完善制度的保障环节。制度监督并不处在制度运行过程中某个独立的阶段，而是一种理念和手段，贯穿于制度执行的全过程，影响着制度运行过程的各个环节。如制度制定环节，由于制定者的有限理性以及制度合法合规性、科学统一性受损导致制度制定的质量下降，需要对制度制定过程进行监督纠正，健全学校决策合法性审查机制、申诉评议和纠错机制，保障科学决策、民主决策、依法决策；执行活动中由于制度设计和制度执行主体的原因，会使制度执行偏离原有制度目标，需要进行跟踪纠偏；制度评估本身作为一种监督形式，也需要对评估工作自身的准确性、科学性等进行监督。因此，制度监督活动是伴随着制度从无到有，从有到落实的全过程。制度监控一般需要首先明确相关过程主体的职责，其次进行全过程监督，调查了解制度运行过程的情况，继而纠正制度运行过程中出现的错误或偏差，形成切实可行的问责机制，对执行不力或不执行的行为主体给予惩罚，为制度体系构建和有效实施保驾护航。

在获得制度监控所反馈的制度运行系统的相关信息基础上，需要对制度执行方案与目标的关系不断修正、补充和发展，这就是制度调整的过程，其与前文所讲的制度监控有一定的区别，对于制度本身设计有问题、执行中也出现问题的情况，除了采取控制纠偏措施外，还要对制度本身进行调整，即修正、补充或重新制定。制度的调整有利于制度的科学完善和有序运行，也有利于在根据动态变化的实际情况中，保持制度的连贯性和稳定性。但同时，制度调整也会产生一定的消极影响，会造成一定的资源浪费，可能会挫伤师生的积极性，经常性的调整还会增强师生内心的不信任感，让师生无所适从。虽然某些消极影响是不可避免的，但是要让调整后的制度迅速发挥作用，尽力将消极影响控制在最低限度，同时也要开展广泛的制度宣传，注意调整力度和把握调整时机。

制度调整在某种程度上是在运行总结基础上对制度的重新制定和执行的过程。因此当制度要解决的问题出现变化，制度目标、制度环境、制度资源等要素发生变化时，都有可能产生制度调整。调整内容包括制度问题的重新界定、目标修订、方案完善、效力调整、主体客体调整和制度关系调整等，制度调整形式包括修正、增删、更新、撤换等。制度调整并非零和调整，而是在现有格局下的重新分配，为了减少调整带来的消极影响，更好地实现制度目标，在调整过程中可以采取局部调整，即制度运行系统少量、缓慢地修改补充；分层调整，即不同运行层面或者子业务系统的调整；跟踪调整，即逐个运行环节的跟踪、反馈、调整等。

4. 制度的评估反馈

制度的评估是依据一定的标准和程序，考察制度执行的效果是否达到预期目的的活动。这是制度体系运行的重要环节，是检验制度目标，发现执行问题，合理配置制度资源，及时调整完善制度设计的重要依据，也是实现决策科学化、民主化的内在要求。从评估组织活动形式的规范程度看，制度评估有正式评估和非正式评估，目前多数高校采取非正式评估的手段，虽然评价方式灵活，形式多样，但是有一定主观性和片面性，欠缺科学的程序和方法，评估主客体之间的信息不全面。从评估主体的来源看，高校采取的内部评估较多，来自制度执行主体外，甚至是校外第三方的评估相对有限，虽然内部评估对制度制定实施过程较为了解，但也容易降低客观性。从制度评估在制度运行过程中的阶段看，制度事后评估较多，事前预评估和执行中评估还不够。

科学的制度评估程序要明确评估主体、标准，完善评估过程。制度评估主体是直接或间接参与评估过程的个人、组织等，需要注意的是评估主体的多元化、独立性和专业化。对于制度评估标准则应各有侧重，由制度目标、评估主体、评估形式和评估内容要素决定，一般情况下制度运行是为了推动学校事业发展，需要考察制度运行所投入的资源，制度的效率与效益以及制度实施后对相关工作需求的满足程度等。评估程序一般包括制定评估方案，确定评估对象和评估人员，通过广泛调查研究，综合分析制度信息，采取"有—无""前—后""控制对象"等评估方法，评估总结等。

尽管制度评估工作是制度运行系统的重要一环，但由于很多制度目标难以量化，制度目标多重性、模糊性、多变性等特性，评估机制不健全、信息不对称、师生参与性不够等因素，使得制度评估仍是薄弱环节。因此需要不断强化制度评估意识，完善制度评估机制，甚至实现评估工作制度化。

就某个具体制度而言，制度评估的结果会有以下几种形式：制度废止、制度更新、制度合并、制度分解、制度缩减等。制度废止就是终止制度执行，多是因为制度目标已经达成；制度更新就是新制度对旧制度进行补充完善以更好达成制度目标；制度合并就是旧制度虽已消失，但是其制度内容合并到了其他制度中；制度分解是指原有制度细化分解，每一部分形成新的制度，可能的原因是原有制度目标、内容纷杂，需要不断进行精细化管理；制度缩减多是制度已经形成潜移默化的行为规范或部分内容不合时宜，通过渐进式方式逐步减少制度投入等。这里需要说明的是，高校中部分规章制度，可能会因为疏于管理，常年没有摘下"暂行"或"试行"的帽子，更需要及时评估，定期梳理，将这些制度"转正"或废止。

制度体系是制度建设的基础，也是制度运行的载体。通过静态的框架设计和动态的运行系统，高校用现代大学制度建设的形式与外部环境进行着信息、资源和能量的相互交换和相互作用，协调处理着内部各种权力间的关系，共同推进了学校治理水平的提高。

第四章 "双一流"背景下大学制度体系建设的探索与实践

（二）制度体系的保障

制度体系并不是独立地存在和运作的，它在保障学校治理能力不断提高的同时，学校其他资源系统也在作用和保障着制度体系的正常运行，尤其是在新时代迈向教育现代化、建设教育强国的新征程中，对现代大学制度体系建设保障工作的重要性更是不言而喻。从制度体系的框架设计和运行系统来看，制度体系的保障主要包括以下几个方面：

完善的依法治校体系。现代大学制度体系建设是依法治校的重要组成部分，但依法治校的体系不仅仅是完善的制度体系建设，还具有更加丰富的内涵。高校作为社会组织，需要依法依规开展学校治理活动，健全权利保障机制；同时作为独立法人，虽然在人才培养、科学研究、办学保障等方面必然会与政府、社会发生千丝万缕的联系，但也要有自主办学、自主发展的能力。[1]具体来说，依法治校的"法"首先体现在国家层面的法律法规上，是处理高校与政府、社会关系的重要手段。《教育部关于加强依法治校工作的若干意见》《全面推进依法治校实施纲要》《依法治校——建设现代学校制度实施纲要》等依法治校相关文件的出台，为高校依法治校提供了法律依据，对依法治校的相关措施和方法进行了顶层设计，有力保障了政府对高校的领导，也进一步规范了政府对高等教育的治理行为。依法治校的"法"更体现在内部治理结构、完善的权力运行机制、完备的现代大学制度体系等。其中最重要的就是制定实施大学章程。大学章程上承法律法规，下启学校规章制度，是把办学理念转化为治理模式的重要载

---

[1] 杨岭：《中国特色现代大学制度的构建——基于自由与秩序平衡的视角》，载《高教发展与评估》2020年第2期。

体，在高校规章制度中处于核心地位。高校依法治校体系必须围绕大学章程，以法治代替人治，以制度代替主观随意，以规则规范各项权力，实现大学章程实施由制度化向法治化转变，为学校内部制度体系建设保驾护航。

丰富的大学文化建设。现代大学制度体系需要形式建设、内容建设，也需要有灵魂建设，这个灵魂建设就是大学的文化建设。[1]现代大学制度建设既包括以具体形态存在的显性制度，也包括体现为大学精神和文化的隐性制度。[2]大学制度文化建设有助于解决制度运行系统中表面化、片面化、形式化等倾向，克服制度制定时的急功近利，为了制度而制度的改革惯性，进一步培育推崇以人为本、公平公正、学术至上等价值观的善治氛围，将制度建设的文化取向与办学价值导向统一，增强师生员工的思想自觉和文化认同，促进办学理念和教育思想革新。一方面要将制度建设与科学精神、人文精神、批判精神紧密结合[3]，培养学生的独立人格，更好地履行大学承担的职能和使命；另一方面要将制度建设与弘扬新时代爱国主义，丰富高校文化内涵，挖掘大学红色资源等充分结合，形成独具中国特色、学校特色的爱党爱国爱校的制度体系，为制度体系建设增添中国特色、大学特质，更加出色地完成立德树人根本任务。同时，制度文化建设必不可少的是要营造浓厚的学校法治文化氛围，牢固树立大学法治理念，重视现代大

---

[1] 王绽蕊：《中国特色现代大学制度建设：愿景、任务与路径》，载《复旦教育论坛》2018年第4期。

[2] 刘伦，施丽红：《积极构建具有中国特色的现代大学制度》，载《中国高等教育》2016年第22期。

[3] 王冲：《文化视角下中国特色现代大学制度的建设路径》，载《现代教育科学》2017年第9期。

第四章 "双一流"背景下大学制度体系建设的探索与实践

学制度建设,从外部的高等教育立法、司法实践,到学校内部完善以大学章程为核心的制度体系,都要培养人们对于法律法规、规章制度的制度意识和敬畏心理。另外师生员工之间的信任文化也对减少制度运行中的矛盾,推动制度更好地运行起着不可或缺的重要作用。制度是文化的载体,制度体系建构在大学理念和大学基础之上。因此,制度文化建设是制度体系建设的重要保障。

强有力的执行力建设。制度执行是制度运行的重要环节,执行得好坏关乎制度建设的成败。良好的制度执行除了要有良好的执行态度,更重要的是要有过硬的执行力。执行态度与前面所说的制度文化、法治理念等密不可分,制度执行力建设则是一个系统的工程。执行力建设首先是有多元共治的执行主体,外部层面看政府、社会、市场作为独立主体,以不同的方式直接或间接影响着大学治理;从内部层面看,四种权力所代表的行为主体共同参与、协作分工,从学校党委、行政等顶层设计,到中层职能部门和二级单位等、再到各个岗位每个职工,部门建设健全,打造多部门联动、多组织互动参与机制,激发部门、岗位等各个主体执行活力。其次对执行主体要有足够的激励机制,对行为主体的激励要将精神激励与物质激励相结合,短期激励与长期激励相结合,绝对激励与相对激励相结合,即时激励与延期激励相结合。从马斯洛需求层次理论出发,结合实际将教职工自我实现的需要与执行力建设结合起来,挖掘内在型激励,切实加强师德师风和思想教育,营造浓厚的干事氛围,鼓励新时代新担当新作为,探索容错纠错机制,保护执行主体干事创业的积极性;拓展外在型激励,重视教职员工,尤其是青年教职员工待遇、晋升等问题,为其提供更多元的选择和更宽广的平台。[①]另外，在执行工具和手段上，要善用信息化打造"互联网+"立体化平台，搭建起内部高效沟通平台，有效发挥电子校务优势，再造管理流程，探索更多的教学、科研、管理平台等，提高制度执行效率，保障制度体系高效运转。

多维联动的监督机制。制度监督从狭义角度看是制度运行系统的重要环节，从广义角度看也是制度建设的重要保障。换言之，不管是制度运行系统还是现代大学制度体系建设，都少不了多角度、全过程的监督。宏观意义上的现代大学制度体系建设，高等教育法律法规、部门规章等的出台、执行、评估、调整等，均有着主体丰富、形式多样的党内监督、人大监督、民主监督、行政监督、司法监督、群众监督、舆论监督、审计监督等内外部监督活动。就大学内部制度体系建设而言，对大学自身的外部监督包括了上级管理部门，如教育部、省委教育工委、省教育厅等政府部门，新闻媒体、社会公众等社会力量的监督，主要形式包括了巡视巡察、督察督办、舆论引导、信息公开等。内部监督既有前文所讲的代表学术权力的学术委员会，代表民主权力的教代会、学代会，以及学校内部纪检监察、督察、审计等机构的监督，也有制度制定主体、执行主体，业务主管单位等的自我监督。制度监督关键是要建立起有效果的问责制度，使监督"强硬"，让责任"归位"，责权利相互统一，合理配置和划分管理权力；同时将制度运行全过程的规划任务严格落实到部门，落实到岗位，落实到个人，建立较为稳定的映射关系，强化责任意识，完善有权必有责，权责相统一，

[①] 黄宗望：《中国特色现代大学制度视野下高校执行力研究》，武汉理工大学2017年硕士论文。

失责必追究的监督问责机制[①],激发内部主动性和创造性。

第三节 制度体系建设的具体实践

很多高校在中国特色世界一流的制度体系建设上已经积累了很多成功经验,这里以中南财经政法大学建设制度体系实践为例,为其他高校有效开展制度建设活动提供一些借鉴。

一、制度体系建设原则

中南财经政法大学基于长期的探索实践,以"一领双适四通"为建设原则,构建起了四个层级、八个模块,搭建起以大学章程为核心,完善、规范、统一的规章制度体系。

"一领"即党的领导,重点是坚持党对学校工作的全面领导,坚持党委领导下的校长负责制,完善议事规则与决策程序,建立健全总揽全局、协调各方的党的领导制度体系,把党的领导体现在党的建设和办学治校的各个方面,落实到学校治理和制度体系建设各个领域各个环节。

"双适"即内外适应,统筹谋划、主动对接外部形势和内部需要,建立健全适应国家治理体系和治理能力现代化建设、加快推进教育现代化和建设教育强国、推进"双一流"建设以及深化新时代教育评价改革要求的现代大学制度体系;建立健全适应大学内部治理结构和管理机制,有效促

[①] 吴志功:《国际性 历史性 现实性——构建中国特色现代大学制度的理论维度与实践路径》,载《高教发展研究》2015年第9期。

进高校政治权力、行政权力、学术权力、民主权力相互配合、协调运行，提升管理效能的制度体系。

"四通"即体系贯通、流程打通、运行畅通、应时权通，加强顶层设计，按照核心制度、基本制度、重要制度、执行制度四个层级分类推进制度体系建设，确保层级明确、上下贯通，实现"纵向无梗阻"；按照大学职能、治理主体和业务流程明确制度体系的板块分类，确保条线清晰、流程打通，实现"横向不冲突"；推动制度体系框架中各治理主体之间形成科学、规范、高效的工作机制，确保运行畅通、履职充分；坚持与时俱进、善于创新，对未来可能出现的问题进行积极预测和探索，预留制度空间，确保制度体系既有前瞻性、又能指导实际工作，同时根据形势和情况变化常态化推进制度"立改废"，建设应时权通、充满生机与活力的制度体系。

二、制度体系建设框架

按照"一领双适四通"的建设原则，学校构建起中国特色现代大学制度体系的"四梁八柱"。"四梁"指高校制度体系纵向划分为核心制度、基本制度、重要制度和执行制度四个层级。"八柱"指在重要制度和执行制度层级，按照管理规范的内容横向分为党建引领、思政文化、教育教学、人事与资源、学科学术、开放办学、服务保障、民主与监督等八个板块制度。

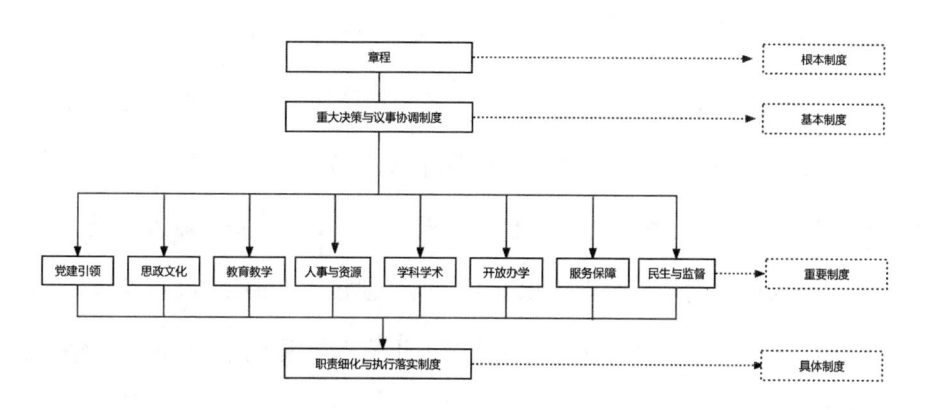

第四章 "双一流"背景下大学制度体系建设的探索与实践

图 4-4 "四梁八柱"制度体系图

聚焦核心制度——《中南财经政法大学章程》，强化其作为学校依法自主办学、实施管理和履行公共职能的基本准则地位。编制科学、全面、可执行的制度目录，明确制度建设指标体系，注重发挥制度体系的整体功效。

聚焦基本制度——重大决策与议事协调制度，完善党委全委会、党委常委会、校务会议（校长办公会）、纪委全委会、学术委员会、教代会（工会）、学代会（研代会）等机构运行与决策制度，不断健全党对学校工作全面领导的制度体系和工作机制。

聚焦重要制度——职能规范与保障运行制度，完善各类管理与服务的重要制度。党建引领方面，加强党的领导、基层组织建设、干部、统战、安全稳定等制度建设；思政文化方面，加强理论武装、意识形态、宣传思想、文化建设、学生工作等制度建设；教育教学方面，加强教学管理、专业课程、招生就业、创新创业等制度建设；人事与资源方面，加强人事师资、资金资产、内部控制等制度建设；学科学术方面，加强学科建设、发展规划、科学研究、学术组织与管理、学术评价等制度建设；开放办学方面，加强国际化、校友工作、社会合作等制度建设；服务保障方面，加强后勤服务、民生保障、基础建设、信息化等制度建设；民主与监督方面，加强党风廉政、纪检监察巡察、督察督办、审计监督与教代会、群团组织等制度建设。

聚焦执行制度——职责细化与执行落实制度，按照"八柱"布局，全面推进各单位制度建设与管理，完善精细化管理与服务的工作流程、细则、规则等制度。

三、制度体系建设行动

近年来，学校主要聚焦制度体系建设的四个方面，开展了四大专项建设行动：一是制度自身建设，开展制度"立改废释"专项清理行动；二是围绕机构执行能力和承责能力建设，推进全校机构设置改革，深度开展实体机构理职明责行动；三是基于人岗匹配、权责统一的原则，开展组织和个人执行力建设行动；四是大力推进信息化建设，着力破除信息壁垒，提升治理能力，开展信息化建设 2.0 行动。

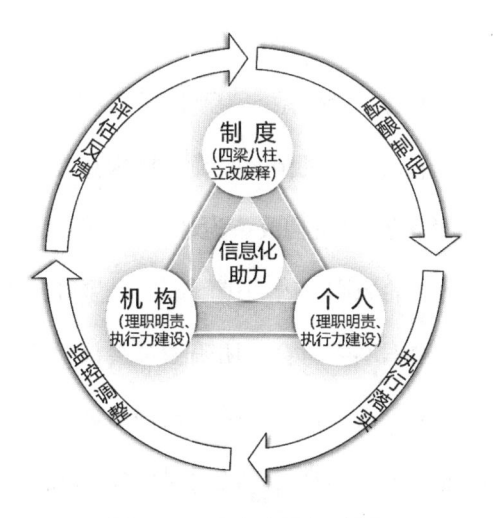

图 4-5　四大建设行动图

1. 以体系构建为抓手，实施制度"立改废"行动

学校将 2020 年作为"制度体系建设年"，启动并全面开展自 2000 年合校以来规模最大的制度专项清理工作。全校各单位系统、全面梳理牵头制定的校级层面规章制度，分层分类推进制度"立改废"，对学校各单位 700 多个校级制度进行了细致全面的梳理审查，对制度原文进行了逐一诊断式审读，向主责单位反馈意见、研究讨论，逐一确定每一项制度的"立改废留"处理意见。统一废止陈旧的制度，确定需修订和新制定制度的问题清单、责任清单和改进清单，明确业务归口和完成时限，确保不留盲点。在此基础上，研判学校制度体系建设的总体情况、存在问题和改进意见，制定出台《规章制度制定与管理办法》，进一步优化制度体系的制定、管理原则，明确了"四梁八柱"的框架设计。

2. 以机构调整为牵引，开展"理职明责"行动

理职明责行动旨在清晰科学划分部门职责，使职责明确到部门、明确

到岗位、明确到个人，建立起以岗位职责为核心的目标管理，继而提升管理效能，构建科学完善的管理体系，为制度规范有序运行提供组织基础。

为了深化学校综合改革，精简机构，明确各机构和岗位职责，学校全面启动新一轮的理职明责行动。以机构改革为牵引，按照"深化改革、优化结构、精简统一、从严控制"的原则，着力破解部门设置和干部职数不科学、不合理等问题，成立机构编制委员会，明确委员会议事规则，出台《机构设置和干部职数管理办法》，对机构分类、机构命名、设置数量及标准、干部职数设置及管理进行了详细规定，随后对全校处级、科级机构进行调整优化。部分处级机构新设、挂靠，严格控制内设科级机构数量和干部职数，为进一步理职明责打下了基础。

以深度理职明责为抓手，持续完善定编、定岗、定责工作，着力破解机构和岗位职能缺位、错位、越位等问题，做到权责统一、人岗匹配。加强顶层设计，广泛开展动员，通过单位自理自清、自查自报，工作组全面调研、充分沟通，建立职能部门职责清单，并作为定编、定岗、定员的主要依据。同时，建立以岗位责任为核心的目标管理，将职责明确到岗位、明确到个人，坚持以事定编、以责定岗、以岗定人，保证事得其才、才尽其用、人岗匹配。通过理职明责专项工作，各项工作主体清晰、程序规范、管理科学、流程标准，形成了"工作有明确分工，单位有对等权责，岗位有确定职责，沟通有良好机制，协作有完善流程"的管理体系，为提升机构和个人执行力建设打下基础。

3. 以高效履职为重点，开展执行力建设行动

在持续完善制度体系建设的基础上，还必须加强执行力建设，保证令

行禁止。学校通过领导带头、科学决策、广泛宣传、深入教育,全面提升组织和个人的执行力水平。

一是监督机制方面,健全科学决策、民主决策机制,不断完善议事规则,深入落实"一线规则",充分听民意、集民智,保证执行的正确方向。创新目标管理方式,重视年度目标制定和分解,强化过程管理,不断优化考核结果运用。成立督察办公室,开展常态督察和重点督察等,构建起巡察、督察、纪委监察"三察一体",程序严密、制约有效的联动工作机制。

二是动力机制方面,加强结果运用,把工作实绩与年度目标任务、资源配置、绩效考核等相衔接,形成工作闭环。进一步规范分层决策体系,建立各级领导干部权责清单。大力开展优秀年轻干部调研和选任工作,优化中层干部队伍结构。大力开展中层干部、党务干部、支部书记等集中培训,不断提高管理队伍政治理论素养、业务工作能力和处理问题的水平,重视在急难险重任务中锻炼干部。

三是保障机制方面,出台进一步激励干部新时代新担当新作为的实施办法,探索容错机制,调动和保护干事创业的积极性、主动性、创造性,提高承责意识和执行能力。抓好各项决策部署的学习宣传和贯彻落实,让每个教师、科室、教研室都了解参与教育战线和学校改革发展的大事要事,健全"纵到底"的责任压力和信息传导机制,破解"上热中温下冷"问题。改进窗口单位服务工作,完善信息公开、首办负责、服务承诺和责任追究等制度,机关各单位管理队伍"亮名牌、明职责",自觉接受师生监督。

4. 以智慧共享为原则,推进数字化行动

推动建设精细化服务、开放式共享的治理平台,将治理数字化建设贯穿学校制度体系和制度执行力建设的始终。

出台《数据标准2.0》《信息化数据资源管理办法》《信息化建设项目管理办法》等，构建教学、科研、管理和民生四位一体的智慧中南大体系，以数字化支撑学校治理体系和治理能力现代化建设。

加强各类数字资源建设，完善网络基础设施，尤其是以疫情防控期间建设完成的智能测温系统与健康管理平台为抓手，集成海量数据，完善数据治理，正在建设成支持智慧校园服务、决策、共享的多功能核心平台。加大信息化宣传培训力度，提高数据和系统的利用率和应用水平。

深化智慧校园服务体系建设，对9个核心业务数据系统进行整理汇总，完善网上服务事项，建成一表通平台。推进校务管理系统数字化转型，通过策划建设制度体系管理系统、干部信息管理系统、督察督办管理系统等管理业务系统，统筹推进"十四五"发展规划的执行、监督和指标的监测融入数字系统等重点工作，推进业务互通和数据资源共享，助力全校制度体系建设。

四、议事协调机构管理

议事协调机构是为加强跨领域跨部门跨业务重要工作的领导和组织协调而设立的工作协调机构，在高校的科学决策和内部治理中发挥了重要作用。近年来，高校议事协调机构管理和作用发挥普遍存在一些问题，亟待进一步加强管理。

（一）议事协调机构清理

为了提高治理体系与治理能力现代化水平，深化综合改革，精简机构，规范设置和有效管理学校议事协调机构，学校于2019年就以精简规范为目标，着手对议事协调机构进行全面清理。在摸清学校议事协调机构规模、领导成员、议事范围、日常工作单位等信息的基础上，由各单位进行自查并提出清理意见，同时分析了当前管理存在的问题，确定了清理工作的基本原则。

1. 存在的主要问题

除了高校中常见的议事协调机构体系庞杂，定位不清晰等大方面问题外，议事协调机构缺乏专门的管理机构，导致机构设立和管理缺乏统一的程序和标准，很多临时工作专班都以议事协调机构的名义开展工作，却没有明确的议事规则和程序。设立议事协调机构程序不规范，部分以正式公文单独成文成立，部分以公告、通知形式成立，还有一些在工作管理办法或制度中"夹带"成立。对议事协调机构运行的管理缺失，部分临时机构或工作任务完成的机构未及时撤销或合并，对工作作用发挥不明显的机构未及时整改，导致出现很多"僵尸"机构。很多单位疲于各种议事协调会议，降低了工作效率，也降低了真正决策的效率。对议事协调机构的制度建设势在必行，在此之前必须要盘清家底，开展彻底的清理工作。

2. 清理原则

整项工作根据议事协调机构规模、议事程序和存在的问题等，确定了将现有议事协调机构保留、合并、撤销的三种清理举措，并制定了每项举措的清理原则，指导单位自查和学校清查工作。

（1）保留议事协调机构的原则

①国家法律法规、行政规章、大学章程等规范性文件规定或上级主管

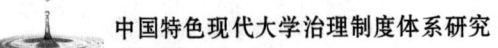

部门要求设立的；

②学校发展规划、重大专项工作任务要求的；

③协调难度大、复杂性高，无明确责任单位的；

④应对突发性事件、阶段性重大工作事项或上级推进专项工作，需要多部门协调配合而临时设立的；

⑤专业性强、技术性强，需设立固定专家咨议机构的；

⑥其他原因需要设立的。

（2）合并、更名议事协调机构的原则

①国家法律法规、行政规章、大学章程等规范性文件规定或上级主管部门要求的；

②工作任务性质相同或者相近的；

③工作职责相互交叉或涵盖的；

④其他原因需要合并、更名的。

（3）撤销议事协调机构的原则

①工作任务已经完成或由相应职能部门承担的；

②工作职能消失或没有实际需要的；

③长期不开展工作或工作效果不明显，无须保留的；

④上级主管部门的相关议事协调机构已经撤销，对口设立且工作任务可由相关职能部门承担的；

⑤专项工作已经常规化、常态化，形成了长效工作机制，无须专设的；

⑥工作任务可通过跨部门联席会议等协调机制，由相应职能部门承担的；

⑦可通过设立临时性专家小组咨议学术行政事务的；

⑧其他原因需要撤销的。

3. 清理过程及结果

整个清理工作持续了近两年时间。在此期间，仍有部分议事协调机构以公文、通知、制度的形式成立。通过与各单位三轮全面沟通和多轮个别反馈，由下到上自查自清，自上而下沟通协商，将学校碎片化、零散化的议事协调机构通过撤销、调整、合并、新设等方式，对现有的228个议事协调机构进行分类处理，整合为系统化、全局性的80余个议事协调机构，减少近三分之二的数量。

（二）建立健全议事协调机构管理机制

根据中央、地方政府的议事协调机构管理方法，借鉴兄弟高校好的做法，总结本校工作经验，重点解决以下几个问题。

1. 明确概念、范围及管理要素

明确议事协调机构定义及形式，即学校为完成某些跨单位综合性、阶段性、专门性重要工作或事务，依据一定程序设立的校级工作机构，在授权范围内承担指导、组织、协调、审议、咨询、决策、监督、检查等工作，接受广大师生员工的监督，包括委员会、领导小组、工作小组、指挥部等。所有议事协调机构工作应严格贯彻落实党委领导下的校长负责制这一根本制度，在授权范围内开展工作。根据学校制度体系建设框架，议事协调机构也分为党建引领、思政文化、教育教学、人事与资源、学科学术、开放办学、服务保障、民主与监督等八大领域，确保在各领域发挥作用。同时，根据这一定义，学术治理方面的学术委员会也被纳入管理范围。

各层级管理机构在议事协调机构管理中各司其职。党委常委会、校务会是议事协调机构管理的最高决策机构，负责审议决定设立、变更、撤销议事协调机构，并明确授权议事协调机构的工作事项范围。党委办公室、学校办公室是议事协调机构设立与运行的业务主管单位，负责设立与运行的审核、评估、清理等工作。承担议事协调机构日常工作的单位具体组织相关工作，负责制定议事协调机构的设立方案、议事规则或章程，联系领导成员和成员单位，保障机构正常运行，落实和督办议定事项。成员单位根据工作职责或业务分工，具体办理议事协调机构议定的事项。

2. 规范设立和运行要件

议事协调机构的设立与运行遵循精简高效、权责一致的原则。考虑到很多议事协调机构是根据上级要求所设立的，因此允许一个机构同时对外保留多个必要名称，允许根据具体工作等下设工作组。同时根据议事协调机构业务工作的时效性，将机构分为常设性和非常设性，非常设性在临时任务完成后，自动撤销，成员身份自动失效。设立的条件与前文所述的保留原则基本一致。

关于设立程序方面，明确了议事协调机构的设立需由日常工作单位提出设立方案，征求成员单位和分管校领导同意后，经业务主管单位初审，报最高决策机构审议决定，通过后由日常工作单位统一发文公布。涉及学校重大改革和全局事务的议事协调机构一般由党委书记和校长担任组长，机构成员只列成员单位和职务。

对议事协调机构的运行也进行严格的规范管理。机构一般需制定议事规则或章程，明确议事范围、议事程序等，同时对机构工作的开展、经费编制、议事结果公布等都进行了明确规定。涉及机构重要事项变更，也需经最高决策机构审定或备案。

3. 强化监督和退出机制

为保证议事协调机构有效履职，建立监督和退出机制。业务管理单位定期开展议事协调机构运行情况的监督检查，评估机构履行职责和发挥作用情况，根据实际情况组织清理和规范工作。具体来说就是通过年度各机构的工作总结，充分了解议事协调工作成效、议事的频次、议事效率的高低、议事的结果运用、成员范围划定是否合理、是否存在超越授权范围开展议事协调等情况，对议事协调机构工作做出诊断，对未能有效履职、管理不规范、违规开展议事工作的，提出纠正建议。纠正建议包括但不限于提醒、整改、合并直至撤销机构。议事协调机构的退出主要有两种情况：一是工作任务完成后的合并或撤销，此种情况需说明理由及工作变更情况，报最高决策机构审议或备案。二是管理不规范或作用发挥不明显等，此种情况在沟通协商基础上予以撤销。通过"设立—运转—监督—反馈"的完整管理闭环，进一步完善议事决策程序，使制度体系建设和运转更加规范高效。

参考文献

著作类：

[1]《十八大以来重要文献选编（上）》，中央文献出版社，2014年。

[2]《习近平关于党风廉政建设和反腐败斗争论述摘编》，中央文献出版社、中国方正出版社，2015年。

[3]《习近平关于全面从严治党论述摘编》，中央文献出版社，2014年。

[4]《习近平关于全面深化改革论述摘编》，中央文献出版社，2014年。

[5]《习近平关于全面依法治国论述摘编》，中央文献出版社，2015年。

[6]《习近平关于社会主义社会建设论述摘编》，中央文献出版社，2017年。

[7]《习近平谈治国理政》，外文出版社，2014年。

[8]《习近平谈治国理政》第二卷，外文出版社，2017年。

[9]《习近平谈治国理政》第三卷，外文出版社，2020年。

[10]《习近平新时代中国特色社会主义思想学习纲要》,学习出版社、人民出版社,2019年。

[11]《习近平总书记系列重要讲话读本》,学习出版社、人民出版社,2016年。

[12]《在全国组织工作会议上的讲话》,人民出版社,2018年。

[13]《习近平关于协调推进"四个全面"战略布局论述摘编》,中央文献出版社,2015年。

[14]《中共中央关于坚持和完善中国特色社会主义制度 推进国家治理体系和治理能力现代化若干重大问题的决定》,人民出版社,2019年。

[15]《论坚持全面深化改革》,中央文献出版社,2018年。

[16]《中共中央关于制定国民经济和社会发展第十四个五年规划和二〇三五年远景目标的建议》,人民出版社,2020年。

[17]《毛泽东文集》,人民出版社,1996年。

[18]《邓小平文选》,人民出版社,1994年。

[19]《江泽民文选》,人民出版社,2006年。

[20]江泽民:《论党的建设》,中央文献出版社,2001年。

[21]陈彬:《良法与善治:中国大学治理现代化探究》,华中师范大学出版社,2018年。

[22]程勉中:《现代大学管理机制》,人民出版社,2006年。

[23]单鹰:《高等教育原理论》,高等教育出版社,2008年。

[24]方明:《现代大学制度论》,安徽大学出版社,2006年。

[25]顾建民等:《大学治理模式及其形成机理》,浙江大学出版社,

2017年。

[26] 顾建亚：《现代大学治理的内部监督制约机制研究》，浙江大学出版社，2017年。

[27] 郭平：《我国公办大学内部治理结构研究》，西南大学，2012年。

[28] 黄顺康：《公共政策学》，北京大学出版社，2013年。

[29] 金子元九：《大学教育力》，华东师范大学出版社，2009年。

[30] 景枫等：《中国治理文化研究》，中国社会科学出版社，2012年。

[31] 克拉克：《大学之用》，北京大学出版社，2008年。

[32] 李泉：《治理思想的中国表达．政策、结构与话语演变》，中央编译出版社，2014年。

[33] 李旭炎等：《现代大学内部治理结构研究》，人民教育出版社，2016年。

[34] 刘承波：《探究新时代"双一流"建设的中国道路》，中国财政经济出版社，2018年。

[35] 刘龙心：《学术与制度》，新星出版社，2007年。

[36] 刘献君：《中国院校研究案例》，华中师大出版社，2009年。

[37] 马焕灵：《从人治到法治．大学发展的秩序逻辑》，中国社会科学出版社，2018

[38] 马陆亭：《高等学校的分层管理》，广东教育出版社，2004年。

[39] 马廷奇：《大学转型：以制度建设为中心》，社会科学文献出版社，2007年。

[40] 闵维方：《高等教育运行机制研究》，人民教育出版社，2007年。

[41] 潘懋元：《高等教育研究方法》，高等教育出版社，2008年。

[42] 任羽中，吴旭，杜津威：《中国特色现代大学治理问题研究》，人民出版社，2017年。

[43] 任钟印：《夸美纽斯教育论著选》，人民教育出版社，1990年。

[44] 汪大海：《管理学》，北京师范大学出版社，2010年。

[45] 王静修：《中国高等教育现代化的构建与反思》，知识产权出版社，2017年。

[46] 许为民，张国昌，沈波：《学术与行政：中外大学治理结构案例研究》，浙江大学出版社，2013年。

[47] 杨兴林：《现代大学治理问题研究》，光明日报出版社，2017年。

[48] 应松年：《行政法学新论》，中国方正出版社，1999年。

[49] 俞可平：《论国家治理现代化》，社会科学文献出版社，2014年。

[50] 俞可平：《中国治理变迁30年》，社会科学文献出版社，2008年。

[51] 张德祥，黄福涛：《大学治理：权力运行制约与监督》，科学出版社，2016年。

[52] 张国有：《大学理念、规则与大学治理》，北京大学出版社，2013年。

[53] 张力，金家新：《公立大学法人主体地位与治理结构完善研究》，华中科技大学出版社，2016年。

[54] 张永桃：《行政管理学》，南京大学出版社，1989年。

[55] 中共中央宣传部理论局，《中国制度面对面——理论热点面对面》，人民出版社，2020年。

[56] 中国政法大学制度学研究院：《中国制度》，大有书局，2020年。

[57] 周三多：《管理学》，高等教育出版社，2005年。

[58] 朱英，魏文享：《中国历史与文化》，中国人民大学出版社，2010年。

[59] 韦伯斯特著，陈一筠译：《发展社会学》，华夏出版社，1987年。

[60] 詹姆斯·N. 罗西瑙著，张胜军，刘小林等译：《没有政府的治理——世界政治中的秩序与变革》，江西人民出版社，2001年。

[61] 安东尼·吉登斯，赵旭东等译：《现代性与自我认同》，生活·读书·新知三联书店，1998年。

[62] 布莱克：《日本和俄国的现代化》，商务印书馆，1984年。

[63] 丹尼尔·A. 雷恩著，孙建敏译：《管理思想史》，中国人民大学出版社，2009年。

[64] 亨利·法约尔著，张扬译：《工业管理与一般管理》，北京理工大学出版社，2014年。

[65] 亨廷顿著，王冠华等译：《变化社会中的政治秩序》，生活·读书·新知三联书店，1989年。

[66] 鲁道夫·吕贝尔特著，戴鸣钟译：《工业化史》，上海译文出版社，1983年。

[67] 让·皮埃尔·丹著，钟震宇译：《何谓治理》，社会科学文献出版社，2010年。

[68] 斯蒂芬·P. 罗宾斯等著，孙建敏等译：《管理学》，中国人民大学出版社，2004年。

[69] 丰硕：《中国公立高校内部治理体系研究》，吉林大学，2016年。

期刊报纸类：

［1］习近平：关于《中共中央关于全面深化改革若干重大问题的决定》的说明，学理论，2014年第1期。

［2］习近平：继续沿着党和人民开辟的正确道路前进 不断推进国家治理体系和治理能力现代化，旗帜，2019第10期。

［3］习近平：坚持、完善和发展中国特色社会主义国家制度与法律制度，求是，2019年第23期。

［4］习近平：紧紧围绕坚持和发展中国特色社会主义 学习宣传贯彻党的十八大精神——在十八届中共中央政治局第一次集体学习时的讲话，前进，2012年第12期。

［5］习近平：切实把思想统一到党的十八届三中全会精神上来，求是，2014年第1期。

［6］习近平：推动我国生态文明建设迈上新台阶，奋斗，2019年第3期。

［7］习近平：习近平在省部级主要领导干部学习贯彻十八届四中全会精神全面推进依法治国专题研讨班上发表重要讲话，中国纪检监察，2015年第4期。

［8］习近平：在党的十八届六中全会第二次全体会议上的讲话（节选），求是，2017年第1期。

［9］习近平：在庆祝中国共产党成立95周年大会上的讲话，求是，2021年第8期。

［10］习近平：在全国抗击新冠肺炎疫情表彰大会上的讲话，求是，2020

年第 20 期。

[11] 习近平：坚持、完善和发展中国特色社会主义国家制度与法律制度，共产党员，2020 年第 1 期。

[12] 刘延东：深入学习贯彻党的十九大精神 全面开创教育改革发展新局面，求是，2018 年第 6 期。

[13] 孟建柱：深入推进社会治理创新进一步增强人民群众安全感——学习贯彻习近平总书记关于加强和创新社会治理重要指示，社会治理，2016 年第 6 期。

[14] 推动全球治理体制更加公正更加合理 为我国发展和世界和平创造有利条件，紫光阁，2015 年第 11 期。

[15] 周光礼：学术自用的实现与现代大学制度的建构，高等教育研究，2003 年第 1 期。

[16] 周光礼：中国公立研究型大学法人治理结构改革—基于华中科技大学的案例研究，中国人民大学教育学刊，2012 年第 3 期。

[17] 甘晖：基于大学治理能力现代化的大学治理体系构建，高等教育研究，2015 年第 7 期。

[18] 周洪宇：深化教育评价改革 加快推进教育现代化——《深化新时代教育评价改革总体方案》解读，中国考试，2020 年第 11 期。

[19] 周佑勇，曹萍，孙海，许海波，赵大为：依法治校与现代大学制度建设．国家教育行政学院学报，2017 年第 10 期。

[20] 周佑勇：行政法的正当程序原则，中国社会科学，2004 年第 4 期。

[21] 蔡连玉，眭依凡：大学内部资源配置及其制度选择研究，清华大学

教育研究，2017 年第 6 期。

[22] 郭晔：新时代社会治理现代化的法理思辨，治理研究，2019 年第 2 期。

[23] 曾祥华：法律优先与法律保留，中国法学，2005 年第 3 期。

[24] 陈金圣：重塑大学治理体系：大学治理能力现代化的实现路径，教育发展研究，2014 年第 9 期。

[25] 陈理，必须首先从政治上清醒认识全面从严治党，中国纪检监察，2021 年第 4 期。

[26] 程勉中：现代大学治理与管理制度创新，南京工业大学学报（社会科学版），2005 年第 1 期。

[27] 崔桓：社会转型期下我国高校学生参与大学治理探析，高等农业教育，2015 年第 8 期。

[28] 党评文：把握全面从严治党的新要求，学校党建与思想教育，2016 年第 4 期。

[29] 丁月牙：社会参与大学治理——基于高校内部视角，国家行政学院学报，2014 年第 8 期。

[30] 丰硕：治理理论的实现功用，重庆社会科学，2015 年第 10 期。

[31] 高民政等：大国治理与大党治理——一个需要不断探索解决的重大课题，探索与争鸣，2004 年第 1 期。

[32] 耿丽珍：习近平"全面从严治党"思想探析，福州党校学报，2015 年第 5 期。

[33] 苟立伟等：从政党治理到全面从严治党：使命型政党的治理逻辑，

中共石家庄市委党校学报，2019年第6期。

[34] 郭建宁：核心价值观：社会共识"最大公约数"，人民论坛，2014年第24期。

[35] 何睦，黄舟：信息化时代治理理论下高校治理能力现代化的研究，重庆行政，2020年第4期。

[36] 侯书栋，吴克禄：高校学生管理中的正当程序，高等教育研究，2005年第5期。

[37] 胡德鑫，我国世界一流大学建设的困境与治理挑战——基于多重制度逻辑分析范式，高等工程教育研究，2019年第2期。

[38] 胡凯等：习近平社会主义意识形态治理思想探析，思想政治教育研究，2014年第6期。

[39] 吉标：制度建设：学校文化建设的必取之径，中国教育学刊，2007年第2期。

[40] 柯政：教育评价改革：吹响进一步深化教育综合改革的号角，中国民族教育，2020年第12期。

[41] 李群：依法推进治理体系和治理能力现代化，中国党政干部论坛，2016年第2期。

[42] 李艳丰：毛泽东党的制度建设思想研究述评，社会科学动态，2020年第3期。

[43] 李竹青，杜莹：试论现代化的内涵与特点，黑龙江民族丛刊，2004年第2期。

[44] 刘献君：中国特色现代大学制度建设的思考，中国高等教育，2012

年第 24 期。

[45] 雒树刚：以习近平新时代中国特色社会主义思想为指导 奋力开创社会主义文化建设新局面，人民论坛，2018 第 6 期。

[46] 马陆亭：现代大学制度建设重在完善治理结构，中国高等教育，2012 年第 24 期。

[47] 马陆亭：中华人民共和国 60 年高校发展模式的回顾与展望，北京教育（高教版），2009 年第 10 期。

[48] 马陆亭等：深化新时代教育评价改革研究（笔谈），中国高教研究，2020 年第 11 期。

[49] 梅丽红，容志：加强基层政权建设与基层社会治理，党政论坛，2014 年第 5 期。

[50] 潘自勉：论现代大学精神之重建，国家行政学院学报，2007 年第 4 期。

[51] 沈刘峡，周忠林，郝培文，旺德，南国君：基于高等教育内涵式发展的现代大学治理体系构建，国家教育行政学院学报，2018 年第 8 期。

[52] 田正平等：模式的转换与传统的调适，高等教育研究，2001 年第 2 期。

[53] 王瑰曙：深化教育评价改革 推进地方本科院校特色化发展，湖南教育（A 版），2020 年第 12 期。

[54] 王洪才：高等教育强国与现代大学制度建设，厦门大学学报，2011 年第 6 期。

[55] 武树臣，武建敏：中国传统治理模式及其现代转化，山东大学学报（哲学社会科学版），2020年第5期。

[56] 邢帅等：守纪律讲规矩是党的优良传统，人民论坛，2021年第9期。

[57] 闫凤桥：我国高等教育"双一流"建设的制度逻辑分析，高等教育研究，2016年第11期。

[58] 杨春风：论中国特色社会主义政治制度的形成发展及特色优势，马克思主义研究，2011年第9期。

[59] 杨多贵：现代化内涵——指标与目标的新探讨，学术探索，2001年第4期。

[60] 杨光钦：大学治理理念及领导方式的系统集成改革，中国高教研究，2020年第6期。

[61] 尹焕三：关于现代化内涵机理的新诠释，岭南学刊，2001年第6期。

[62] 应松年：《立法法》关于法律保留原则的规定，行政法学研究，2000年第3期。

[63] 袁占亭：治理体系和治理能力现代化"双一流"大学建设的重要保证，中国高等教育，2019年第22期。

[64] 张程："中国之治"的制度史遗产，中华读书报，2020年1月22日。

[65] 张衡，眭依凡：大学内部治理体系：现实诉求与构建思路，高校教育管理，2019年第3期。

[66] 张力：锚定全民素质明显提高 建设高质量教育体系，中国教育报，2020年12月28日。

[67] 张强，梅扬：论法律位阶的概念及其划分标准——兼论《立法法》第87—91条的修正，东华大学学报（社会科学版），2015年第4期。

[68] 张文显：新时代中国社会治理的理论、制度和实践创新，法商研究，2020年第2期。

[69] 张晓东：准确把握基层民主治理现代化内涵 推进国家治理体系和治理能力现代化，社科纵横，2016年第10期。

[70] 张照旭：世界一流大学制度体系：内涵、特征及启示，国家行政学院学报，2020年第7期。

[71] 章兢：大学治理体系与治理能力现代化建设的内涵与切入点，中国高等教育，2014第20期。

[72] 赵国峰：大学治理体系与治理能力——基于我国大学治理现代化的思考，陕西行政学院学报，2016年第3期。

[73] 郑宏：和谐社会要求强化大学文化的包容性，理工高等教育研究，2008年第1期。

[74] 习近平：切实把思想统一到党的十八届三中全会精神上来，人民日报，2014年1月1日。

[75] 习近平：习近平在中共中央政治局第十八次集体学习时强调 牢记历史经验历史教训历史警示 为国家治理能力现代化提供有益借鉴，人民日报，2014年10月14日。

[76] 习近平：《共谋绿色生活，共建美丽家园》，人民日报，2019年4月29日。

[77] 习近平：关于《关于新形势下党内政治生活的若干准则》和《中国

共产党党内监督条例》的说明,人民日报,2016年11月3日。

[78] 习近平:决胜全面建成小康社会 夺取新时代中国特色社会主义伟大胜利——在中国共产党第十九次全国代表大会上的报告,人民日报,2017年10月28日。

[79] 习近平:切实把思想统一到党的十八届三中全会精神上来,人民日报,2014年1月1日。

[80] 习近平:为建设世界科技强国而奋斗——在全国科技创新大会、两院院士大会、中国科协第九次全国代表大会上的讲话,人民日报,2016年6月1日。

[81] 习近平:习近平对海南自由贸易港建设作出重要指示强调要把制度集成创新摆在突出位置 高质量高标准建设自由贸易港,人民日报,2020年6月2日。

[82] 习近平:习近平在参加上海代表团审议时强调 推进中国上海自由贸易试验区建设加强和创新特大城市社会治理,人民日报,2014年3月6日。

[83] 习近平:习近平在全国生态环境保护大会上强调 坚决打好污染防治攻坚战 推动生态文明建设迈上新台阶,人民日报,2018年5月20日。

[84] 习近平:习近平在十八届中央纪委六次全会上发表重要讲话强调 坚持全面从严治党依规治党 创新体制机制强化党内监督,经济日报,2016年1月13日。

[85] 习近平:习近平在中共中央政治局第二次集体学习时强调 审时度势精心谋划超前布局力争主动 实施国家大数据战略加快建设数字中

国，人民日报，2017年12月10日。

[86] 习近平：习近平在中共中央政治局第三次集体学习时强调 深刻认识建设现代化经济体系重要性 推动我国经济发展焕发新活力迈上新台阶，人民日报，2018年2月1日。

[87] 习近平：习近平在中共中央政治局第三十七次集体学习时强调 坚持依法治国和以德治国相结合 推进国家治理体系和治理能力现代化，人民日报，2016年12月11日。

[88] 习近平：习近平在中共中央政治局第十五次集体学习时强调 正确发挥市场作用和政府作用 推动经济社会持续健康发展，人民日报，2014年5月28日。

[89] 习近平：习近平在中共中央政治局第十一次集体学习时强调 持续深化国家监察体制改革推进反腐败工作法治化规范化，人民日报，2018年12月15日。

[90] 习近平：习近平在中共中央政治局第一次集体学习时强调 紧紧围绕坚持和发展中国特色社会主义深入学习宣传贯彻党的十八大精神，人民日报，2012年11月19日。

[91] 习近平：习近平主持召开中央国家安全委员会第一次会议强调 坚持总体国家安全观 走中国特色国家安全道路，人民日报，2014年4月16日。

[92] 习近平：胸怀大局把握大势着眼大事努力把宣传思想工作做得更好，人民日报，2013年8月21日。

[93] 习近平：在"不忘初心、牢记使命"主题教育总结大会上的讲话，

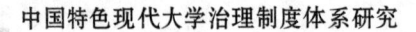

人民日报，2020年1月8日。

[94] 习近平：在党的群众路线教育实践活动总结大会上的讲话，人民日报，2014年10月9日。

[95] 习近平：在第三届中国国际进口博览会开幕式上的主旨演讲，人民日报，2020年11月5日。

[96] 习近平：在第十八届中央纪律检查委员会第六次全体会议上的讲话，人民日报，2016年1月12日。

[97] 习近平：在第十三届全国人民代表大会第一次会议上的讲话，人民日报，2018年3月21日。

[98] 习近平：在庆祝全国人民代表大会成立60周年大会上的讲话，人民日报，2014年9月6日。

[99] 习近平：在庆祝中国共产党成立95周年大会上的讲话，人民日报，2016年7月2日。

[100] 习近平：在庆祝中国人民政治协商会议成立65周年大会上的讲话，人民日报，2014年9月22日。

[101] 习近平：在省部级主要领导干部学习贯彻十八届三中全会精神全面深化改革专题研讨班上的讲话，人民日报，2014年2月18日。

[102] 习近平：在胜全面建成小康社会 夺取新时代中国特色社会主义伟大胜利——在中国共产党第十九次全国代表大会上的报告，人民日报，2017年10月28日。

[103] 习近平：在网络安全和信息化工作座谈会上的讲话，人民日报，2016年4月19日。

[104] 习近平：在中央政协工作会议暨庆祝中国人民政治协商会议成立70周年大会上的讲话，人民日报，2019年9月20日。

[105] 习近平：中国发展新起点 全球增长新蓝图，人民日报，2016年9月4日。

[106] 习近平接受《华尔街日报》采访时强调 坚持构建中美新型大国关系正确方向 促进亚太地区和世界和平稳定发展，人民日报，2015年9月23日。

[107] 习近平：携手努力共谱合作新篇章——在金砖国家领导人巴西利亚会晤公开会议上的讲话，人民日报，2019年11月15日。

[108] 胡锦涛：在纪念中国共产党成立90周年大会上的讲话，人民日报，2011年7月2日。

[109] 陈宝生：建设高质量教育体系，光明日报，2020年11月10日。

[110] 白少康：坚持在法治轨道上推进国家治理体系和治理能力现代化，人民日报，2021年3月2日。

[111] 杜尚泽等：习近平接受俄罗斯电视台专访，人民日报，2014年2月9日。

[112] 黄敬文：习近平在参加上海代表团审议时强调 当好改革开放排头兵创新发展先行者 为构建开放型经济新体制探索新路，人民日报，2015年3月6日。

[113] 鞠鹏：习近平在浙江考察时强调 统筹推进疫情防控和经济社会发展工作 奋力实现今年经济社会发展目标任务，人民日报，2020年4月2日。

[114] 鞠鹏：习近平在中央外事工作会议上强调 坚持以新时代中国特色社会主义外交思想为指导 努力开创中国特色大国外交新局面，人民日报，2018年6月24日。

[115] 鞠鹏：习近平在中央政法工作会议上强调 坚持严格执法公正司法 深化改革 促进社会公平正义保障人民安居乐业，人民日报，2014年1月9日。

[116] 兰红光：习近平在接受金砖国家媒体联合采访时强调 坚定不移走和平发展道路 坚定不移促进世界和平与发展，人民日报，2013年3月20日。

[117] 兰红光：习近平在中央党的群团工作会议上强调 切实保持和增强政治性先进性群众性 开创新形势下党的群团工作新局面，人民日报，2015年7月8日。

[118] 李学仁：习近平在省部级主要领导干部学习贯彻十八届三中全会精神全面深化改革专题研讨班开班式上发表重要讲话强调 完善和发展中国特色社会主义制度 推进国家治理体系和治理能力现代化，人民日报，2014年2月18日。

[119] 庞兴雷：习近平在中央全面依法治国工作会议上强调 坚定不移走中国特色社会主义法治道路 为全面建设社会主义现代化国家提供有力法治保障，人民日报，2020年11月18日。

[120] 闻言：新的历史条件下治国理政方略，人民日报，2015年10月14日。

[121] 谢环驰等：习近平在上海考察时强调坚定改革开放再出发信心和

决心 加快提升城市能级和核心竞争，人民日报，2018年11月8日。

[122] 徐隽：习近平在深化党和国家机构改革总结会议上强调 巩固党和国家机构改革成果 推进国家治理体系和治理能力现代化，人民日报，2019年7月6日。

[123] 张烁等：习近平在十八届中央纪委二次全会上发表重要讲话强调 更加科学有效地防治腐败坚定不移把反腐倡廉建设引向深入，人民日报，2013年1月23日。

[124] 陈曙光：不断开辟"中国之治"新境界，人民日报，2020年1月2日。

[125] 陈向阳等：推动从严管理监督干部常态化，新华日报，2015年4月15日。

[126] 丰子：辩证把握"制"与"治"，人民日报，2020年2月24日。

[127] 石平：突出抓好领导干部特别是高级干部这个"关键少数"，人民日报，2016年12月6日。

[128] 赵承：温家宝总理：一所好的大学在于有自己独特的灵魂，光明日报，2010年2月2日。

[129] 赵宇霞："治理"的中国传统文化基因，山西日报，2020年1月6日。

网址类：

[1] 习近平：坚持和完善中国特色社会主义制度推进国家治理体系和治理能力现代化，2020年1月，人民网网站：http://cpc.people.com.cn/

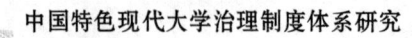

n1/2020/0101/c64094-31531147.html。

［2］习近平在联合国教科文组织总部的演讲（全文），2014年3月，新华网网站：http://www.xinhuanet.com/world/2014-03/28/c_119982831.htm。

［3］习近平：决胜全面建成小康社会 夺取新时代中国特色社会主义伟大胜利——在中国共产党第十九次全国代表大会上的报告，2017年10月，中央政府门户网站：http://www.gov.cn/zhuanti/2017-10/27/content_5234876.htm。

［4］中共中央关于坚持和完善中国特色社会主义制度 推进国家治理体系和治理能力现代化若干重大问题的决定，2019年11月，中央政府门户网站：http://www.gov.cn/zhengce/2019-11/05/content_5449023.htm。

［5］中共中央关于制定国民经济和社会发展第十四个五年规划和二〇三五年远景目标的建议，2020年11月，中央政府门户网站：http://www.gov.cn/zhengce/2020-11/03/content_5556991.htm。

［6］2021年全国教育工作会议召开，2021年1月，教育部网站：http://www.moe.gov.cn/jyb_xwfb/gzdt_gzdt/moe_1485/202101/t20210108_509194.html.

［7］乘势而上 狠抓落实 加快建设高质量教育体系——在2021年全国教育工作会议上的讲话，2021年2月，教育部网站：http://www.moe.gov.cn/jyb_xwfb/moe_176/202102/t20210203_512420.html。

［8］教育部、财政部、国家发展改革委印发《统筹推进世界一流大学和一流学科建设实施办法（暂行）》，2017年1月，教育部网站：

http://www.moe.gov.cn/srcsite/A22/moe_843/201701/t20170125_295701.html。

[9] 国务院关于印发统筹推进世界一流大学和一流学科建设总体方案的通知，2015年10月，教育部网站：http://www.moe.gov.cn/jyb_xxgk/moe_1777/moe_1778/201511/t20151105_217823.html．http://www.moe.gov.cn/srcsite/A22/moe_843/201701/t20170125_295701.html。

[10] 教育部 财政部 国家发展改革委印发《关于高等学校加快"双一流"建设的指导意见》的通知，2018年8月，教育部网站：http://www.moe.gov.cn/srcsite/A22/moe_843/201808/t20180823_345987.html。

[11] 中共中央关于构建社会主义和谐社会若干重大问题的决定，2006年10月，中央政府门户网站：http://www.gov.cn/govweb/gongbao/content/2006/content_453176.htm。

后 记

如何提高高校治理体系与治理能力的现代化建设水平，是建设中国特色社会主义现代大学的重要命题，也是立足新发展阶段，贯彻新发展理念，构建新发展格局下，高校事业高质量发展的重要组成部分。作为全国重要的政法类高校，中南财经政法大学在治理体系与治理能力现代化建设中坚持依法治校，不断尝试探索，推动教育治理现代化。在2020年学校"制度建设年"之际，学校一方面开展了时间最长、范围最大、规模最广的一次制度清理工作，构建起新型制度体系；另一方面开展"全面加强党对高校的领导，推进高校治理体系和治理能力现代化"专项项目立项，针对治理体系和治理能力现代化进行系统研究。本书就是该专项项目的重要成果之一。

为了更加全面地反映高校治理体系与治理能力建设的演化及经验，本书编写组成员进行了广泛资料收集和深入学习研究，由内到外地对中国教育思想的发展、新时代制度和治理的重要论述、国外现代大学制度建设等

后 记

进行了总结借鉴，由大及小地分析了制度与治理、大学制度与大学治理的辩证关系，聚焦到"双一流"建设背景下的大学治理体系与治理能力现代化的做法。同时编写组成员理论联系实际，全部参与到了学校制度建设的具体工作中，将学校制度清理、制度体系建设与治理能力提升的实践探索上升到理论高度，更加深刻地理解制度建设工作对提高学校治理体系与治理能力现代化建设水平，提升管理效能、深挖高质量发展潜力的重要意义。

编写组全体成员在加强认识并充分讨论后，于2020年7月确定了基本提纲，利用假期和其他业余时间，在不影响正常工作的情况下进行写作，2020年底完成了初稿，又经反复沟通、多次讨论、修改完善，最终形成的此稿为第六稿。

全书由陈狮担任主编，提出了本书的写作宗旨、原则和提纲，主持召开多场讨论会、审稿会，全面统筹指导本书的编写工作。邓杨担任副主编，组织编写的具体工作，细化提纲并对过程稿提出修改意见。全书四章编写人员如下：第一章由熊灯、郑如莹、陈狮执笔，第二章由白雷、胡天豪执笔，第三章由李盛、陈佳执笔，第四章由马宁东、田柯执笔。联络、协调和统稿工作由田柯完成。

书稿完成后，学校党委书记栾永玉，党委副书记、校长杨灿明在百忙之中亲自审阅书稿，提出了宝贵的意见。杨灿明校长还以"加强以制度建设为核心的现代大学治理体系建设"为题，实施推进了2020年高校校长履职亮点项目，并亲自为本书作序，其他校领导也提出了积极意见。他们无私贡献了思想智慧，让编写组成员备受鼓舞、深受启发。

由于编写组成员水平有限、成书仓促，不免存在遗漏和不足之处，敬请各位读者不吝指正。本书中直接和间接引用了众多学者的研究成果，在此谨向各位学者表示诚挚感谢。同时向利用假期时间，参与学校制度清理工作的领导老师表示感谢，对学校各单位的大力支持表示感谢。此外，吉林大学出版社编辑对本书提出了一些很好的建议，付出了辛勤劳动，在此一并表达感谢。

陈　狮

2022 年 7 月于武汉